农村区域创业生态系统提升机制与政策路径研究

薛永基 著

北京理工大学出版社
BEIJING INSTITUTE OF TECHNOLOGY PRESS

版权专有 侵权必究

图书在版编目（CIP）数据

农村区域创业生态系统提升机制与政策路径研究/薛永基著.—北京：北京理工大学出版社，2022.2
ISBN 978-7-5763-1081-8

Ⅰ.①农… Ⅱ.①薛… Ⅲ.①农村-创业-研究-中国 Ⅳ.①F249.214

中国版本图书馆 CIP 数据核字（2022）第 032773 号

出版发行 / 北京理工大学出版社有限责任公司
社　　址 / 北京市海淀区中关村南大街 5 号
邮　　编 / 100081
电　　话 / （010）68914775（总编室）
　　　　　 （010）82562903（教材售后服务热线）
　　　　　 （010）68944723（其他图书服务热线）
网　　址 / http://www.bitpress.com.cn
印　　刷 / 三河市华骏印务包装有限公司
经　　销 / 全国各地新华书店
开　　本 / 787 毫米 × 1092 毫米　1/16
印　　张 / 12.75　　　　　　　　　　　　　 责任编辑 / 施胜娟
字　　数 / 290 千字　　　　　　　　　　　　 文案编辑 / 施胜娟
版　　次 / 2022 年 2 月第 1 版　2022 年 2 月第 1 次印刷　 责任校对 / 周瑞红
定　　价 / 68.00 元　　　　　　　　　　　　 责任印制 / 李志强

图书出现印装质量问题，请拨打售后服务热线，本社负责调换

前　言

十九届五中全会指出，优先发展农业农村，全面推进乡村振兴。农村创业是实现乡村振兴的活水和动能，是引领乡村产业发展的重要力量。近年来，随着"大众创业、万众创新"国家战略向乡村地区延伸拓展，一批饱含乡土情怀、充满创业激情、富有奉献精神的农民工、大中专毕业生、退役军人、科研人员和城市人才返乡入乡创业创新，带动新产业新业态蓬勃兴起，有力促进了乡村振兴战略实施。2020年，全国返乡入乡创业创新人员达1 010万人左右，本地创业创新人员有3 150多万人，成为农村经济的中坚力量。

农村创业是一项复杂工程，具有其独特性。第一，农村创业根植于特定区域环境中，受人文地理环境、农村社会文化和营商环境影响较大，是一种典型的嵌入式创业。第二，农村创业以农业资源为基础，而主要业态又以产业融合（一产二产融合、一产三产融合等）为特点，是一种典型的延伸式创业。第三，受制于自身禀赋的约束，农村创业多是模仿亲戚和邻里，表现为围绕血缘和地缘的地域扩散特点，是一种典型的跟随式创业。

基于以上认识，本书基于农村区域创业的组织、生产、经营特性，充分考虑农村创业主体的复杂性特点和所处的区域创业生态环境，以资源依赖理论、可持续生计理论、生命周期理论为研究理论基础，运用结构方程模型、系统动力学仿真等方法，深入分析我国农村区域创新力能够保持持续性竞争的优势根源，解析农村创业生态系统的内涵、构成维度、影响因素、演进路径和提升路径。本书的研究旨在回答什么是农村区域创业生态系统？其组成主体、所在社会环境、演化特征和影响因素是什么？各组成要素之间的相互关系以及与农村区域创新力之间的关系是怎样的？如何提升农村区域创业能力？

本书的章节分布和主要内容：

（1）**绪论**。基于我国农村区域创业发展现状，概括分析其时代背景，对当前农村区域创业的典型特点予以总结和归纳，指出本书研究的理论和现实意义，说明研究目的和方法，明确研究路线。同时，本部分总结本书研究的基本内容、研究的创新点和学术贡献。

（2）**农村区域创业生态系统研究综述**。通过详细分析文献，梳理农村创业和创业生态系统的复杂内涵，在文献梳理的基础上进一步总结出农村区域创业生态系统的相关组成要素与脉络结构。总结分析农村创业生态系统中创业主体、创业环境以及资源禀赋的作用和意义。

（3）**农村区域创业生态系统理论框架构建**。以创业理论中的资源依赖理论、可持续生计理论、生命周期理论为农村区域创业的内涵研究基础，并充分考虑创业组织以及所处创业环境的复杂性，从农村创业特点和创业生态系统特点出发，深入分析和归纳农村区域创新力的内涵和构成维度，形成全面的、符合我国农村创业特点的创业生态系统理论框架。

（4）**农村区域创业生态系统建设实践探索**。以建立的农村创业生态理论模型为基础，通过典型案例分析，运用扎根理论研究法，运用系统化的程序，针对区域创业的发展状况，探讨创业环境、创业资源、创业能力以及区域创新力之间的作用机制，检验创业生态系统理论模型的合理性与可行性。

（5）**农村区域创业生态系统影响因素的实证分析**。以文献述评归纳、理论模型建立、案例总结分析的结果为依据，分析农村创业生态系统的内部影响因素和外部影响因素的构成内容，并据此设计出"农村创业观察调查问卷"，获取农村创业者对农村创业生态系统影响因素的主观认知情况，分析和评估农村创业生态系统总体状况以及存在的问题。然后以调查问卷统计结果数据为建模依据，确定影响因素中的内源变量和外源变量，构建内源变量与外源变量之间的关系矩阵以及内源变量之间的影响关系假设，运用结构方程（SEM）模型工具，运行模型调试方法和统计学检验方法，构建起农村创业影响因素变量相互作用的 SEM 模型，并通过模型结果分析和探寻商业农村创业生态系统中的关键因素、主要因素，以及内部因素之间、内部与外部因素之间的作用关系。

（6）**农村区域创业生态系统动力学建模**。基于系统动力学理论基础，将影响因素和提升路径有机结合，运用 Vensim 工具构建农村创业生态系统的提升机制仿真模型。其中，仿真模型中既包括定性因素，亦包括定量因素，可以实现对农村区域创新力的有效仿真分析。其中，对于定量数据，可以通过我国农村 2010—2020 年 10 年间的统计年鉴、公报、各项智库报告、专业数据库等作为基础数据；对于定性数据，可以通过影响因素之间的逻辑关系、调查问卷以及结构方程模型验证结果获取。本书从我国东中西部各挑选出一个典型县作为研究样本，即东部江西宜春樟树市、中部湖北咸宁嘉鱼县以及西部四川成都金堂县为研究案例，以这三个县作为基础数据推出其区域的创新力，通过对这三个区域进行详细分析，由此得出创业创新力提升的一般结论。

（7）**农村区域创业生态系统动力学仿真分析**。结合上一章构建的系统动力学模型，通过结果分析、相关性分析等方法对湖北嘉鱼、江西樟树、四川金堂的农村区域创业生态系统运行机制进一步了解,并将三地进行对比分析,总结出影响系统运行因素的一般性结论。

(8) **农村区域创业生态系统提升路径及政策建议**。在对相关指标进行调整的基础上分析农村区域创新力对指标变化的敏感程度。基于机制理论和创业生态系统理论,从农村创业主体能力以及所处的内部和外部创业环境视角,分析和探究农村区域创业生态系统的生成和演进路径,总结出农村区域创新力提升的具体政策建议。本书从环境构建、主体培育、资源整合三个角度提出了提升农村区域创新力的实施策略,为农村创业企业发展提出合理的理论与实践依据。

(9) **结论与展望**。得出本书研究的研究结论,总结创新成果,提出未来的研究展望。

本书是作者近年来在乡村产业与创新创业研究领域研究成果的集中呈现,也是课题组成员和参与研究生集体智慧的结晶。薛永基拟定研究框架、实施研究工作,并撰写研究成果。北京信息科技大学梁力军副教授参与了第7章和第8章的写作工作。北京林业大学研究生冯潇、回慧娴、张园圆、范祺慧参与了第1章至第6章的写作工作。北京信息科技大学研究生张梦婉参与了第7章和第8章的写作工作。本书在写作过程中得到了农业农村部农村社会事业发展中心贾廷灿处长、农业农村部人力资源开发中心(中国农学会)冀献民处长,以及江西省樟树市、四川省金堂县、湖北省嘉鱼县等地相关人士的协助。在此一并表示感谢!

由于水平有限,缺点和不足在所难免,恳请有识之士和学术同仁批评指正。

PREFACE

The Fifth Plenary Session of the 19th Central Committee pointed out that prioritizing the development of agriculture and rural areas, and comprehensively promote rural revitalization. Rural entrepreneurship is the living water and dynamic energy for rural revitalization, and is an important force leading the development of rural industries. In recent years, with the extension of the national strategy of mass entrepreneurship and innovation in rural areas, a number of migrant workers, college and university graduates, retired military personnel, scientific researchers and urban talents who are full of local sentiment, entrepreneurial passion and dedication have returned to their hometown to start their own businesses and innovations, leading to the flourishing of new industries and new business models, which has strongly promoted the implementation of the rural revitalization strategy. In 2020, there are about 10.1 million people returning to their hometown for entrepreneurship and 31.5 million local entrepreneurs and innovators in the rural areas, who will become the backbone of the rural economy.

Rural entrepreneurship is a complex project with its own uniqueness. Firstly, rural entrepreneurship is rooted in a specific regional environment and is influenced by human geography, rural social culture and business environment, which is a typical embedded entrepreneurship. Secondly, rural entrepreneurship is based on agricultural resources, and the main business mode is characterized by industrial integration (integration of one industry and two industries, integration of one industry and three industries, etc.), which is a typical extended entrepreneurship. Thirdly, constrained by their own endowments, rural entrepreneurship is mostly imitating relatives and neighbors, and is characterized by behavior diffusion around blood and geography, which is a typical follow-up entrepreneurship.

To sum up, based on the organizational, production and operation characteristics of rural regional entrepreneurship, this study fully considers the complexity characteristics of rural entrepreneurial subjects and the regional entrepreneurial ecological environment, takes resource dependence theory, sustainable livelihood theory and life cycle theory as the theoretical basis, and uses structural equation modeling and system dynamics simulation to deeply analyze the advantages of maintaining sustainable competition in rural regional innovation in China. The study also analyzes the connotation, constitutive dimensions, influencing factors, evolutionary paths and enhancement paths of rural entrepreneurial ecosystem. This study aims to answer the questions of what is a rural entrepreneurial ecosystem. What are its constituents, social environment, evolutionary characteristics and influencing factors, and what is the relationship between the various components and the relationship with the innovation power of rural areas? How to improve entrepreneurship in rural regions?

The chapter distribution and the main contents of this study are

①**Introduction.** Based on the current situation of rural regional entrepreneurship development in China, we summarize the typical characteristics of current rural regional entrepreneurship, point out the theoretical and practical significance of this study, explain the research purpose and method, and clarify the research line. Meanwhile, this part summarizes the basic contents, innovation points and academic contributions of the study.

②**A review of research on the entrepreneurial ecosystem in rural areas.** Through detailed analysis of the literature, combing the connotations of rural entrepreneurship and entrepreneurial ecosystems, and further summarizing the relevant components and context of rural regional entrepreneurial ecosystems. Summarize and analyze the role and significance of entrepreneurial entities, entrepreneurial environment and resource endowments in the rural entrepreneurial ecosystem.

③**The theoretical framework of the rural regional entrepreneurial ecosystem.** For the research on the connotation of rural regional entrepreneurship, we take the resource dependence theory, sustainable livelihood theory, and life cycle theory in entrepreneurial theory as the basis, and fully consider the complexity of entrepreneurial organizations and the entrepreneurial environment in which they are located, starting from the characteristics of rural entrepreneurship and entrepreneurial ecosystems, analysis and induction of the connotation and constituent dimensions of rural regional innovation, forming a comprehensive entrepreneurial ecosystem theoretical framework that conforms to the characteristics of rural entrepreneurship in China.

④**Practical exploration on the construction of rural regional entrepreneurship ecosystem.** Based on the rural entrepreneurial ecological theory model established above, use theoretical research methods and systematic procedures to conduct typical case analysis, explore the mechanism of the role of the entrepreneurial environment, entrepreneurial resources, entrepreneurial capabilities and regional innovation power in the context of the development of regional entrepreneurship, and test the rationality and feasibility of the theoretical model of the entrepreneurial ecosystem.

⑤**An empirical study on the influencing factors of the entrepreneurial ecosystem in rural areas.** First, based on the results of literature review, theoretical model establishment, and case summary analysis, analyze the content of the internal and external influencing factors of the rural entrepreneurial ecosystem, and design the "Rural Entrepreneurship Observation Questionnaire". Accordingly to obtain rural entrepreneurs' subjective cognition of the influencing factors, and the overall status and existing problems of the rural entrepreneurial ecosystem. Then, based on the statistical results of the questionnaire, determine the endogenous variables and exogenous variables in the influencing factors, construct the hypothesis between the variables. Finally, using structural equation model (SEM) tools, model debugging methods and statistical testing methods, construct a SEM model of the interaction of variables affecting, explore the key factors and main factors in the commercial rural entrepreneurial ecosystem through the model results, and the relationship between internal factors and between internal and external factors.

⑥**Construction of the dynamic model of the entrepreneurial ecosystem in rural areas.** Based on the theoretical basis of system dynamics, the influencing factors and promotion path are organically combined, and the Vensim tool is used to build a simulation model of the promotion mechanism of the rural entrepreneurial ecosystem. The simulation model includes both qualitative and quantitative factors, which can realize an effective simulation analysis of rural regional innovation. In the process of model analysis, quantitative data can be based on statistical yearbooks, bulletins, various think tank reports, and professional databases in China's rural areas from 2010 to 2020. For qualitative data, they can be obtained through logical relationships between influencing factors, questionnaires, and structural equation model validation results. In this study, some typical counties was selected from the eastern, central and western regions of China as the research sample, that is the eastern Jiangxi Yichun Zhangshu City, central Hubei Xianning Jiayu County and the western Sichuan Chengdu Jintang County. We use these three counties as the base data to launch their regional innovation power, and draw general conclusions on the improvement of entrepreneurship and innovation power by conducting a comparative analysis of these three regions.

⑦**Dynamic simulation analysis of the entrepreneurial ecosystem in rural areas.** Combining with the system dynamics model constructed in the previous chapter, through results analysis, correlation analysis and other methods to further understand the operation mechanism of rural regional entrepreneurial ecosystems in Hubei Jiayu, Jiangxi Zhangshu, and Sichuan Jintang. By comparing the three places, draw a general conclusion about the factors affecting the operation of the system.

⑧**The policy path to improve the rural regional entrepreneurial ecosystem.** Based on the sensitivity analysis, the sensitivity of rural regional innovation power is analyzed. Based on mechanism theory and entrepreneurial ecosystem theory, from the perspective of rural entrepreneurial subject capacity and the internal and external entrepreneurial environment, we analyzes and explores the generation and evolution path of rural regional entrepreneurial ecosystems, and summarizes specific policy recommendations for improving rural regional innovation capabilities. This research puts forward the implementation strategy to improve the innovation ability of rural areas from the three perspectives of environment construction, main body cultivation, and resource integration, and show a reasonable theoretical and practical basis for the development of rural entrepreneurial enterprises.

⑨**Conclusion, discussion and outlook.** Draw the conclusions of this research, summarize the innovation results, and propose future research prospects.

This research is a concentrated presentation of the author's research in the field of rural industry in recent years, and it is also the result of the collective wisdom of the research team members and participating graduate students. Among them, Xue Yongji draws up the research framework, implements research work, and writes research results. Associate Professor Liang Lijun from Beijing Information Science and Technology University participated in the writing of Chapter 7 and Chapter

8. Graduate students from Beijing Forestry University Feng Xiao, Hui Huixian, Zhang Yuanyuan, and Fan Qihui participated in the writing of Chapters 1 to 6 of this book. Zhang Mengwan, a graduate student of Beijing Information Science and Technology University, participated in the writing of Chapter 7 and Chapter 8. This book was written by Jia Tingcan, director of the Rural Social Undertaking Development Center of the Ministry of Agriculture and Rural Affairs, Ji Xianmin, director of the Human Resources Development Center of the Ministry of Agriculture and Rural Affairs (Chinese Agricultural Society). As well as the assistance of related people in Jiangxi Zhangshu City, Sichuan Jintang County, and Hubei Jiayu County. We would like to express our gratitude together.

Due to the limited level, it is inevitable that there are inadequacies in the writing, and I sincerely ask for criticism and correction from the knowledgeable people and academic colleagues.

目 录

第1章 绪　　论 ……………………………………………………… 1
　1.1　研究背景 ……………………………………………………… 2
　　　1.1.1　乡村振兴全面推进的客观要求 …………………………… 2
　　　1.1.2　农村区域创业的理论要求 ………………………………… 3
　1.2　研究意义 ……………………………………………………… 4
　1.3　研究界定与主要内容 ………………………………………… 5
　　　1.3.1　研究界定 …………………………………………………… 5
　　　1.3.2　主要内容 …………………………………………………… 5
　1.4　研究方法和技术路线 ………………………………………… 6
　　　1.4.1　研究方法 …………………………………………………… 6
　　　1.4.2　技术路线 …………………………………………………… 7
　1.5　本章小结 ……………………………………………………… 8

第2章 农村区域创业生态系统研究综述 ……………………………… 9
　2.1　农村区域创业 ………………………………………………… 10
　2.2　创业生态系统 ………………………………………………… 11
　　　2.2.1　创业生态系统内涵 ………………………………………… 11
　　　2.2.2　创业生态系统分类 ………………………………………… 12
　　　2.2.3　创业生态系统构建原则 …………………………………… 13
　2.3　农村创业生态系统 …………………………………………… 14
　　　2.3.1　农村创业生态系统的内涵 ………………………………… 14
　　　2.3.2　农村区域创业生态系统的影响因素 ……………………… 14

  2.4 农村创业领域的演化仿真分析 ··· 15

  2.5 本章小结 ··· 16

第3章 农村区域创业生态系统理论框架构建 ······································· 19

  3.1 农村区域创业生态系统的理论基础 ··· 20

    3.1.1 生态系统理论 ·· 20

    3.1.2 资源依赖理论 ·· 20

    3.1.3 共生理论 ·· 21

    3.1.4 创业生态系统理论 ·· 22

    3.1.5 生命周期理论 ·· 22

    3.1.6 资源拼凑理论 ·· 23

  3.2 农村区域创业生态系统的内涵分析 ··· 23

    3.2.1 生态系统的内涵 ·· 24

    3.2.2 农村区域创业生态系统的内涵 ·· 24

  3.3 农村区域创业生态系统的关键特性 ··· 28

    3.3.1 复杂性 ·· 28

    3.3.2 动态性 ·· 29

    3.3.3 共生性 ·· 29

    3.3.4 开放性 ·· 29

    3.3.5 演化性 ·· 30

  3.4 农村区域创业生态系统的理论框架构建 ····································· 30

    3.4.1 创业主体 ·· 30

    3.4.2 创业环境 ·· 31

  3.5 农村区域创业生态系统演化模型构建 ··· 32

    3.5.1 创业生态系统各要素之间的关系 ·· 33

    3.5.2 创业生态系统各要素间的作用机制 ·· 34

    3.5.3 创业生态系统各要素间的支持机制 ·· 35

    3.5.4 创业生态系统各要素间的培育机制 ·· 35

  3.6 本章小结 ··· 36

第4章 农村区域创业生态系统建设实践探索 ······································· 37

  4.1 区域建设实践探索 ··· 38

    4.1.1 江西樟树的实践探索 ·· 38

    4.1.2 四川金堂的实践探索 ·· 41

  4.2 行业层面的系统建设实践探索 ··· 43

    4.2.1 湖北嘉鱼"别墅养鸡" ·· 43

	4.2.2 "别墅养鸡"项目实践分析	44
	4.2.3 "别墅养鸡"项目实践总结	48
4.3	农村区域创业生态系统的演化分析	48
	4.3.1 企业萌芽期——创业构想阶段	49
	4.3.2 企业生存期——商业化阶段	50
	4.3.3 企业发展期——飞跃发展阶段	50
	4.3.4 企业成熟期——稳定发展阶段	51
4.4	本章小结	51

第5章 农村区域创业生态系统影响因素的实证分析 … 53

5.1	理论分析与假设提出	54
	5.1.1 外部创业环境对农村创业绩效	54
	5.1.2 创业资源与农村创业绩效	56
	5.1.3 创业能力、创业机会与创业绩效	57
5.2	数据来源与研究设计	58
	5.2.1 变量测量	58
	5.2.2 数据来源	61
	5.2.3 数据描述性统计分析	61
5.3	实证结果分析	64
	5.3.1 共同方法变异检验	65
	5.3.2 信度与效度检验	65
	5.3.3 正态性检验与 SEM 模型配适度	68
5.4	结论与讨论	70
5.5	本章小结	71

第6章 农村区域创业生态系统动力学建模 … 73

6.1	农村区域创业生态系统动力学的应用	74
	6.1.1 系统动力学的应用	74
	6.1.2 农村区域创业生态系统的系统动力学思考	74
6.2	农村区域创业生态系统动力学仿真建模原理及过程	76
	6.2.1 系统动力学建模流程	76
	6.2.2 仿真建模语言及工具	78
	6.2.3 系统动力学模型假设	78
	6.2.4 农村创业系统生态位因子	79
6.3	系统动力学仿真模型因果回路图构建	80
	6.3.1 农村区域创业经济子系统	80

		6.3.2 农村区域创业金融发展子系统	81
		6.3.3 农村区域创业政策子系统	82
		6.3.4 农村区域创业市场发展子系统	82
		6.3.5 农村区域创业社会子系统	83
	6.4	农村区域创业生态系统流程图构建	85
		6.4.1 模型流图的建立	85
		6.4.2 模型参数估计方法	85
		6.4.3 模型参数确定原则	86
		6.4.4 数据来源及指标说明	86
		6.4.5 模型有效性检验	92
	6.5	本章小结	92

第7章 农村区域创业生态系统动力学仿真分析 ··· 93

	7.1	农村区域创业生态系统模型结果分析	94
		7.1.1 农村区域创新力	94
		7.1.2 区域创业主体资源要素整合力变化率	96
		7.1.3 区域创业支撑度变化率	106
	7.2	农村区域创业生态系统模型相关性分析	109
		7.2.1 相关性分析测度思路	109
		7.2.2 区域创业主体创新力及支撑度相关性分析	109
		7.2.3 区域创业主体资源要素整合力变化率	110
		7.2.4 区域创业支撑度及影响因素的相关性分析	112
	7.3	农村区域创业生态系统仿真数据分析	113
	7.4	本章小结	114

第8章 农村区域创业生态系统提升路径及政策建议 ··· 115

	8.1	农村区域创业生态系统提升机制内涵	116
	8.2	农村区域创业生态系统提升路径分析	116
		8.2.1 资源要素配置	116
		8.2.2 区域创业成本负担率配置	131
	8.3	农村区域创业生态系统提升政策建议	144
		8.3.1 坐实"双创"领导小组的工作机制	144
		8.3.2 加强农业产业发展用地保障	144
		8.3.3 设立应对风险的农村创新创业再保险制度	145
		8.3.4 "只跑一趟"的"一站式"服务站应广泛推广	145
		8.3.5 设置农村双创"联络员"机制	145

  8.3.6 加快推进创新专业孵化平台建设 …………………………………… 146
  8.3.7 优质提升创新创业人员综合素质 …………………………………… 146
  8.3.8 做好农村创新创业宣传推介 ………………………………………… 146
  8.3.9 加大创新创业投入扶持力度 ………………………………………… 147
  8.3.10 健全激励机制,增强农村农企吸引力度 …………………………… 147
 8.4 本章小结 ……………………………………………………………………… 148

第9章 结论与展望 ……………………………………………………………… 149
 9.1 研究结论 ……………………………………………………………………… 150
 9.2 创新之处 ……………………………………………………………………… 152
 9.3 研究展望 ……………………………………………………………………… 152

附录 北京市城郊地区创业调查问卷 …………………………………………… 154
参考文献 ………………………………………………………………………………… 159

CONTENTS

Chapter 1　Introduction ·· 1
　1.1　Research background ·· 2
　　　1.1.1　Objective requirements for comprehensive promotion of rural revitalization ······ 2
　　　1.1.2　Theoretical requirements for entrepreneurship in rural areas ···················· 3
　1.2　Research significance ·· 4
　1.3　Research definition and main content ··· 5
　　　1.3.1　Research definition ·· 5
　　　1.3.2　Main content ··· 5
　1.4　Research methods and technical routes ·· 6
　　　1.4.1　Research methods ··· 6
　　　1.4.2　Technical route ··· 7
　1.5　Chapter Summary ·· 8

Chapter 2　Summary of Research on Rural Regional Entrepreneurship Ecosystem ·········· 9
　2.1　Entrepreneurship in rural areas ··· 10
　2.2　Entrepreneurship ecosystem ··· 11
　　　2.2.1　Connotation of entrepreneurship ecosystem ······································· 11
　　　2.2.2　Classification of entrepreneurial ecosystems ······································· 12
　　　2.2.3　Principles of building an entrepreneurial ecosystem ···························· 13
　2.3　Rural entrepreneurship ecosystem ·· 14
　　　2.3.1　Connotation of rural entrepreneurship ecosystem ······························· 14
　　　2.3.2　Influencing factors of the entrepreneurial ecosystem in rural areas ········ 14
　2.4　Simulation analysis of the evolution of rural entrepreneurship ······················ 15
　2.5　Chapter Summary ··· 16

Chapter 3　Theoretical Framework Construction of Rural Regional Entrepreneurship Ecosystem ··· 19
　3.1　Theoretical basis of rural regional entrepreneurship ecosystem ······················ 20
　　　3.1.1　Ecosystem theory ··· 20
　　　3.1.2　Resource dependence theory ··· 20
　　　3.1.3　Symbiosis theory ·· 21
　　　3.1.4　Entrepreneurship ecosystem theory ··· 22
　　　3.1.5　Life cycle theory ··· 22
　　　3.1.6　Resource patchwork theory ··· 23

3.2　Connotation analysis of rural regional entrepreneurship ecosystem ······ 23
 3.2.1　The connotation of the ecosystem ······ 24
 3.2.2　The connotation of the rural regional entrepreneurial ecosystem ······ 24
3.3　The key characteristics of the rural regional entrepreneurial ecosystem ······ 28
 3.3.1　Complexity ······ 28
 3.3.2　Dynamics ······ 29
 3.3.3　Symbiosis ······ 29
 3.3.4　Openness ······ 29
 3.3.5　Evolution ······ 30
3.4　The construction of the theoretical framework of the rural regional entrepreneurial ecosystem ······ 30
 3.4.1　Entrepreneurial entities ······ 30
 3.4.2　Entrepreneurial environment ······ 31
3.5　Construction of the evolution model of the rural regional entrepreneurial ecosystem ······ 32
 3.5.1　The relationship between the elements of the entrepreneurial ecosystem ······ 33
 3.5.2　The mechanism of action among the various elements of the entrepreneurial ecosystem ······ 34
 3.5.3　The support mechanism among the various elements of the entrepreneurial ecosystem ······ 35
 3.5.4　The cultivation mechanism among the various elements of the entrepreneurial ecosystem ······ 35
3.6　Chapter Summary ······ 36

Chapter 4　Exploration and Practice of Rural Regional Entrepreneurship Ecosystem Construction ······ 37
4.1　Exploration of regional construction practice ······ 38
 4.1.1　Practical exploration in Jiangxi Zhangshu ······ 38
 4.1.2　Practical exploration of Sichuan Jintang ······ 41
4.2　Practice exploration of system construction at the industry level ······ 43
 4.2.1　Hubei Jiayu "Villa Raising Chickens" ······ 43
 4.2.2　Practical analysis of the "Villa chicken raising" project ······ 44
 4.2.3　Summary of Practice of "Villa Chicken Raising" Project ······ 48
4.3　Analysis of the evolution of the entrepreneurial ecosystem in rural areas ······ 48
 4.3.1　The budding stage of the enterprise-the stage of entrepreneurial conception ······ 49
 4.3.2　Enterprise lifetime-commercialization stage ······ 50
 4.3.3　Enterprise development stage-leap development stage ······ 50

		4.3.4 Enterprise maturity-stable development stage ··············· 51

4.4 Chapter Summary ·· 51

Chapter 5 Empirical Analysis of Influencing Factors of Rural Entrepreneurship Ecosystem ··· 53
   5.1 Theoretical analysis and hypothesis ·· 54
      5.1.1 External entrepreneurial environment on rural entrepreneurial performance
      ·· 54
      5.1.2 Entrepreneurship resources and rural entrepreneurship performance ········· 56
      5.1.3 Entrepreneurship ability, entrepreneurial opportunities and entrepreneurial
      performance ·· 57
   5.2 Data sources and research design ··· 58
      5.2.1 Variable measurement ··· 58
      5.2.2 Data sources ·· 61
      5.2.3 Data descriptive statistical analysis ··································· 61
   5.3 Analysis of Empirical Results ·· 64
      5.3.1 Common method variation test ··· 65
      5.3.2 Reliability and validity test ··· 65
      5.3.3 Normality test and SEM model fit ····································· 68
   5.4 Conclusion and discussion ··· 70
   5.5 Chapter Summary ·· 71

Chapter 6 Dynamic Modeling of Entrepreneurship Ecosystem in Rural Areas ················ 73
   6.1 Application of Dynamics of Entrepreneurship Ecosystem in Rural Areas ··············· 74
      6.1.1 Application of system dynamics ·· 74
      6.1.2 System dynamics thinking of the rural regional entrepreneurial ecosystem
      ·· 74
   6.2 The principle and process of dynamic simulation modeling of entrepreneurial
      ecosystems in rural areas ··· 76
      6.2.1 System dynamics modeling process ··································· 76
      6.2.2 Simulation modeling language and tools ······························ 78
      6.2.3 System dynamics model assumptions ································· 78
      6.2.4 Niche factors of rural entrepreneurial system ························ 79
   6.3 System dynamics simulation model causal loop diagram construction ··············· 80
      6.3.1 Rural regional entrepreneurial economic subsystem ················ 80
      6.3.2 Rural regional entrepreneurial finance development subsystem ··· 81
      6.3.3 Rural regional entrepreneurship policy subsystem ·················· 82
      6.3.4 Rural regional entrepreneurial market development subsystem ··· 82
      6.3.5 Rural regional entrepreneurial social subsystem ···················· 83

6.4 Flowchart construction of rural regional entrepreneurship ecosystem ········· 85
    6.4.1 The establishment of model flow diagram ································ 85
    6.4.2 Model parameter estimation method ······································· 85
    6.4.3 Principles for determining model parameters ··························· 86
    6.4.4 Data source and indicator description ···································· 86
    6.4.5 Model validity check ·· 92
6.5 Chapter Summary ··· 92

Chapter 7 Dynamic Simulation Analysis of Rural Regional Entrepreneurship Ecosystem ······ 93
  7.1 Analysis of the results of the rural regional entrepreneurial ecosystem model ········· 94
    7.1.1 Rural regional innovation capacity ·· 94
    7.1.2 The rate of change in the integration of resources of regional entrepreneurial entities ·· 96
    7.1.3 Change rate of regional entrepreneurial support ······················ 106
  7.2 Correlation analysis of rural regional entrepreneurial ecosystem model ············· 109
    7.2.1 Correlation analysis and measurement ideas ··························· 109
    7.2.2 Correlation analysis of regional entrepreneurial entities' innovation ability and support ·· 109
    7.2.3 Change rate of regional entrepreneurial entities' resource integration ······ 110
    7.2.4 Correlation analysis of regional entrepreneurial support and influencing factors ·· 112
  7.3 Simulation data analysis of entrepreneurial ecosystems in rural areas ·············· 113
  7.4 Chapter Summary ·· 114

Chapter 8 Upgrading Paths and Policy Recommendations of Rural Regional Entrepreneurship Ecosystem ······································ 115
  8.1 Connotation of the promotion mechanism of rural regional entrepreneurship ecosystem ································ 116
  8.2 Analysis of the improvement path of the entrepreneurial ecosystem in rural areas ················ 116
    8.2.1 Allocation of resource elements ·· 116
    8.2.2 Regional entrepreneurial cost burden ratio allocation ················ 131
  8.3 Policy Suggestions for Enhancing the Entrepreneurship Ecosystem in Rural Areas ············· 144
    8.3.1 The working mechanism of the "Entrepreneurship and Entrepreneurship" leading group ·· 144
    8.3.2 Strengthen land security for agricultural industry development ············ 144

- 8.3.3 Establish a rural innovation and entrepreneurship reinsurance system that responds to risks ⋯⋯ 145
- 8.3.4 The "one-stop" service station of "only one trip" should be widely promoted ⋯⋯ 145
- 8.3.5 Setting up a mechanism of "liaison officers" for rural entrepreneurship and innovation ⋯⋯ 145
- 8.3.6 Accelerate the construction of an innovative professional incubation platform ⋯⋯ 146
- 8.3.7 Improve the overall quality of innovative and entrepreneurial personnel with high quality ⋯⋯ 146
- 8.3.8 Promote rural innovation and entrepreneurship ⋯⋯ 146
- 8.3.9 Increase investment support for innovation and entrepreneurship ⋯⋯ 147
- 8.3.10 Improve the incentive mechanism to enhance the attractiveness of rural agricultural enterprises ⋯⋯ 147
- 8.4 Chapter Summary ⋯⋯ 148

Chapter 9 Conclusions and Prospects ⋯⋯ 149
- 9.1 Research conclusions ⋯⋯ 150
- 9.2 Innovations ⋯⋯ 152
- 9.3 Research outlook ⋯⋯ 152

References ⋯⋯ 154
Appendix ⋯⋯ 159

图 目 录

图 1.1　研究技术路线图 ⋯⋯⋯⋯⋯⋯⋯⋯⋯⋯⋯⋯⋯⋯⋯⋯⋯⋯⋯　8
图 2.1　农民创业内涵示意图 ⋯⋯⋯⋯⋯⋯⋯⋯⋯⋯⋯⋯⋯⋯⋯⋯　11
图 2.2　农村创业生态系统模型 ⋯⋯⋯⋯⋯⋯⋯⋯⋯⋯⋯⋯⋯⋯⋯　15
图 3.1　农村区域创业生态系统演化模型 ⋯⋯⋯⋯⋯⋯⋯⋯⋯⋯⋯　33
图 4.1　区域创业生态系统的形成路径 ⋯⋯⋯⋯⋯⋯⋯⋯⋯⋯⋯⋯　49
图 5.1　农村创业绩效影响因素概念模型 ⋯⋯⋯⋯⋯⋯⋯⋯⋯⋯⋯　54
图 5.2　结构方程模型路径系数图 ⋯⋯⋯⋯⋯⋯⋯⋯⋯⋯⋯⋯⋯⋯　69
图 6.1　基于系统动力学方法的计算仿真操作流程 ⋯⋯⋯⋯⋯⋯⋯　76
图 6.2　经济子系统因果回路图 ⋯⋯⋯⋯⋯⋯⋯⋯⋯⋯⋯⋯⋯⋯⋯　80
图 6.3　金融发展子系统因果回路图 ⋯⋯⋯⋯⋯⋯⋯⋯⋯⋯⋯⋯⋯　81
图 6.4　政策子系统因果回路图 ⋯⋯⋯⋯⋯⋯⋯⋯⋯⋯⋯⋯⋯⋯⋯　82
图 6.5　市场发展子系统因果回路图 ⋯⋯⋯⋯⋯⋯⋯⋯⋯⋯⋯⋯⋯　83
图 6.6　社会子系统因果回路图 ⋯⋯⋯⋯⋯⋯⋯⋯⋯⋯⋯⋯⋯⋯⋯　83
图 6.7　农村区域创业生态系统动力学流程图 ⋯⋯⋯⋯⋯⋯⋯⋯⋯　85
图 7.1a　三地农村区域创新力时间趋势图 ⋯⋯⋯⋯⋯⋯⋯⋯⋯⋯⋯　94
图 7.1b　三地农村区域创新力变化率时间趋势图 ⋯⋯⋯⋯⋯⋯⋯⋯　95
图 7.1c　三地农村区域创业主体创新力变化率时间趋势图 ⋯⋯⋯⋯　95
图 7.1d　三地农村区域创业支撑度时间趋势图 ⋯⋯⋯⋯⋯⋯⋯⋯⋯　95
图 7.2　三地农村区域创业资源要素整合力变化率时间趋势图 ⋯⋯　96
图 7.3a　三地区域人均收入水平时间趋势图 ⋯⋯⋯⋯⋯⋯⋯⋯⋯⋯　97
图 7.3b　三地农村区域市场需求水平时间趋势图 ⋯⋯⋯⋯⋯⋯⋯⋯　97
图 7.3c　三地农村市场资源要素时间趋势图 ⋯⋯⋯⋯⋯⋯⋯⋯⋯⋯　98
图 7.4a　三地区域人均一产增加值时间趋势图 ⋯⋯⋯⋯⋯⋯⋯⋯⋯　99
图 7.4b　三地区域土地流转率水平时间趋势图 ⋯⋯⋯⋯⋯⋯⋯⋯⋯　99
图 7.4c　三地区域自然资源要素时间趋势图 ⋯⋯⋯⋯⋯⋯⋯⋯⋯⋯　100
图 7.5a　三地区域中介市场发育水平时间趋势图 ⋯⋯⋯⋯⋯⋯⋯⋯　100
图 7.5b　三地区域组织资源要素时间趋势图 ⋯⋯⋯⋯⋯⋯⋯⋯⋯⋯　101
图 7.6a　三地数字普惠金融服务水平时间趋势图 ⋯⋯⋯⋯⋯⋯⋯⋯　102
图 7.6b　三地商业银行金融服务水平时间趋势图 ⋯⋯⋯⋯⋯⋯⋯⋯　102
图 7.6c　三地区域金融支持水平时间趋势图 ⋯⋯⋯⋯⋯⋯⋯⋯⋯⋯　103
图 7.6d　三地区域财政补贴水平时间趋势图 ⋯⋯⋯⋯⋯⋯⋯⋯⋯⋯　103
图 7.6e　三地财务资源要素时间趋势图 ⋯⋯⋯⋯⋯⋯⋯⋯⋯⋯⋯⋯　103

图 7.7a　三地区域技术资源要素时间趋势图 ················· 104
图 7.7b　三地区域农业科技投入水平时间趋势图 ············· 104
图 7.8a　三地区域基础教育水平时间趋势图 ················· 105
图 7.8b　三地区域高等教育水平时间趋势图 ················· 105
图 7.8c　三地区域人力资源要素时间趋势图 ················· 105
图 7.9a　三地区域创业支撑度变化率时间趋势图 ············· 106
图 7.9b　三地区域生产要素成本时间趋势图 ················· 107
图 7.9c　三地区域物流成本时间趋势图 ····················· 107
图 7.9d　三地区域信息服务成本时间趋势图 ················· 107
图 7.9e　三地区域制度性交易成本时间趋势图 ··············· 108
图 7.9f　三地区域创业成本负担率时间趋势图 ··············· 108
图 7.10　四川金堂农村区域创新力仿真输出分析 ············· 109
图 7.11　江西樟树农村区域创新力仿真输出分析 ············· 110
图 7.12　湖北嘉鱼农村区域创新力仿真输出分析 ············· 110
图 7.13　四川金堂区域创业资源要素整合力变化率仿真输出分析 ····· 111
图 7.14　江西樟树区域创业资源要素整合力变化率仿真输出分析 ····· 111
图 7.15　湖北嘉鱼区域创业资源要素整合力变化率仿真输出分析 ····· 111
图 7.16　四川金堂区域创业支撑度相关性仿真输出分析 ······· 112
图 7.17　江西樟树区域创业支撑度相关性仿真输出分析 ······· 112
图 7.18　湖北嘉鱼区域创业支撑度相关性仿真输出分析 ······· 113
图 8.1　农村创业生态系统提升机制路径 ····················· 117
图 8.2a　四川金堂不同区域人均收入水平下的市场资源要素仿真输出分析 ····· 118
图 8.2b　四川金堂不同区域人均收入水平下的区域创业主体创新力仿真输出分析 ····· 118
图 8.2c　四川金堂不同区域人均收入水平下的农村区域创新力仿真输出分析 ····· 118
图 8.3a　江西樟树不同区域人均收入水平下的市场资源要素仿真输出分析 ····· 119
图 8.3b　江西樟树不同区域人均收入水平下区域创业主体创新力仿真输出分析 ····· 119
图 8.3c　江西樟树不同区域人均收入水平下的农村区域创新力仿真输出分析 ····· 119
图 8.4a　湖北嘉鱼不同区域人均收入水平下的市场资源要素仿真输出分析 ····· 120
图 8.4b　湖北嘉鱼不同区域人均收入水平下区域创业主体创新力仿真输出分析 ····· 120
图 8.4c　湖北嘉鱼不同区域人均收入水平下农村区域创新力仿真输出分析 ····· 121
图 8.5a　四川金堂不同人均一产水平下的自然资源要素仿真输出分析 ····· 121
图 8.5b　四川金堂不同人均一产水平下的区域创业主体资源要素整合力仿真输出分析 ····· 122
图 8.5c　四川金堂不同人均一产水平下的区域创新力仿真输出分析 ····· 122
图 8.6a　江西樟树不同人均一产水平下的自然资源要素仿真输出分析 ····· 123
图 8.6b　江西樟树不同人均一产水平下的区域创业主体资源要素整合力仿真输出分析 ····· 123
图 8.6c　江西樟树不同人均一产水平下的区域创新力仿真输出分析 ····· 123
图 8.7a　湖北嘉鱼不同人均一产水平下的自然资源要素仿真输出分析 ····· 124

图 8.7b	湖北嘉鱼不同人均一产水平下的区域创业主体资源要素整合力仿真输出分析	124
图 8.7c	湖北嘉鱼不同人均一产水平下的农村区域创新力仿真输出分析	124
图 8.8a	四川金堂不同区域中介市场发育水平下的组织资源要素仿真输出分析	125
图 8.8b	四川金堂不同区域中介市场发育水平下的主体整合力仿真输出分析	125
图 8.8c	四川金堂不同区域中介市场发育水平下的主体创新力仿真输出分析	126
图 8.9	四川金堂不同财务资源要素水平下的仿真输出分析	126
图 8.10	江西樟树不同财务资源要素水平下的仿真输出分析	127
图 8.11	湖北嘉鱼不同财务资源要素水平下的仿真输出分析	127
图 8.12	四川金堂不同区域科技投入水平下的仿真输出分析	128
图 8.13	江西樟树不同区域科技投入水平下的仿真输出分析	128
图 8.14	湖北嘉鱼不同区域科技投入水平下的仿真输出分析	129
图 8.15	四川金堂不同人力资源要素下的仿真输出分析	129
图 8.16	江西樟树不同人力资源要素下的仿真输出分析	129
图 8.17	湖北嘉鱼不同人力资源要素下的仿真输出分析	130
图 8.18a	四川金堂不同区域生产要素下的创业成本负担率仿真输出分析	132
图 8.18b	四川金堂不同区域生产要素下的创业支撑度仿真输出分析	132
图 8.18c	四川金堂不同区域生产要素下的农村区域创新力仿真输出分析	132
图 8.19a	江西樟树不同区域生产要素下的创业成本负担率仿真输出分析	133
图 8.19b	江西樟树不同区域生产要素下的创业支撑度仿真输出分析	133
图 8.19c	江西樟树不同区域生产要素下的农村区域创新力仿真输出分析	133
图 8.20a	湖北嘉鱼不同区域生产要素下的创业成本负担率仿真输出分析	134
图 8.20b	湖北嘉鱼不同区域生产要素下的创业支撑度仿真输出分析	134
图 8.20c	湖北嘉鱼不同区域生产要素下的农村区域创新力仿真输出分析	134
图 8.21	四川金堂不同区域交通设施水平对区域创业成本负担率的影响	135
图 8.22	江西樟树不同区域交通设施水平对区域创业成本负担率的影响	136
图 8.23	湖北嘉鱼不同区域交通设施水平对区域创业成本负担率的影响	136
图 8.24a	四川金堂不同区域信息化水平对区域创业成本负担率的影响	137
图 8.24b	四川金堂不同区域信息化水平对区域创业支撑度的影响	137
图 8.24c	四川金堂不同区域信息化水平对农村区域创新力的影响	137
图 8.25a	江西樟树不同区域信息化水平对区域创业成本负担率的影响	138
图 8.25b	江西樟树不同区域信息化水平对区域创业支撑度的影响	138
图 8.25c	江西樟树不同区域信息化水平对农村区域创新力的影响	139
图 8.26a	湖北嘉鱼不同区域信息化水平对区域创业成本负担率的影响	139
图 8.26b	湖北嘉鱼不同区域信息化水平对区域创业支撑度的影响	139
图 8.26c	湖北嘉鱼不同区域信息化水平对农村区域创新力的影响	140
图 8.27a	四川金堂不同行政服务效率水平对创业成本负担率的影响	140
图 8.27b	四川金堂不同行政服务效率水平对区域创业支撑度的影响	141

图 8.27c 四川金堂不同行政服务效率水平对区域创新力的影响 …………………… 141
图 8.28a 江西樟树不同行政服务效率水平对创业成本负担率的影响 …………… 142
图 8.28b 江西樟树不同行政服务效率水平对区域创业支撑度的影响 …………… 142
图 8.28c 江西樟树不同行政服务效率水平对区域创新力的影响 …………………… 142
图 8.29a 湖北嘉鱼不同行政服务效率水平对创业成本负担率的影响 …………… 143
图 8.29b 湖北嘉鱼不同行政服务效率水平对区域创业支撑度的影响 …………… 143
图 8.29c 湖北嘉鱼不同行政服务效率水平对区域创新力的影响 …………………… 143

List of Figures

Figure 1.1	Research technology roadmap	8
Figure 2.1	Schematic diagram of the connotation of farmers' entrepreneurship	11
Figure 2.2	Rural entrepreneurial ecosystem model	15
Figure 3.1	Evdution model of rural regional entrepreneurship ecosystem	33
Figure 4.1	The route of regional entrepreneurship ecosystem	49
Figure 5.1	Conceptual model of factors affecting rural entrepreneurial performance	54
Figure 5.2	Path coefficient diagram of structural equation model	69
Figure 6.1	Computational simulation operation flow based on system dynamics method	76
Figure 6.2	The causal circuit diagram of the economic subsystem	80
Figure 6.3	The causal loop diagram of the financial development subsystem	81
Figure 6.4	The causal loop diagram of the policy subsystem	82
Figure 6.5	Causal Loop Diagram of Market Development Subsystem	83
Figure 6.6	Causal Loop Diagram of Social Subsystem	83
Figure 6.7	Dynamic flow chart of the entrepreneurial ecosystem in rural areas	85
Figure 7.1a	Time trend of regional innovation power in rural areas of the three places	94
Figure 7.1b	Time trend chart of the change rate of innovation capacity in rural areas of the three places	95
Figure 7.1c	Time trend chart of the change rate of innovation ability of entrepreneurial entities in rural areas of the three places	95
Figure 7.1d	Time trend of entrepreneurial support in rural areas of the three places	95
Figure 7.2	Time trend chart of the change rate of the integration of entrepreneurial resources in the three rural areas	96
Figure 7.3a	Time trend of per capita income in the three regions	97
Figure 7.3b	Time trend of market demand level in rural areas of the three places	97
Figure 7.3c	Time trends of rural market resource elements in the three regions	98
Figure 7.4a	Time trend diagram of the added value of primary output per capita in the three regions	99
Figure 7.4b	Time trend of land turnover rate in the three regions	99
Figure 7.4c	Time trends of natural resource elements in the three regions	100
Figure 7.5a	Time trend chart of the development level of intermediary markets in the three regions	100

Figure 7.5b	Time trend diagram of resource elements of regional organizations in the three regions ·· 101
Figure 7.6a	Time trend chart of the level of digital financial inclusion in the three places ··· 102
Figure 7.6b	Time trend of financial service levels of commercial banks in the three places ··· 102
Figure 7.6c	Time trend chart of financial support levels in the three regions ···················· 103
Figure 7.6d	Time trend of financial subsidy levels in the three regions ···························· 103
Figure 7.6e	Time trends of financial resource elements in the three places ······················ 103
Figure 7.7a	Time trends of technical resource elements in the three regions ···················· 104
Figure 7.7b	Time trend of agricultural science and technology input levels in the three regions ··· 104
Figure 7.8a	Time trend of basic education levels in the three regions ······························· 105
Figure 7.8b	Time trend of higher education level in the three regions ······························· 105
Figure 7.8c	Time trend diagram of human resource elements in the three regions ············ 105
Figure 7.9a	Time trend chart of the change rate of entrepreneurial support in the three regions ··· 106
Figure 7.9b	Time trend of the cost of production factors in the three regions ···················· 107
Figure 7.9c	Time trend chart of regional logistics costs in the three regions ······················ 107
Figure 7.9d	Time trend of regional information service costs in the three regions ············ 107
Figure 7.9e	Time trend of institutional transaction costs in the three regions ····················· 108
Figure 7.9f	Time trend of the burden rate of entrepreneurial costs in the three regions ······ 108
Figure 7.10	Simulation output analysis of rural regional innovation power in Jintang, Sichuan ··· 109
Figure 7.11	Simulation output analysis of the regional innovation capacity of Zhangshu rural area in Jiangxi Province ·· 110
Figure 7.12	Simulation output analysis of rural regional innovation power in Jiayu, Hubei ··· 110
Figure 7.13	Simulation output analysis of the rate of change of the integration of entrepreneurial resources in Sichuan Jintang region ·· 111
Figure 7.14	Simulation output analysis of the rate of change of integration of entrepreneurial resources in Zhangshu, Jiangxi ·· 111
Figure 7.15	Simulation output analysis of the rate of change of integration of entrepreneurial resources in Hubei Jiayu region ··· 111
Figure 7.16	The simulation output analysis of the correlation of regional entrepreneurial support in Jintang, Sichuan ··· 112
Figure 7.17	Simulation output analysis of the correlation of entrepreneurial support degree in Zhangshu, Jiangxi ·· 112

Figure 7.18	The simulation output analysis of the correlation between the entrepreneurial support degree of Hubei Jiayu region	113
Figure 8.1	The path of promotion mechanism of rural entrepreneurial ecosystem	117
Figure 8.2a	Simulation output analysis of market resource factors under different regional income levels in Jintang, Sichuan	118
Figure 8.2b	Simulation output analysis of regional entrepreneurial entities' innovation ability under different regional per capita income levels in Jintang, Sichuan	118
Figure 8.2c	Simulation output analysis of rural regional innovation capacity under different regional per capita income levels in Jintang, Sichuan	118
Figure 8.3a	Simulation output analysis of market resource factors in different regions of Zhangshu in Jiangxi under per capita income level	119
Figure 8.3b	Simulation output analysis of the innovation capacity of regional entrepreneurs under different per capita income levels in Zhangshu, Jiangxi	119
Figure 8.3c	Simulation output analysis of rural regional innovation capacity under different regional per capita income levels in Zhangshu, Jiangxi	119
Figure 8.4a	The simulation output analysis of market resource factors under the per capita income level of different regions in Jiayu, Hubei	120
Figure 8.4b	The simulation output analysis of regional entrepreneurial entities' innovation ability under different regional per capita income levels in Jiayu, Hubei	120
Figure 8.4c	The simulation output analysis of rural regional innovation capacity under different regional per capita income levels in Jiayu, Hubei	121
Figure 8.5a	Simulation output analysis of natural resource elements under different per capita production levels in Jintang, Sichuan	121
Figure 8.5b	Simulation output analysis of regional entrepreneurial entity resource element integration ability under different per capita production levels in Jintang, Sichuan	122
Figure 8.5c	Simulation output analysis of regional innovation capacity under different per capita production levels in Jintang, Sichuan	122
Figure 8.6a	Simulation output analysis of natural resource elements under different per capita yields of camphor trees in Jiangxi	123
Figure 8.6b	Simulation output analysis of the integration of resources and elements of regional entrepreneurial entities under different per capita production levels of camphor trees in Jiangxi	123
Figure 8.6c	Simulation output analysis of regional innovation capacity under different per capita production levels of camphor trees in Jiangxi	123
Figure 8.7a	Simulation output analysis of natural resource elements under different per capita production levels in Hubei Jiayu	124

Figure 8.7b   The simulation output analysis of the integration power of the regional entrepreneurial entities under different per capita production levels in Hubei Jiayu 124

Figure 8.7c   Simulation output analysis of rural regional innovation capacity under different per capita production levels in Hubei Jiayu 124

Figure 8.8a   Simulation output analysis of organizational resource elements under different regional intermediary market development levels in Jintang, Sichuan 125

Figure 8.8b   Simulation output analysis of the main body's integration power under different regional intermediary market development levels in Sichuan Jintang 125

Figure 8.8c   Simulation output analysis of the main body's innovation ability under different regional intermediary market development levels in Sichuan Jintang 126

Figure 8.9   Simulation output analysis under different financial resource element levels of Sichuan Jintang 126

Figure 8.10   Simulation output analysis of Jiangxi camphor tree under different financial resource element levels 127

Figure 8.11   The simulation output analysis of Hubei Jiayu under different financial resource element levels 127

Figure 8.12   Simulation output analysis of Sichuan Jintang under different regional science and technology investment levels 128

Figure 8.13   Simulation output analysis of Zhangshu, Jiangxi under different regional technological input levels 128

Figure 8.14   Simulation output analysis of Hubei Jiayu's different regional science and technology input levels 129

Figure 8.15   Simulation output analysis under different human resource elements of Sichuan Jintang 129

Figure 8.16   Simulation output analysis under different human resource elements of Camphor in Jiangxi 129

Figure 8.17   Simulation output analysis of Hubei Jiayu under different human resource elements 130

Figure 8.18a   Simulation output analysis of entrepreneurial cost burden rate under different regional production factors in Jintang, Sichuan 132

Figure 8.18b   Simulation output analysis of entrepreneurial support under different regional production factors in Jintang, Sichuan 132

Figure 8.18c   Simulation output analysis of rural regional innovation capacity under different regional production factors in Jintang, Sichuan 132

Figure 8.19a   Simulation output analysis of entrepreneurial cost burden rate under different production factors in Zhangshu, Jiangxi 133

Figure 8.19b	Simulation output analysis of entrepreneurial support under different regional production factors of Zhangshu in Jiangxi	133
Figure 8.19c	Simulation output analysis of rural regional innovation capacity under different regional production factors of Camphor, Jiangxi	133
Figure 8.20a	Simulation output analysis of entrepreneurial cost burden rate under different regional production factors in Jiayu, Hubei	134
Figure 8.20b	Simulation output analysis of entrepreneurial support under different regional production factors in Jiayu, Hubei	134
Figure 8.20c	The simulation output analysis of rural regional innovation capacity under different regional production factors in Jiayu, Hubei	134
Figure 8.21	The impact of different regional traffic facilities in Jintang, Sichuan on the regional entrepreneurial cost burden rate	135
Figure 8.22	The impact of different regional transportation facilities in Zhangshu, Jiangxi on the regional entrepreneurial cost burden rate	136
Figure 8.23	The impact of the level of transportation facilities in different regions of Hubei Jiayu on the burden of regional entrepreneurial cost	136
Figure 8.24a	The impact of different regional informatization levels in Jintang, Sichuan on the regional entrepreneurial cost burden rate	137
Figure 8.24b	The impact of different regional informatization levels in Jintang, Sichuan on the support of regional entrepreneurship	137
Figure 8.24c	The impact of different regional informatization levels in Jintang, Sichuan on the innovation capacity of rural areas	137
Figure 8.25a	The impact of different regional informatization levels in Zhangshu, Jiangxi on the burden rate of regional entrepreneurial costs	138
Figure 8.25b	The impact of different regional informatization levels in Zhangshu, Jiangxi on the regional entrepreneurial support	138
Figure 8.25c	The impact of different regional informatization levels in Zhangshu, Jiangxi on the innovation capacity of rural areas	139
Figure 8.26a	The impact of different regional informatization levels in Hubei Jiayu on the burden of regional entrepreneurial cost	139
Figure 8.26b	The impact of different regional informatization levels in Hubei Jiayu on the support of regional entrepreneurship	139
Figure 8.26c	The impact of different regional informatization levels in Jiayu, Hubei on the innovation capacity of rural areas	140
Figure 8.27a	The impact of different administrative service efficiency levels of Sichuan Jintang on the burden rate of entrepreneurial costs	140

Figure 8.27b	The impact of different administrative service efficiency levels of Sichuan Jintang on regional entrepreneurial support	141
Figure 8.27c	The impact of different administrative service efficiency levels of Sichuan Jintang on regional innovation	141
Figure 8.28a	The impact of different administrative service efficiency levels of Zhangshu in Jiangxi on the burden rate of entrepreneurial costs	142
Figure 8.28b	The impact of different administrative service efficiency levels in Zhangshu, Jiangxi on the degree of regional entrepreneurship support	142
Figure 8.28c	The impact of different administrative service efficiency levels in Zhangshu, Jiangxi on regional innovation	142
Figure 8.29a	The impact of different administrative service efficiency levels in Hubei Jiayu on the burden of entrepreneurial cost	143
Figure 8.29b	The impact of different administrative service efficiency levels in Hubei Jiayu on regional entrepreneurial support	143
Figure 8.29c	The impact of different administrative service efficiency levels of Hubei Jiayu on regional innovation	143

表 目 录

表 3.1	自然生态系统与农村区域创业生态系统要素对比	25
表 3.2	自然生态系统与农村区域创业生态系统互动行为对比	26
表 5.1	各变量的度量指标	59
表 5.2	样本的描述性统计分析	61
表 5.3	受教育程度与家中最高学历对比	63
表 5.4	家庭收支对比表	64
表 5.5	潜变量的信效度指标	65
表 5.6	潜变量的区别效度	68
表 5.7	影响路径效应检验结果汇总	69
表 6.1	农村区域创业生态系统宏观环境影响因素分析	84
表 6.2	逻辑关系说明表	89
表 7.1	各地区农村区域创新主要仿真变量输出结果	113
表 8.1	四川金堂不同资源要素变化对区域创业主体创新力的影响数据	130
表 8.2	江西樟树不同资源要素变化对区域创业主体创新力的影响数据	131
表 8.3	湖北嘉鱼不同资源要素变化对区域创业主体创新力的影响数据	131
表 8.4	各地区域交通设施水平配置情况	135

Table catalog

Table 3.1	Comparison of elements of natural ecosystem and rural regional entrepreneurial ecosystem	25
Table 3.2	Comparison of interaction behavior between natural ecosystem and rural regional entrepreneurial ecosystem	26
Table 5.1	Measurement indicators of each variable	59
Table 5.2	Descriptive statistical analysis of the sample	61
Table 5.3	Comparison of education level and the highest academic qualification at home	63
Table 5.4	Comparison table of household income and expenditure	64
Table 5.5	Reliability and validity indicators of latent variables	65
Table 5.6	Differential validity of latent variables	68
Table 5.7	Summary of test results of influence path effect	69
Table 6.1	Analysis of macro-environmental factors affecting the entrepreneurial ecosystem in rural areas	84
Table 6.2	Logical relationship description table	89
Table 7.1	Output results of main simulation variables of rural regional innovation in various regions	113
Table 8.1	Data on the impact of changes in different resource elements of Sichuan Jintang on the innovation capacity of regional entrepreneurs	130
Table 8.2	Data on the impact of changes in different resource elements of camphor tree in Jiangxi on the innovation capacity of regional entrepreneurs	131
Table 8.3	Data on the impact of changes in different resource elements of Hubei Jiayu on the innovation of regional entrepreneurs	131
Table 8.4	Horizontal allocation of transportation facilities in various regions	135

第1章
绪　论

近年来，随着我国产业转移和劳动力结构性调整需求，以及"乡村振兴""创新创业"等国家战略的部署，农村新型创业主体不断增多，农民创业意识与能力不断增强，对促进三产融合、实现乡村产业振兴起到了重要作用。农村创业并不是一个资源简单堆砌的单链条行为，而是依托农村社会环境，进行资源的拼凑与整合的动态过程。良好的创业生态系统是农村有效创业的基础，是提高农村区域创新力的保证。本章主要从研究背景、研究意义、研究内容与研究方法等方面对农村创业生态系统进行介绍。

1.1 研究背景

创业被视为一个国家或地区经济增长的重要手段。目前，促进农村区域创业被广泛视为提升农村发展、解决"三农"问题的有效途径，从产业、生态、文化、组织、人才等多个维度深刻影响农村发展。在实践层面，在农村区域进行创业生态系统建设是乡村振兴全面推进的客观要求。在理论层面，在农村区域进行创业生态系统建设也需要理论上的指导。

1.1.1 乡村振兴全面推进的客观要求

十九届五中全会指出，优先发展农业农村，全面推进乡村振兴。面向"十四五"，全会坚持把解决好"三农"问题作为全党工作的重中之重，走中国特色社会主义乡村振兴道路，全面实施乡村振兴战略，强化以工补农、以城带乡，推动形成工农互促、城乡互补、协调发展、共同繁荣的新型工农城乡关系，加快农业农村现代化。要保障国家粮食安全，提高农业质量效益和竞争力，实施乡村建设行动，深化农村改革，实现巩固拓展脱贫攻坚成果同乡村振兴有效衔接。2020年8月，习近平同志在吉林调研时着重指出，乡村振兴是一篇"大文章"。2021年是我国脱贫攻坚的收官之年，也是乡村振兴全面启动的一年。在全面实现脱贫攻坚目标的基础上，我国乡村振兴也将迈入新的阶段。"十四五"期间，围绕乡村振兴，如何实现我国农业农村高质量发展，如何构建产业振兴、人才振兴、文化振兴、生态振兴、组织振兴的推进路径，如何通过发挥社会主义制度优越性为实现乡村振兴提供机制保障，成为广泛关注的焦点。

农村创业可以在多个方面助力乡村振兴的实现。①农村创业有利于提升农村产业水平。农村创业在形成集群后，创业主体通过挖掘当地特色资源，推动技术进步、金融互助、生产销售和服务联合等，实现优势资源的有效整合，打造集群的竞争优势，从而以点带面带动整个区域产业集群全面发展。②农村创业有利于开拓农村"人才池"。创业主体通过有效的沟通交流，不断提升自身综合素质，在竞争推动下不断学习和创新，在机会识别、资源整合以及组织管理等方面得到质的飞跃。另外，乡村创业热情的高涨也会吸引城市人口的加入，促进农民返乡就业创业，解决农村劳动力流失的困境。③农村创业有利于改善农村文明风貌。创业群体一般拥有良好的创业精神氛围，在一定程度上可以影响创业者的创新性和冒险性。另外，创业过程的推进要求创业者必须提高文化素质和思想观念，创业群体文明观念的进步，会潜移默化影响农村乡风的改善。④农村创业有利于改善乡村治理体系。创业的发展能够驱动组织成长，为了把分散的小农经济、零散的乡村工业和低端的服务业向有组织的、适度规模的二三产业融合发展过渡，各类组织应运而生，如专业合作社、股份合作社等，其自治行动可以提高乡村治理效率。⑤农村创业有利于推进美丽乡村建设。随着创业的进一步发展，农村基础设施不断完善。此外，农村需要改善整体环境为第三产业的发展奠定基础。受环保政策的限制，创业主体大力发展环保技术，有助于实现农业强、农村美、农民富的目标。

1.1.2 农村区域创业的理论要求

近年来，随着我国农村创业创新主体类型不断多元化、农村创业人数不断增加、创业领域不断拓宽、农村创业创新平台类型多样、创业现代科技要素不断提高（江洁，等，2020[1]），创业日益成为平衡农业生产和农村生活质量的关键（Wang，等，2016[2]；Fitz-Koch，等，2018[3]）。就目前来看，创业可以有效促进农村居民收入的增长，提高其可持续生计能力（Lang，等，2019[4]）。因此，创业已成为农户可持续生计的有效手段（Kabir，等，2012[5]）。同时，随着农村的作用和角色定位发生变化，农村居民需要变得更加具有创业精神（Hassink，等，2016[6]）。尤其是在多功能农业的背景和市场自由化的影响下，农村必须赋予自己"新"的功能才能取得成功，这使农村成为创新创业的一个重要场所（Warren，2004[7]；Morgan，等，2010[8]）。借助于农村创业，劳动力向第二、三产业转移的空间更加宽广，而创业过程中诞生的民营企业和个体私营经济有效吸纳了大量的农村劳动力，带动了农民就地就近就业，大大削弱过去普遍外出务工、异地流动的沉重代价，并提高了农民收入，优势明显。

在当今市场环境下，农村创业者可以在传统生产的基础上增加专业化或多元化的附加产品或服务（如常见的乡村旅游、餐饮住宿、采摘体验等），从而扩大业务规模；也可以通过农业产品加工，提升产品等级、升级农业生产技术等方式来延伸以及整合价值链，实现收入的增加（Lunnan，2006[9]）。一些区域和农村发展政策也越来越强调通过创业来调动农村区域的内生经济潜力（Baumgartner，等，2013[10]）。Bruton等学者（2013[11]）也提出，创业是解决低收入区域和农村贫困地区经济问题的一种手段。因此，创业需要作为振兴农村的手段得到更多的承认（Fortunato，2014[12]）。在现有的创业研究体系下，对农村创业问题的研究需要更具针对性。

"三农"创业研究备受关注。研究者从人格特质、心理分析、创业技能和态度、受教育程度、个性品质和管理能力等多个角度对其进行了探索和分析（Jaafar，等，2015[13]；Gao，等，2013[14]）。鉴于中国数量庞大的农村人口和农村贫困、农民就业等现实问题，许多学者逐渐从早期的创业泛化研究回归到我国农村本土化研究的大潮中（Naminse，等，2018[15]）。但是，国内外相关的文献研究主要围绕农村地区创业的一般规律（Dias，等，2019[16]）、创业行为（Li，等，2019[17]）、创业政策（Cortijo，等，2019[18]），关于创业区域的进一步研究存在一定程度的空白，大量的相似概念（如农村创业、农业创业、涉农创业等）充斥在相关研究领域。迄今为止，有关农村创业的表述与定义还不够明确清晰，不利于探究的进一步开展。因此，需要从国外相关前沿研究出发，进一步挖掘和解析农村创业的研究成果。在此基础上界定农村创业以及农村区域创业生态系统的内涵，同时对农村创业者的创业意愿与行为、影响农民创业的因素、提高农村创业成功率以及农村创新力的路径等进行梳理和归纳，着重对比国内外创业研究的逻辑差异，分析探讨其差异产生的原因，指明农村创业研究领域未来的可进一步深入研究的方向。本书有利于相关领域学者紧跟国际前沿，并为之提供理论参考。

1.2 研究意义

2015年3月5日，李克强总理在《政府工作报告》中指出："个人和企业要勇于创业创新，全社会要厚植创新文化，让人们在创造财富的过程中，更好地实现精神追求和自身价值。"创业被视为一个国家的地区或者农村社区经济增长的重要手段（Nagler，等，2014）[19]。当前，大众创业、万众创新的理念正日益深入人心。随着各地各部门认真贯彻落实，业界学界纷纷响应，各种新产业、新模式、新业态不断涌现，有效激发了社会活力，释放了巨大创造力，成为经济发展的一大亮点。农林业发展也应当响应国家号召，充分利用当前国家推出的一系列有利于创新创业的优惠政策，开创新事业，为现有的事业开发新路径，从而打开农村发展的新局面。

农村区域创业具有积极的理论和现实意义：农村创业是对区域资源的进一步开发和利用。以农户、村庄、乡镇、县域为层级的四级产业立体网络平台一旦建设成功，则一方面可以提升农村产业的可持续性与盈利性空间；另一方面也使青年群体有了宽广的职业发展空间（李斌，等，2019）[20]。有效盘活现有资源，解放了农业生产力，提升了农业发展水平，推动农村经济发展，创造农村就业，具有重要的现实意义。另外，现阶段我国城乡发展二元结构，农村生产力较低，农村创业经营管理水平有限，相关政策的依赖性强，因此，对农村区域创业的研究具有较大的理论意义。

由于农村区域创业是复杂的社会行为，为了对其进行准确分析，需要对现实中发生的案例进行分析。在农民返乡创业、大学生创业、科技人才创业、农民专业合作组织创业等多种形式如火如荼开展的现阶段，已有很多成功或失败的创业案例。社会大数据分析技术的引入可以帮助研究者从海量社会经济数据中发掘出隐藏的规律，找到影响创业成功或失败的因素。进一步，为了描述农村创业经济活动的运行规律从而研究创业行为，需要对其建立系统运行模型。系统动力学是一门研究复杂系统运动变化规律的科学。它基于系统行为与内在机制间的相互紧密的依赖关系，建立完整的描述系统运动变化的数学模型，可以提高系统模型描述与预测的准确性。综合运用这些数据分析技术与系统建模技术，可以提高分析的科学性与准确性，构建卓有成效的农村区域创新力培育体系。

基于以上认识，本书立足于我国农村发展的现状，以农村创业为切入点，利用现代科学研究方法科学分析我国农村区域创业的相关的大量数据，探索农村区域创业运作的内部运作机制与相关影响因素，结合系统动力学，建立农村区域创业生态系统动力学仿真模型，剖析相关政策实施的运作机理，运用虚拟仿真方法对相关农村创业政策、市场激励的实施效果进行预测，构建切实高效的农村创业生态培育系统。

本书研究的意义在于：①有利于较为系统地理清农村区域创业的内部运作机制与影响因素；②有利于构建切实有效的农村区域创业生态系统培育体系；③有利于我国乡村振兴政策体系建设的完善；④有利于推动农村区域创业发展，进而促进我国农村经济社会等全面发展。

本书研究的必要性在于：①现有研究对农村区域创业生态系统的分析研究较少，且缺乏对农村区域创业内在机理的研究，本书可以填补相关空白；②现有乡村振兴政策在制定阶段缺乏对政策效果的科学预测手段，本书可以实现相关预测，从而提高决策的准确性；③创业是我国农村经济发展的重要抓手，对其进行理论研究的意义重大。

1.3 研究界定与主要内容

1.3.1 研究界定

1.3.1.1 农村创业

全球创业研究和创业教育的开拓者杰夫里·蒂蒙斯教授认为："创业是一种思考、推理和行为方式，这种行为方式是机会驱动、注重方法和与领导相平衡。创业导致价值的产生、增加、实现和更新，不只是为所有者，也为所有参与者和利益相关者。"彼得·德鲁克认为："任何敢于面对决策的人，都可能通过学习成为一个创业者并具有创业精神。创业是一种行为，而不是个人的性格特征。"创业是一种可以组织，并且是需要组织的系统性工作。

借鉴以上定义，并结合农村创业实践，农村创业是指创业者依托家庭或其他组织，利用自身资源，通过在农村开展新的经营活动或者扩大原有经营规模，实现自身收益并促进农村经济发展的活动。其内涵可以概括为以下三点：

第一，依托于家庭或其他组织，而不以是否进行企业注册进行界定；

第二，开展新的经营活动（从事某一经营活动不长于5年）或者扩大原有经营规模；

第三，开展的新的经营活动与农村经济有关，例如开展大规模种养殖、特色农业、休闲农业、林下经济和乡村生态旅游等经营活动。

1.3.1.2 农村创业生态系统

农村创业生态系统是指根植于农业农村，以县域为地理空间，所形成的能够支持和促进创业主体获取创业资源、提供完善创业配套的硬件设施（物流运输、孵化平台等）和软件服务（政策资源、环境文化等）的系统集合。它由多种参与主体（包括创业者、创业企业及相关组织和机构）及其所处的制度、市场、文化和自然环境通过交互作用形成的有机整体，致力于提高区域创业活动水平（即创业企业数量和创业成功率等）。其在各个时期所达到的规模和程度称为农村创业生态系统发展水平。

1.3.2 主要内容

为弥补现有研究上的不足，本书通过案例分析、结构方程模型、系统动力学等学科方法的交叉创新，以农村区域创业生态发展系统为研究对象，对农村区域创业生态系统进行内涵界定与建模分析，探寻其机理，并构建农村创业生态系统培育提升的路径。在理论层面上，拓展农村区域创业研究的范畴和范围，实现农村区域创业生态系统的仿真模型。在实践层面上，建立农村区域创业生态培育体系，构建农村创业的相关机制，为农村创业决策与政策制定提供依据。包括以下几个方面：

第一，农村区域创业生态系统理论框架构建。在文献综述的基础上，对农村区域创业生态系统的理论基础、内涵、关键特性进行系统性分析，在理清其组成要素和影响关系后，进一步提出农村创业生态系统的理论框架。

第二，农村区域创业生态系统演化典型案例分析。本书研究起于对若干县域创业生态系统的系统分析。尤其对湖北咸宁"别墅养鸡"产业进行重点分析，从企业成长发育的全周期过程，深度剖析农村创业主体和环境培育的演化过程，并构建系统性的发展机制。

第三，农村区域创业生态系统影响因素概念模型构建。基于北京郊区的293位从事第一产业创业的青年农民的调研数据，对北京农村创业者的基本情况及其创业环境、创业资源、创业绩效等进行统计分析，并利用结构方程模型的方法，探究各要素之间的影响路径，从微观的角度实证分析农村区域创业生态系统的运行机制。

第四，农村区域创业生态系统仿真模型设计。以系统动力学方法为切入点，基于官方公开数据，构建农村区域创业生态系统仿真模型，包括农村创业生态系统各个主体之间、农村创业环境之间及主体与环境的交互的内在联系进行清晰的描述，为科学认识农村创业生态系统的发展及相关决策提供参考。已有研究多使用社会科学的研究方法展开，而单一的方法无法解决农村创业这一复杂系统问题。本书着眼于系统动力学，将主体、要素、环境囊括在统一系统中，建立农村区域创业生态系统模型，并赋予数据进行仿真，模拟并预测系统的运行状况，是研究视角上的一个创新。

第五，对农村区域创业生态系统提升路径进行仿真分析。通过灵敏度分析来验证指标变化对模型结果产生的影响。基于仿真模拟的农村区域创业的培育设计，构建林农创业培育体系和提升路径。

1.4 研究方法和技术路线

1.4.1 研究方法

创业生态理论是理论性较强的研究课题，尤其是农村创业。一方面，因其受限于农村的金融资源、市场成熟度、基础设施水平、人才受教育水平、管理水平相较于城市的不足。另一方面，在我国乡村振兴、"三农"的基础性地位背景下，发展农村、实现农村产业振兴是全面实现农业农村社会主义现代化的根本道路。因此，农村创业生态系统的发展理论价值与应用价值并重，本书结合农村创业的特点和我国发展现状，有针对性地选取以下方法：

1.4.1.1 规范研究与实证分析相结合

目前，农村区域创业生态系统理论研究尚少，因此，完善农村区域创业生态系统理论具有十分重要的意义。在研究过程中，十分注重对农村创业相关研究理论分析及农村创业相关案例分析的整合，基于文献分析和案例分析的研究成果，将农村区域创业生态系统的相关要素集成到农村创业区域系统中进行理论模型构建，并建立其系统仿真模型。此外，本研究过程也十分注重实证研究，以县域统计年鉴或公报相关指标以及现场实地调研数据为分析计算基础，代入仿真模型中进行拟合，找出影响农村区域创业生态系统发展水平提升的措施。通过理论与实证的结合，提高了本书研究的创新性与实用性。

1.4.1.2 文献分析与调查研究相结合

本书通过参考国内外农村创业相关的研究成果，对农村区域创业生态系统进行综述分析，理清农村创业的各相关主体、资源要素、区域环境以及相互之间的作用关系的基本理论框架。此外，在文献分析的基础上，通过实地调查我国（北京城郊、四川金堂、湖北嘉鱼、江西樟树）县域农村创业基本情况，对区域创业主体、创业资源、创业环境进行全面调研并收集数据，以进行量化分析计算模拟。通过以上做法，提升研究成果的科学性与适用性。

1.4.1.3 定性研究与定量分析相结合

农村区域创业生态系统是多主体、多方位、多要素的有机发展系统，如果单纯用文字或者数字模型是难以客观描述的，故本书采取定性与定量相结合的方法，如农村区域创业生态系统的内涵、理论基础、特点主要用定性分析的方法，对于结构方程模型、系统动力学模型的函数设置、指标选取等主要运用定量分析的方法。当然，在整个分析过程中，通过定量与定性分析相结合进行区域生态系统发展研究，提高研究成果的精确性与可信性。

1.4.2 技术路线

本书研究的技术路线见图1.1。具体说明如下：

首先，基于农村创业理论，从农村创业多主体参与性、区域环境复杂性以及创业资源的可得性三个方面来对已有相关研究进行综述。找寻农村创业发展的理论基础，并通过与案例分析相结合的方式，分析农村创业生态系统的发展机理及理论框架。

其次，根据以上分析，提出微观层面农村创业绩效影响因素概念模型，通过对京郊区域农民创业情况进行调研及描述性统计分析，并利用结构方程模型方法对变量之间的关系进行定量分析，探讨农村创业绩效的影响因素及作用路径。

再次，运用Vensim工具进行建模仿真。时间长度设置为2010—2030年，前10年用于有对照地分析农村区域创业生态系统的运行情况，便于与真实情况做对比，后10年主要用于预测未来发展状况，为政策制定与发展评估提供借鉴。因此，在文献分析和案例分析的基础上，建立农村区域创业生态系统的系统动力学模型，通过建立因果关系图来进一步明确影响农村区域创业生态系统发展的反馈回路。在因果图基础上建立系统流程图，通过统计年鉴数据与实地调研访谈数据，设置科学合理的变量间函数关系。定量地分析指标变化对生态系统发展水平的影响程度，并对模型进行灵敏度检验以及误差分析，保证模型的可靠性与合理性。

最后，根据模型运行结果，建立科学合理的农村创业生态系统发展培育体系。对发展中存在的主要问题提出合理的措施与路径，并根据我国不同区域发展特点有针对性地分类分地点提出农村创业、区域产业发展的政策建议。

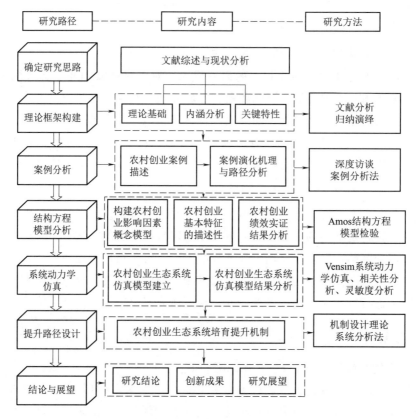

图1.1 研究技术路线图

1.5 本章小结

党的十九大明确提出实施乡村振兴战略，2021年中央一号文件进一步强调，乡村振兴的远期目标是实现"农业强、农村美、农民富"。农村创新创业是"农业强、农村美、农民富"的重要途径和关键抓手。近年来，我国农村创新创业蓬勃发展，为我国"三农"工作提供了大量实践经验和理论指导。

本章以乡村振兴战略下产业振兴为切入点，研究农村区域创业生态系统的发展。在点明研究意义和研究背景的基础上，引出本书的研究目的、研究内容、研究框架及技术路线，并阐述和总结了研究方法和研究创新点。即通过农业经济管理、创业理论、协同学、组织学等学科理论，案例分析、仿真模拟、计量经济学等研究方法的综合创新运用，以农村区域创业主体为研究对象，对农村区域创业生态系统进行建模分析，探寻其机理，以构建农村区域创业培育的路径。

第 2 章
农村区域创业生态系统研究综述

国内外学者在农林业创新创业、创业影响因素、农林业政策与创业等多个方面开展了大量研究,取得了显著成效。本章通过对相关研究领域的国内外文献的梳理归纳,主要对农村区域创业、农村区域创业环境、农村区域创业生态系统及其功能等方面的文献进行概括和归纳,并依据当前该领域的主要研究成果,提出本书的研究问题,为后续研究提供理论和文献基础。

2.1 农村区域创业

在20世纪70年代，创业活动在西方发达国家兴起，西方学者开始对创业问题展开了研究。但各类学者由于学科、视角以及个人观点的不同，对创业的概念的理解存在较大差异。经济学家熊彼特认为，创业活动的有序进行是将生产要素和所需的生产条件有效组合，不同于创新，创业需要实现多方面的有力配合（王丽娟和吕际云，2014[21]）。创业研究专家Farrell（2001[22]）认为，在21世纪，各国的经济竞争和人才战略的关键，是如何发展适合本国的创业经济以及激发全国创业活力。著名管理学家Drucker（1998[23]）认为，创业是创新的丰富和延伸，创新就是将现有资源创造新的财富的过程，创业比创新更加需要综合能力的提升。刘现伟（2017[24]）通过研究发现，对于企业在技术领域的提升以及产业结构方向调整优化这两个方面，尤为重要的是创业者对创新的重视以及对创业持续高涨的热情。李新仓和党森（2019[25]）认为，乡村振兴不仅能够保护和恢复乡村的优美环境和民俗风俗，而且涵盖社会主义现代化新农村的重构。作为经济发展的重要推动力，创业活动也备受我国政府重视，特别是政府对于高科技创业投入大量的资金，给予相当优惠的政策扶持（蔡莉和单标安，2013[26]）。

近年来，众多学者也广泛探讨了与传统型农业相对应的创业型农业，并将其定义为依托农业资源的价值创造活动（Niska, et al., 2012[27]），与农村经济、农业产业、农村商业等紧密联系。此外，由于农林生产活动直接建立在土地和其他自然资源上，出于促进可持续发展的考虑，学者们指出应在农林领域实施生态创业（Larsson, 2012[28]；Marsden, 2006[29]），并将其定义为基于可持续发展的农业领域的创业行为。因此，休闲农业、森林康养、农家乐等创业形式不断发展，在提升农村创业者收入的同时，促进了农村三产融合，扩大了农村就业，实现经济、社会、生态效益并存。

目前，创业型农业研究已取得突出成果。包括传统农业和创业型农业的比较（Silvasti, 2003[30]；Burton and Wilson, 2006[31]）；创业型农业的相关因素例如市场依赖、规模经济、风险承担等（Ploeg, 2008[32]）；促进创业型农业发展的政策体系等（李志军，2016[33]）。但是，农村创业发展仍处于初级阶段，具有小而弱、抗风险能力低、农村金融市场限制的特征，仍一定程度上阻碍我国农村创业的可持续发展。

结合以上研究，农村创业即在乡农民、返乡农民或下乡民众，投入一定的生产资本要素，依托农村资源，扩大原有的生产规模或者开辟新的生产领域，最终能够提供新的产品或服务。这个定义融合了创业主体、创业环境、创业资源获取、创业机会追寻以及最终的价值创造，体现了农村创业所面临的独特情境、创业的过程以及农民主观能动性的发挥。其具体特征包括：①在农村地区开展的经营活动，可以是非正式组织，也可是企业注册的形式；②开展新的经营活动（从事某一经营活动不长于10年，规模在5万元以上）或者扩大原有的经营规模；③开展的经营活动与农村经济有关，例如开展大规模特色种植养殖、休闲农业、农林产品粗加工及精加工、林下经济和乡村生态旅游等涉农经营活动。农村创业内涵示意图如图2.1所示。

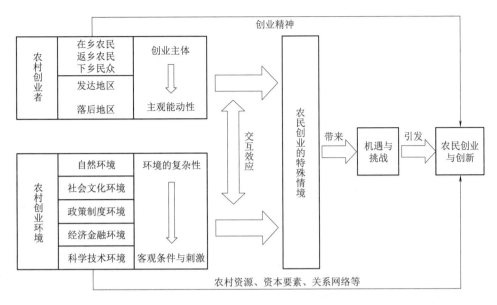

图 2.1 农民创业内涵示意图

2.2 创业生态系统

2.2.1 创业生态系统内涵

Dunn（2005[34]）最早提出创业生态系统的观念。Cohen（2005）[35]指出创业生态系统其本质上是系统网络，即许多主体在特定地域内良性运行从而实现其价值的最大化。Prahalad（2005[36]）指出创业生态系统本质上为一个生态体系，虽然不同部门都具有不同的传统、目标和影响力，但其被这一生态系统赋予共生关系，进而使其通过协同发展实现社会财富最大化。在创业生态系统内部有多个生态群落存在，这些彼此依托的群体充分保护生态系统，使其永续发展。

创业并非是一个简单的活动过程，在创新创业活动中，主体行为角色与创新创业环境地位丛标签之间的协同性至关重要。一个完整的创业活动过程包括创业企业、科研机构、政府部门等众多创业主体之间的互动，创业支撑要素的参与，以及创业环境与创业群落之间的相互协调等过程。从创业互动的主体以及创业的环境要素来看，创业过程与自然界的生态系统运行过程具有极大的相似性。所以，以仿生学理论来研究创业过程具备合理性和可行性。生态系统的结构模型由生物群落和生态环境两部分构成，生物群落又主要包括生产者、消费者和分解者。生态系统是以环境为基础的，生态环境的优劣对于生态系统中生物群落的丰富程度具有很大的影响；生物群落的众多主体又反作用于环境，各主体间的互动作用不仅在适应生态环境，也在一定程度上改变着环境。只有以整体的眼光看待生物群落与生态环境的有机结合，才能促使整个生态系统的平稳运转。

Mason等（2014[37]）认为创业生态系统由创业主体（如创业企业、上下游关联企业、金融机构、学研机构、政府部门、投资机构）和外部创业环境（如创业文化环境、教育与培训环境、金融环境、基础设施环境）共同构成，并且这些构成要素间相互作用、相互影响。Isenberg（2011[38]）指出当创业者或创业处于一个政府提供政策支持、信贷方便、人才获取方便、当地具有鼓励创新创业的文化、基础设施较完善等支持创业的环境中时，会加速其创业成功。其创业生态系统理论研究包括资源依附流派和种群生态流派（陈忠卫和曹薇，2009[39]）。资源依附流派把企业看作一个组织，认为组织需要从环境中的大学及科研机构、关联企业、融资机构、中介机构和政府等环境承载主体中，获取必要的资源。创业企业是各种资源的需求方，外部环境是这些资源的供给方。因此外部环境必须具备能够提供资源和保障资源的获取这两个基本条件（蔡莉等，2007[40]）。种群生态流派认为创业生态体系赋予了创业各参与部门共生的关系。虽然各参与部门有着不同的目标、传统和影响力，但要维持系统内部和外部的动态平衡，就需要新创企业与外部创业环境保持高度依存，协同发展进而实现社会财富最大化（林嵩，2011[41]）。

众多学者在定性和定量层面上对创业生态系统做了研究分析，如Spigel（2017[42]）和Mack等（2016[43]）的创业生态系统定性案例研究。Acs等（2013[44]）的国家层面创业生态系统定量数据研究。此外，Leendertse（2021[45]）基于273个欧洲区域创业案例，指出创业生态系统的三个分析维度——关键要素质量、要素依存程度、创业经济综合质量，并提出创业生态系统质量的指数的概念。虽然创业生态系统方法在过去十年中变得非常突出，但它仍然缺乏实证分析和经验数据，对于很大程度上发生在区域层面的创业活动来说，中微观层面的定量研究相对较少。

2.2.2　创业生态系统分类

目前关于创业生态系统的研究主要从以下三个层面展开：

第一，微观创业生态系统。微观层面的创业生态系统研究旨在探索非线性价值创造领域，即探索在一定的制度规制下，各个资源创造主体，包括创造无形资源的专家团队、技术人员、公司经营管理人员、员工、供应商所构成的价值群，以及由于中介的参与而与各个参与主体构建起来的价值网络。这类研究往往倾向于以具有某种特殊性的创业主体为研究对象，比如在微观创业生态系统中具有核心地位的企业或者具有特殊性的创业群体。

第二，众创空间创业生态系统。在众创空间内，创业要素具有生态多样性，创客与各种创业资源主体之间的创业生态网络纵横交错，空间内的创业生态动态演化，而且不同层次的众创空间相互嵌套。毋庸置疑，众创空间具有鲜明的生态系统属性，是基于生态学隐喻所刻画的创业组织新范式。在此基础上，研究者探明了众创空间创业生态系统由政策、市场、人力资本、金融、文化、支持六大要素构成。后续研究具体指出，众创空间创业生态系统是一个由创客群、服务支持机构、孵化器、上下游企业、消费者群共同构成的动态开放系统。随着实践界与理论界对众创空间创业生态系统认识的逐步深入，学者们立足于当前众创空间的发展态势与深刻实践，试图探索出推动其进一步发展的内在动力。比如构建双生态、多要素、全过程融合孵化的新型创业生态系统；发展以核心企业为主导的众创空间，即围绕核心企业打造众创空间的产业优势，吸引优质项目或创业企业入驻，并且聚焦产业资源，促进项目孵化成长，最终构建一个共生、共建、共赢的创业生态系统。

第三，区域创业生态系统。区域创业生态系统是能够实现资源的向内流动和向外输出的开放式系统。众创空间作为一个次级生态系统嵌入区域创业生态系统之中，通过多个资源接口输入或输出资源，一方面其作为创业主体获取区域创业资源；另一方面又为微观创业主体提供外部创业环境，影响区域创业生态系统。区域创业生态系统的各个要素既是资源的提供者，又是资源的受益者，且与创业生态系统的外部环境动态联系，通过不断更新以适应时代变化。其运行机制呈现出"四重螺旋"模式，通过区域政府、功能社会、区域创新企业、其他行为主体之间的互动，实现功能交互；通过政治、经济、教育、公共系统的共同作用实现创新资本循环。

2.2.3 创业生态系统构建原则

对于区域创业生态系统构建的基本原则，学者们从不同视角进行分析，侧重点也各不相同。通过借鉴生态系统的运行规律，区域创业生态系统的构建必须遵循整体性、多样性、本土性三个基本原则。

第一，整体性原则。区域创业生态系统是由种群和环境要素构成的。其中，区域创业具有整体性功能，整体与要素之间密不可分。内部各种群之间、种群与环境之间具有相互影响的特点。区域内各创业要素是相互联系并且相互作用的，它们之间的协同效应有助于形成稳定的区域创业生态系统结构，从而促使区域创业生态系统必然呈现出整体功能大于各要素功能之和的效应。所以，从整体上分析区域创业生态系统，对于洞悉其整体的结构特性，发现其整体功能和运动规律具有重要的意义。另外，区域创业生态系统的循环性是其整体性的又一体现，创业主体是相互协同的，在全区域内，各个主体之间的相互协作具有有效的循环性，政府、新创企业、高校及科研院所、投资机构及中介机构等主体各自发挥不同的作用，主体间的资源能力互补、合作、共享，能够高效地驱动区域创业生态系统的运行与发展。例如许多一流高校具备创业及创新文化；一些投资机构为企业注入资金，以降低创业门槛，这是成功的生态系统所必不可少的成分。

第二，多样性原则。生态系统的多样性主要是指生态系统的构成、功能等的多样性以及各种生态过程的多样性，主要包括生态环境、生物群落和生态过程的多样化等多方面。区域创业生态系统的多样性指的是区域的创业生态多样化程度。区域创业生态系统中，特定的创业主体类型、创业主体互动具有多样化的特征，创业种群之间的联系也具有多元化的渠道，不同类别的新创企业可以在同一区域中共存。不同的创业主体和创业活动对创业生态环境有不同的要求。地域性特征也会影响着不同区域的产业类型选择和资源优势差异。这种多种类、多渠道的创业生态系统，可以使各种资源、信息在创业生态群落中顺畅交换，这对于实现区域内的创业资源有效分配具有重要意义。区域创业生态系统的多样性原则，有助于打造具有区域特色的创业生态环境，也为更好地发挥区域优势提供了理论基础。区域创业生态系统的多样性越明显，表明其拥有的主体种类越丰富，这些处于不同的产业或者是产业链上的不同位置的企业，具备着不同的生态功能，其有利于维持区域创业生态系统的健康发展。

第三，本土性原则。区域创业生态系统是一种仿生态系统，因地制宜是在应用生态学时至关重要的原则。区域创业生态系统在构建时应坚持本土性原则，在区域上必须与其所处的自然环境条件相协调，并与周围的经济、社会组织进行有效协作。如必须根据各自不同的现实情况，包括自然资源、文化资源、地理位置等诸多因素，因地制宜地寻求解决方案，使区域创业生态系统与当地创业的条件、方式和环境具有更高的匹配度。以美国硅谷为参考，虽然有助于我们对创业生态系统构建的研究，但我们不能模仿硅谷模式，硅谷的生态系统是在特定的时间、地点、历史条件以及技术资源条件下逐步形成的，如果重来一次，可能硅谷本身也无法重置自己一次。虽然硅谷似乎是当地新创企业的孵化器，但事实上它对已经成功的创业者也有很强的吸引力。只有通过对一定地域空间内的物质与能量进行综合平衡，才能形成内部资源高效利用的可持续的地域生态综合体。因此，我们应依据特定的区域特色构建适合本地的独特的创业生态系统。

2.3　农村创业生态系统

2.3.1　农村创业生态系统的内涵

农村创业相对于城镇创业在金融市场环境、经营产品类型、抗风险性、知识水平上均有较大差异。因此，农村创业生态系统相对于一般创业生态系统仍具有一定的独特性。有学者构建了乡村振兴战略下以返乡大学生（杨秀丽，2018[46]）和返乡农民工（杨秀丽，2018[47]）为主体的创业精神、创业培训、创业资本一体化创业生态系统。而谢宝峰（2020[48]）将乡村创业生态系统定义为创业者在乡村开展创业活动所面临的外部环境，是塑造支持乡村创业活动有序开展的创业环境指标的综合。张德彭、崔铭香（2019[49]）对国内外 Timmons，Cartner，Wickham，Sahlman 四种经典的创业模型比较分析，认为 Wickham 模型最符合农民返乡创业系统，并构建出以创业者、创业机会、创业组织和创业资源四要素为核心的农民返乡创业系统模型。盛春辉（2019[50]）认为农村创业生态系统通常是指以农民工和其他创业群体为主体及其相互影响、相互依赖的创业生态环境构成的动态网络系统。综上，本书认为农村创业生态系统是由农村创业主体和外部创业环境要素组成，且两者之间相互影响的一体化生态系统，如图 2.2 所示。

2.3.2　农村区域创业生态系统的影响因素

在对农村创业及创业生态系统的内涵进行了详细的分析探索后可以发现，城市政策和实践方法可能不太适合许多农村地区的特殊社会和经济状况。由此，许多学者开始对农村创业生态系统的相关因素予以关注和研究。就已有的研究来看，农村创业生态系统的影响因素主要有：创业者的个人特质，如性别、年龄、个人经历、受教育程度等（Kader，2009[51]）；农民创业中的家庭、血缘、风险和不确定性影响农民创业行为的机理（Alsos，等，2014[52]）；创业者的创业技能和态度、受教育水平，管理能力（Papzan，等，2008[53]）；创业者面临的微观信贷支持（Afrin，等，2009[54]）、外部政策环境（Koynan，等，2017[55]）、

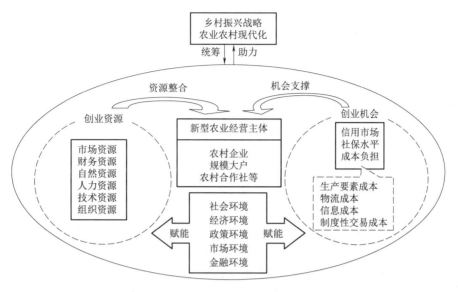

图 2.2 农村创业生态系统模型

技术引进(如科学示范)和管理技术(如"公司+农户"治理)等(Xue and Liu, 2015[56])。此外,还有学者总结归纳了农民创业的演化机制,指出农民创业的扩散、集群与增长具有一些典型特征,即亲属关系和地缘政治关系。

2.4 农村创业领域的演化仿真分析

创业现象的复杂性与研究方法之间的匹配性问题引起了创业学者的反思,学者们纷纷呼吁需要采用更富针对性和有效性的方法来开展创业研究(Storm, 2011[57])。采用目标优化过程的多智能体博弈、利用复杂系统理论构建的计算仿真模型则为我们更好地理解大规模的异质性创业者涌现过程及创业企业与创业环境的协同演化提供了有力的分析工具(Tan,等,2009[58])。系统动力学作为一门分析研究信息反馈系统的学科,可以通过构建简化模型对真实系统进行仿真实验,在处理高阶次、多回路、非线性的复杂系统演化问题上尤为有效。因此,将系统动力学仿真方法应用于创业研究是解决创业相关问题的一大进步。

基于系统动力学的创业研究主要包括创业资源的影响因素、创业活动及创业绩效的影响因素和作用机制、农村网商发展、创业与经济生态社会的关系等。

首先,从创业资源的影响因素方面来说,田善武等(2018[59])通过国家政策保障层面子系统、高校创业教育层面子系统以及产业协同培养层面子系统,从协同创新视角下,构建创业型人才培养机制系统结构。程铄博(2018[60])通过对大学生创业能力的内涵及其影响因素进行研究。黄志坚(2007[61])通过运用系统动力学理论方法对农村致富带头人的知识形成过程和隐性知识的传播进行了仿真分析,并指出当前提高农村人力资源的两种途径。

其次,从创业活动和创业绩效的影响因素方面来说,秦剑(2013[62])深入探讨了基于计算仿真分析的效果推理逻辑对创业机会创造的作用机制。李博(2011[63])从影响创业活动的因素分析入手，分析了创业活动的产生机理。赵红等（2018[64]）研究了心理特征因素与创业绩效之间的相互作用机理。郝佳慧（2018[65]）以探讨科技创业风险补偿机制，对不同补偿机制的实施效果进行模拟。裴梦丹等（2016[66]）研究创业成长不同时期的资源匹配模式，并指出不同阶段资源的有效配置与孵化时间。崔祥民（2013）[67]等创建了创业孵化器可持续发展的系统动力学模型，模拟不同的收益策略、不同的扶持模式对孵化器收入、在孵企业数量、毕业企业数量的影响为孵化器的战略规划提供指导。谢学军等（2020[68]）以山东某畜牧食品产业集群为研究对象，构建集群中企业的竞合关系的系统动力学模型，通过敏感性分析得出产业集群内企业的协同发展、信息共享、政府的宏观政策调控在集群的企业关系发展与改善中发挥关键作用。

再次，从农村网商发展研究方面，汪立东（2020[69]）构建了以农村网商数量、产品品牌度、电商专业人才、资源整合度为状态变量，以网商增加量、品牌建设力度、人才培育力度、资源整合力度为输入速率变量的农村网商发展系统动力学模型，对浙江缙云县农村网商发展趋势和发展推动力进行模拟。张庆民等（2019[70]）以江苏沭阳淘宝村为案例原型，从乡村熟人关系、网商农户能力、网商品牌管理、地方政策资源等电商生态视角分析淘宝村网商群体的耗散结构特性，探讨自组织和他组织共同作用下网商群体持续成长的系统动力学模型。

最后，从创业与经济社会生态的关系研究方面，谭素雯等（2008[71]）从系统动力学的角度分析创业对区域经济持续发展的作用。杨德勇等（2015[72]）选用地区经济基础、金融发展、社会保障、社会文化环境、政府公共服务、金融部门独立性和社会中介发展七大要素，构建农村金融生态环境系统动力学模型，对四大经济区进行了"政策敏感性实验"，以分析各地区的金融差异和提升机制。金浩等（2018[73]）基于农村金融生态与贫困之间的交互机理，以河北省为例，构建了包含金融生态主体子系统、金融生态环境子系统和贫困子系统的农村"金融生态—贫困"系统动力学模型，分析推动金融减贫的政策调控方案。

2.5　本章小结

首先，国内外研究学者在农村区域创业、创业生态系统、农村区域创业生态系统及其影响因素等方面进行了广泛而深入的研究，取得了一系列成果，本书通过整理分析总结出我国农村创业生态系统的组成要素和相互之间的逻辑关系。但是，我国的农村区域创业生态系统尚未形成一个完整的理论体系。已有的研究多集中在勾勒创业现状、分析创业者特征及其影响因素、研究创业环境及促进农村创业活动所需的各项制度安排等内容。鲜有人围绕农村创业中涉及的资源禀赋、管理系统和创业主体及其之间的作用路径和提升培育的系统机制做研究，因此，本书就构建农村区域创业系统的理论框架展开论述。

其次，已有的研究中采用定性分析方法的文章仍占多数。定性研究有助于研究者识别和归纳创业过程中成功或失败的典型经验，但是却无法洞悉农村创业过程中的一般性规律。凝练创业过程中的一般性规律需要大数据支撑，农村创业生态系统领域研究在这一方面依然较少。

最后，现阶段的创业研究针对性较强，例如围绕城市化、工业化进程中农户的非农创业活动，或聚焦于返乡农户和失地农户的农业创业活动。然而，现实中涉及农业和相关行业的创业主体和创业活动的组合更为丰富。在依托农业资源的创业活动和过程中，存在不同的创业主体，包括农户、农业合作组织，也包括大学生、科技人才、企业等等。因此，设计一个涵盖不同创业主体，分析各主体如何充分利用和开发农村各项资源实现农村第一、二、三产业协同发展的系统仿真模型，是对目前已有研究的有益补充。

第3章
农村区域创业生态系统理论框架构建

　　本章构建农村区域创业生态系统的理论框架。先分析农村区域创业生态系统的相关理论,为后续的构建奠定了基础。然后剖析创业系统的内涵及特征,揭示了其"生态"的本质与特点,为生态系统理论、资源依赖理论、共生理论、创业生态系统理论、系统理论、资源拼凑理论与农村区域创业生态系统理论的对接架起桥梁。接着,结合共生理论,对农村区域创业生态系统的内涵及本质进行了分析界定,明确了系统共生的对象和内容,并进一步分析了区域创新生态系统共生要素及共生特性,实现了对基本概念的基础性研究。在此基础上,从区域创业生态系统之系统观研究逻辑出发,明确区域创业生态系统共生性研究内容,并建立起区域创业生态系统共生性研究框架,为后文的研究提供理论框架,明确逻辑脉络。

3.1　农村区域创业生态系统的理论基础

3.1.1　生态系统理论

"生态系统"的概念最早是由 Arthur Georgey 于 1935 年提出的,他认为生态系统是由一定区域内多样性的生物群落与无机环境所组成的统一整体,在系统内部,不同生物、群落及无机环境之间都在相互影响、相互作用,共同促进生态系统的发展与演化(Arthur,1935)[74]。之后的学者在此基础上做了进一步深化与研究,逐渐形成了生态系统理论。生态系统理论把有机生物体进行生存活动所要依附的无机环境看作是一种物理性的生态系统,如温度、水分、空气和光照等,认为有机生物体所处的无机环境对理解和剖析其行为特点有重要影响,强调有机生物体和无机环境的相互作用模式及交互关系(谢宝峰,2020)[75]。另外学者们普遍认为一个完整的生态系统应具备以下特征:①参与主体复杂。主要包括各种无机环境要素和有机生物体,如温度、水分和动植物、微生物等;②系统具有边界。生态系统的边界是比较难定义和区分的,大多数研究认为可以根据研究的侧重主体来改变具体边界;③具有动态纳什均衡。也就是说系统中的各类主体不是静止不动的,而是在相互博弈过程中促进系统的稳定与发展;④相互作用具有多层次性。生态系统的开放性决定了每个参与主体要与其他多种主体存在交流与互动(宋姗姗,2018)[76]。

随着学者们对生态系统理论的深入研究,发现人类社会也具有和生态系统高度相似的特征,并认为人类社会本身也是一个复杂系统,因此这一概念被广泛应用于社会学、经济学和管理学等领域,在研究人的复杂行为中备受青睐。美国经济学家 Moore 通过对 IBM、微软和沃尔玛等知名企业进行研究,发现企业在商业环境中的情况与生物体在生态系统中的状态极其相似,并在《哈佛商业评论》中首次提出"商业生态系统"的概念。此后,创新创业生态系统、城市生态系统、高校创业生态系统等概念纷纷出现。

与其他生态系统一致,农村创业活动也处于一个创业生态系统中,创业主体需要与环境中的资金、技术、人才等要素互动,获得环境支持,从而与整个创业生态系统共同蓬勃发展,提高创业的经济、社会与生态效益。

3.1.2　资源依赖理论

生物学家 Bertalanffy(1932)的"开放系统理论"为资源依赖理论的提出奠定了基础,他认为组织是由任务、结构、技术及人员等要素构成的复杂、动态的系统,且这些构成要素相互贯通。因此,对组织进行研究时要从整体出发,并且明确了发展是组织的基本目标。因此,在开放系统理论中的外部环境对组织发展的重要性是不言而喻的。进而,研究者们逐渐重视对外部环境的研究,在组织理论的领域里,"组织与环境之间的关系"的相关研究也被学者们加以重视。在组织理论流派之一的资源依赖理论中,"组织问题"也成为学者们研究的重要议题[74]。

通过对资源依赖理论分析可知，组织的发展离不开外部资源的支持，甚至可以决定组织的"发展"与"灭亡"。因而，为了发展，组织不仅要保持其相对独立性，同样也要使外部关键资源能为其所用。这一理论有四个前提条件：①发展问题是组织最关心的；②组织不具备实现发展目标所需的全部资源；③为了发展，组织需要与其他组织时刻处于互动状态；④为了生存，组织必须拥有控制与其他组织关系的能力（尹金承，2015[77]）。同时，使组织更好地发展是该理论的核心要素，组织要同外部环境保持紧密联系，从外部环境中汲取创业所需的资源。因此，在开放系统理论中的外部环境对组织发展的重要性是不言而喻的，组织要与外部环境保持紧密联系，其生存并发展的目标才能得以实现。此外，组织与外部环境之间是相互依赖的关系，组织在受到外部环境的制约之外，也会通过其他途径，如创建与其他组织新的亲密关系、自主研发高新技术等，减少对外部环境的依赖。

根据资源依赖理论，不论是外部资源抑或是组织内部资源在组织生存与发展的过程中都是极其重要的，尤其是在农村创业者进行创业活动初期。一般而言，由于农村创业者相较于城市创业者可自由支配的资金较少、接受教育的程度较低等因素。因此，为了使初期的创业活动顺利开展，就必须获得组织外部环境对创业活动的支持。而健康的农村创业生态系统可以使农村创业者与外部环境主体保持密切的联系，从而有利于提升农村创业活动的积极性。

3.1.3 共生理论

最早提出"共生"概念的是著名生物学家 Bary（1879[78]），他认为共生是指不同生物体由于生存与利益需要而共同生活在一起。该成果得到学界普遍认可，学者们在此基础上进行了大量研究，但目前为止关于"共生"的定义并没有形成清晰统一的认识，但是核心要义均聚焦于不同生物体之间相互作用、共同生存、联系密切的关系，这表明各主体之间存在不同程度的物质关联。

借鉴 Bary 的研究，苏联生物学家 Famintsim et al. 对共生引起的形态和进化起源等方面做了深刻研究与探讨，极大地促进了共生理论的扩散与发展。Caullery（1952）和 Leweils（1973）[79]两位学者根据共生关系的特征提出不同物种间互利共生、寄生和共栖等概念，为共生理论的深化做出了贡献。Ehrlich et al.（1964）推翻了传统的"生存竞争"观点，认为生物体之间普遍进行的是"共生演化"，提出生物共生是一个动态过程而非简单的静态联系，拓宽了人们关于共生研究的新视野，开辟了关于认识生物进化的新道路。

20 世纪 50 年代以前，共生理论的应用基本都停留在生物学领域，随着学界对理论的不断探索与优化，这个概念才开始被广泛应用于其他领域的研究，适用范围的边界逐步扩大。

引起这一进步的原因主要有两个：一是随着生态系统理论和系统科学的发展，学者们跳出了单一事物研究的思维，注重整体性研究，借鉴一般系统理论具有的开放性、多样性、动态性和自组织性等特征，共生研究开始着重探索有机生物体和无机环境之间的相互影响关系，并与其他理论融合形成了生态系统共生的相关理论。二是由于学科交叉发展可以揭示更多的现实问题，学者们更青睐于将不同领域的知识融合去更好地提出解决方案，所以共生理论也逐步开始被应用在社会学领域关于个体、组织共生现象的研究，例如社会共生和人类共生等。这类交叉学科研究和综合性研究推动了共生理论的深化与扩展，为其他理论的发展提供了借鉴[80]。

3.1.4 创业生态系统理论

创业生态系统理论的有关表述最早是由Dunn（2005）提出来的，他在研究高校创业运行机制时构建了高校创业生态系统，认为个体在行为和心理等方面会受到环境的明显影响，个人在与客观环境的互动中得以可持续发展。虽然Dunn初步构建了高校创业生态系统，但关于创业生态系统的界定并没有明确指出。此后，许多学者针对这一问题做了大量研究，Prahalad（2005）认为创业生态系统是由具有不同动机的社会主体和规模不同的私营机构通过共同生存而组成的系统。Isenberg（2011）则把创业生态系统概括成包含人才、资金、技术、三方机构等要素的微观和宏观环境，这些要素依据和创业主体的紧密关系形成一个类似同心圆的系统，按照不同层级围绕在主体周围。张金兴基于生态学视角对创业生态系统做了解释，认为对创业主体和组织的创业行为产生影响的环境都属于生态概念范畴。Zastrow（2004）从微观、中观和宏观系统角度解释了创业生态系统，指出微观系统强调创业个人；中观系统强调所有中小规模团体；宏观系统则强调包括社会、经济和政治等多方面的大系统。

创业生态系统理论的形成和发展以繁杂的创业活动为基础，具备独特的性质且产生重要的意义：①复杂的创业活动形成和发展促进生态系统产生与进步，等同于生命体的发展成长的流程，也会和生命体的成长经历一样，历经孕育、诞生、成长、成熟、衰落等重要时期。创业活动发展的过程包含以下几个方面。创业活动的开始源于在市场中有效地识别创业的机会，明确发展方向，构建一定运营规模的企业；之后创业者进入市场营销产品，经历苦难阶段的企业在逐步摆脱生存问题之后会重新地考虑长远战略性目标。②创业活动导致创业企业存在优胜劣汰的可能性，行业竞争程度日趋激烈，创建企业需持续地拼搏且有效地运用丰富的社会资源，从而获取强大生命活力，在市场中形成深远持续的影响力。③开展创业活动的组织需要以创业环境为依托，为各种类型的创业活动提供广阔而美好的发展空间，决定创业企业的生存以及发展，创业主体基于环境获取新生与发展，同时使创业环境得以优化与提升，形成相互依存的关系[81]。

3.1.5 生命周期理论

Karman（1966）是最早提出生命周期理论的学者，Hersey et al.（1976）对这一理论做了进一步延伸。许多学者应用该理论来揭示企业的成长演进路径。20世纪中期，Haire（1959）发现企业的成长过程和生物生长发育类似，所以在生命周期理论的基础上，融入生物学知识，认为企业也会经历出生、成长、成熟和衰退四个过程，创造性地优化和丰富了生命周期理论，为企业管理提供了科学理论支撑。

Haire的观点一经提出，就受到了其他学者的肯定和支持，并开始将包含企业成长过程的生命周期理论应用在后续研究中。其中,Kimberly(1981)认为团体组织和有机生物体的生命周期高度相似,都会从诞生逐步走向灭亡,但是不同的阶段主体采取的行为也各不相同,其具体特征存在差异性。Adizes(1988)在其著作《企业生命周期》中也针对企业的生命周期做了相近剖析,肯定了企业与有机生物体在成长周期上的相似性,并提出阶段性和周期性十分明显,把企业生命周期理论的研究推上了高潮。陈佳贵(1995)是我国最早研究企业生命周期的学者,他最大的突破在于构建了企业完整的成长模型。具体来说,对企业生命周期的划分对提高研究的准确性和科学性有重要作用,因为处于不同成长阶段的企业所拥有的资源和经验不同,要根据阶段特征采取合理的成长方式,促进企业的健康可持续发展[82]。

3.1.6 资源拼凑理论

Stinchcombe 所说的"创业劣势"在资源基础观理论中是指,在创业萌发阶段创业机会会因为缺乏必要资源而丧失。企业在应对资源困境时:一方面会采用规避风险的措施,避开潜在的威胁或放弃可能的契机;另一方面会申请相关组织的协助,来应对资源短缺带来的挑战。在企业成长初期,由于其整个体系存在不稳定性和未来发展的不确定性。因而,企业难以获取外部环境的帮助;在创业初期,揭示创业者如何获取外部资源解决资源约束是非常重要的,只有这样才能整合手头现有资源,创造性地利用零散、看似无价值的资源开发机会来实现企业发展的目标。而传统的资源基础观做不到这一点。因而,资源拼凑理论应运而生。

《野性思维》是法国人类学家 Strauss 在 1967 年出版的著作,他在书中提出了"拼凑"(bricolage)的概念,并对"拼凑"理论进行了阐述,"人们会通过不断挖掘事物的潜在价值应对所面临的困难,在环境影响下可以不断地利用手头现有资源来解决问题"即为"拼凑"。近 30 家受制资源约束困境下的微型创业企业被 Baker 等选取作为实验样本,通过研究发现,创业者可以通过不断整合现有的、零散的政策资源、社会资源及物质资源实现新企业的发展。创业资源拼凑又称为创造性拼凑,就是在文献归纳总结的基础上创造性地提出的。随后,学者们根据这一理论进一步探讨了五种资源领域,包括实物、劳动力、技术、市场和制度环境的"拼凑"特征。Baker(2007)解释了创业拼凑的运用方式,在此基础上,提出了拼凑与社会网络的关系这一新的概念。创业资源拼凑是社会科学范畴中一个新兴的研究领域,由于其面世时间短,因此对其研究不够深入,还有很大一部分的研究空白等待研究者们去填补。

3.2 农村区域创业生态系统的内涵分析

区域创业生态系统赋予了创业生态系统地域限定,是其在区域层面的拓展。随着国家对农村创新创业扶持力度的加大,农村区域创业生态系统的发展和运行逐渐成为学术界与产业界关注的崭新方向。农村区域创业生态系统的形成,可以有效减少创业成本,提高创业主体的创业积极性和创业意愿，提高区域竞争力，对带动就业、增加收入、解决"三农"问题等有积极作用。本书通过将生态系统与农村创业生态系统中的关键要素进行对比分析，从生态学的角度讨论农村区域创业生态系统的内涵。

3.2.1 生态系统的内涵

Tansley 研究植物群落时，发现同一地区的动植物并不是独立存在的，而是依托所处的环境进行生存和繁衍，相同区域的有机生物体和无机环境构成了一个自然系统，多个自然系统组合起来便形成了生态系统。在此基础上，国内外学者对生态系统的概念进行了深入研究，并逐渐形成了完整的概念，即一定空间范围内，生物成分（个体、种群、群落）与非生物环境间通过物质循环、能量流动和信息传递而形成的相互作用、相互依存的动态复合体。生物成分和非生物环境构成生态系统两大组分，二者缺一不可且密切联系[83]。

自然生态系统反映了一种均衡、靠近、稳定、持续、互动、边界和动态性。它除了具有系统的一般属性外，还具有一些特殊的属性：地理依赖性，具有区域性和空间特点；生物成分与非生物环境的二象兼具性，缺一不可；生物成分间基于生态位的以能量流动、物质循环、信息传递为形式的相互依赖、互动共生性；生物成分与非生物的适应性、协调性；相对稳定性，是遗传、选择、变异等规律长期演化的结果；整个生态系统的动态、健康与可持续性。

目前，国内外学者关于生态系统的研究架构主要包括以下几点：从系统中包括的基本要素出发，分析系统形成过程；总结了有机生物体和无机环境之间的交流形式主要包括物质流动、能量循环和信息传递3种，生物体除了与环境关系密切，其与其他生物体之间也会存在多种交流，通过相互作用、相互影响和动态互动共同组成了完整的生态系统；从时间概念的角度剖析了生态系统的演化规律，如从产生逐步走向成熟；通过构建评价指标，判断生态系统的健康性能，并为生态系统的可持续发展提出针对性意见；还包括对实现生态系统的服务功能和生态系统治理等方面的研究。随着交叉学科的蓬勃发展，根据生态系统理论的基础知识，可以为研究社会科学，尤其是系统创业领域提供新的视角。

3.2.2 农村区域创业生态系统的内涵

3.2.2.1 农村区域创业生态系统的生态性分析

除了作为一种科学，生态学更是一门方法论。国内外学者通过将其他领域中研究对象涉及的关键要素与生态学中不同主体的构成要素对比，从而类比出各个要素之间的联系和相互作用方式，奠定了跨学科研究的基础，这已经成为把生态学应用于其他领域研究的普遍做法。农村区域创业生态系统理论通过结合生态系统理论和创业理论，融合农村区域的独有特征。

通过对比自然生态系统和农村区域创业生态系统的各类要素和行为，从而得到农村区域创业生态系统的内涵。关于两个系统的具体对比如表 3.1 和表 3.2 所示。

表 3.1 自然生态系统与农村区域创业生态系统要素对比

自然生态系统	内涵	农村区域创业生态系统	内涵
生物个体	具有生长、发育和繁殖等功能的生物有机体	创业组织	独立的个体创新单位，如某个单位、企业、科研单位等
物种	生物分类的基本单位，即具有相同的基因频率和一定的形态、生理特征的生物个体集合，是生物的繁殖、遗传和进化单元	创业物种	具有相似性质、功能或产品的创新组织的统称
种群	一定时间内占据一定地理空间的同一物种的所有生物个体的集合	创业种群	一定地域范围内具有相似性质、功能或产品的创新组织的集合，如研发创新种群、应用生产种群、商业化种群等
群落	特定生物环境下具有直接或间接关系的多种生物种群有规律的组合，具有复杂的种间关系并形成一定结构和功能的集合体	创业群落	特定创业环境下，具有直接或间接关系的各创业种群有规律的组合，并与环境相互作用，形成一定结构和功能的创业集合体
食物链	生产者所固定的能量和物质，通过一系列取食和被取食关系在生态系统传递，各种生物按其食物关系排列的链状顺序和结构	创业链	围绕某一个创意创新创业，以满足市场需求为导向，从创意的产生、研发创新、产品（服务）生产到商业化销售的整个链状结构
生态位	一个种群在生态系统中，在时间、空间、功能等所占据的位置及其与相关种群间的关系与作用	创业生态位	在特定区域创业生态系统内，创业单元（种群）在空间、资源、性质、功能等维度所占据的位置及与各相关创业单元（种群）间的关系
生态系统	一定空间范围内，有机生物体（个体、种群、群落）与无机环境间通过物质循环、能量流动和信息传递而形成的相互作用、相互依存的动态复合体	农村区域创业生态系统	一定时空范围内，由有机生物体（创业主体）和无机环境（非创业主体）构成的，且生物成分间相互作用、相互依存、相互共生，生物成分与非生物成分间相互作用、相互适应与协调，进而形成的具有生态系统特征的动态复杂系统
基因	生物遗传状主要物质	创业惯例	创业组织在创业活动中持续遵守与实施的惯常做法与规则

资料来源：《我国区域创新生态系统共生性研究》

表3.2　自然生态系统与农村区域创业生态系统互动行为对比

自然生态系统	内涵	农村区域创业生态系统	内涵
遗传	复制基因，进行性状方面的继承	惯例复制	对创业惯例的复制、遵循与继承
选择	通过大自然优胜劣汰机制实现的适者生存的过程	市场选择与竞争	通过社会竞争中适应市场的组织得以生存的淘汰过程
进化	系统中导致延续多代的可遗传性变化过程，也即有机体渐进性的发展	渐进式创业	创业组织通过渐进性创业而取得的创业方面的进步和完善
突变	物种遗传物质的可遗传性的根本性或超越常规进程的改变	突破式创业	创业组织通过创业活动取得技术上的重点突破，实现创业能力跨越式发展
适应	外界环境变化时，物种对环境进行感知并迅速做出反应的过程	应变	创业组织对创业环境的变化进行感知、观察并做出有益于自身的响应
互利共生	两种生物共同生活在一起，且二者间相互依赖，彼此有利	互惠共生	两个及以上创业组织间共同生活在一起，且组织间相互依赖，组织间互动对彼此均有利
寄生	一种生物寄生在另一种生物的体内或体表，并从该生物处吸取营养物质来维持生活，且对寄生生物有利，对寄主有害	寄生	两个创业组织共同生活在一起，但二者间互动对其中一方有利，而对另一方不利
偏利共生	生物间相互作用，对一方有利，而对另一方没有影响	偏利共生	创业组织间协作互动对其中一方有利，而对另一方不产生影响
偏害共生	生物间互相作用，对一方有害，而对另一方没有影响	偏害共生	创业组织间互动对一方产生抑制甚至伤害作用，而对另一方既不产生抑制也不产生有利影响，即无影响
抗生	生活在同一时空范围内的种间为了争夺有限的物质和能力等而发生的纯竞争的活动	反向抗生	同一时空范围内的创业组织（种群）间为了争夺资源、市场等而发生的互相残杀、两败俱伤的行为
并生	生态系统两个互相独立生存的生物同住在一起	并生	两个创业组织互不关联却共同存在于某一创业生态系统之中
协同进化	为适应环境，各物种间通过相互作用、相互适应而共同进化	共生演化	创业组织及其环境间相互作用、相互适应、共生共存，并通过与相关分支相互匹配、建立持久良性共生关系的变异，推动创业组织及系统的共同演变与进化

资料来源：《我国区域创新生态系统共生性研究》

通过自然生态系统与农村区域创业生态系统的要素对比（表3.1），我们发现可以利用自然生态系统来隐喻和理解农村区域创业生态系统，农村区域创业生态系统的创业主体也可以分为创业个体、种群和群落，而系统内的创业者、创业企业、相关组织和机构、政府等是创新生态系统中的主要物种，具有仿生学视角下的生命特征，属于创业生态系统中的生物成分，每一个创业企业、相关组织和机构等均是构成创业生态系统的基本单位，可以分为企业种群、相关组织和机构种群等。而种群间按照有机联系和规律等可形成一定的群落。每个创业种群和创业个体均具有其赖以生存的创业生境，这些环境性因素与表征生物成分的创业主体构成了农村区域创业生态系统关键要素，每个创业主体在生态系统均占据着一定生态位，并依据所处生态位的性质与其他创业主体及环境进行相互作用[83]。

从农村区域创业生态系统内互动行为可知（表3.2），区域创业生态系统中存在创业组织及种群间的互动行为，并继而构成了互利共生、寄生、偏利共生、偏害共生、并生、反向抗生等关系状态，创业组织自身存在着受惯例主导的代际遗传、突变等进化过程，也会在与创业环境的适应中优胜劣汰，持续生存。与此同时，区域创业生态系统中的创业组织间及其与创业环境间存在着广泛的物质、信息、能量等的流动，并在创业组织间互动进化及其与创业环境的协调中实现共生演化，使系统性能和状态发生相应改变[83]。

3.2.2.2 农村区域创业生态系统的内涵

本书认为，农村创业生态系统是指根植于农业农村，以县域为地理空间，所形成的能够支持和促进创业主体获取创业资源、提供完善创业配套的硬件设施（物流运输、孵化平台等）和软件服务（政策资源、环境文化等）的系统集合。它由多种参与主体（包括创业者、创业企业及相关组织和机构）及其所处的制度、市场、文化和自然环境通过交互作用形成的有机整体，通过商流、物流、信息流等相互作用、相互适应、相互制约、共生共存，致力于提高区域创业活动水平（即创业企业数量和创业成功率等）。其在各个时期所达到的规模和程度称为农村创业生态系统发展水平。

值得强调的是，由于国内外学者目前关于农村区域创业生态系统的有关研究仍处于起步阶段，所以不同学者对相关概念的理解存在差异，但是核心思想需要基本保持一致。所以在分析农村创业生态系统的内涵时，需要厘清涉及关键词语的含义，如"农村区域""有机生物体""无机环境"等概念，通过对核心词语的辨析来深刻把握要义。因此，本书对"农村区域创业生态系统"中涉及的以上概念做出解读。

(1) 农村区域创业生态系统之"农村区域"内涵

对于"区域"二字的理解，是决定区域创业生态系统研究边界和范围的关键。黄鲁成（2000）[84]认为"区域"是一个抽象的概念，不同学科对其有不同的解释。而现有常见的类型主要包括自然地理区域、经济区域和行政区域。其中，经济区域是经济基础的范畴，而行政区域是上层建筑的范畴，而自然地理区域则是物理空间的范畴，三种区域类型并不排斥，甚至在社会科学研究中通常出现两种甚至三种叠加意义上的"区域"概念。就本书研究而言，农村区域创业生态系统概念是将创业理论、区域经济理论、生态学理论相结合，研究特定时空范围内的创业问题，以求通过创业取得区域创业与经济的持续发展，发源于生态系统的农村区域创业生态系统概念，天然携带自然地理范畴的区域内涵，与创业理论和区域经济理论为本体的区域创业生态系统概念，亦具备经济范畴的区域内涵，且农村区域创业生态系统作为一种创业协作范式，其形成和运转往往与行政调整及指导具有紧密联系，导致其往往具有行政范畴的区域内涵。因此，本书所研究农村区域创业生态系统的"农村区域"是创业活动植根于农业农村地区，以县域为地理空间。

（2）农村区域创业生态系统之"有机生物体"内涵

本书采用"有机生物体"这一概念来隐喻农村区域创业生态系统中进行创业活动的组织，包括创业个体、创业种群和创业群落等。具体来说，创业个体是指在限定区域直接从事创业活动的个人，创业群落是指由创业者及其利益相关主体共同组成的联合体，如特色产业集群，而创业群落则由多个创业种群组合形成一个庞大的创业团体。根据本书的特征涉及的"有机生物体"包括创业者、创业企业、金融机构、物流组织、政府和高校等。创业者和创业企业是最重要的主体，因为其直接进行创业、生产和商业化活动，是整个创业生态系统形成的发起者。而政府作为政策的制定者，可以通过推动政策性创业促进创业生态系统的形成，为创业主体提供资金、技术和人才等方面的支持。其他相关机构作为和创业者有利益连接的组织，也对创业活动的顺利进行产生影响。本书涉及众多主体，所以要重点考察各方主体之间的互动机制，以发挥各个主体在创业生态系统中的最大效能。

（3）农村区域创业生态系统之"无机环境"内涵

本书中农村区域创业生态系统的"无机环境"包括除"有机生物体"以外的所有成分。创业环境是创业系统中的重要组成部分这一观点得到学者的普遍认同，且许多学者针对创业环境对创业行为的影响做了大量研究。但是"创业环境"具体包含哪些方面并没有明确的界定，有学者用"二分法"把其分为主体和环境，有学者采用"三分法"把其分为主体、资源与环境，因为"二分法"中涵盖的内容更广，更加符合生态系统的概念，所以本书将除创业主体以外的所有要素统称为创业环境，同时为了避免措辞不当，本书采用生态学中的"无机环境"来表述。而对于"无机环境"的具体构成，要根据各类细分要素在区域创业活动中的具体作用方式、过程和效果的不同，将其划分为创业资源、创业网络和创业环境，而此处的"创业环境"采用狭义内涵，即通常所说的"软环境"，仅表示经济环境、政策环境、金融环境、市场环境、社会环境等[84]。

3.3 农村区域创业生态系统的关键特性

农村区域创业生态系统的特征是对它外在表现形式的高度概括，区域创业生态系统是一个复杂的动态系统，不仅具有一般经济系统的多样性、整体性、复杂性等特征，同时有生态系统独有的特性。

3.3.1 复杂性

复杂性一词来源于拉丁语 plectere，指的是系统中各部分联结在一起（Mitchell，2009）。系统各部分本身或许很简单，但它们却不可分割地相互关联，形成一个复杂系统（Simon，1962）。根据 Lichtenstein 的观点，下面四个假设描绘了复杂系统的特点：①动态——复杂系统是一个不断变化的过程；②元素的不可约性——各个元素之间相互关联，仅仅关注单个元素的作用是不够的，因为系统不能减少至单个元素；③相互依赖性——复杂系统中的因果关系无法被线性模型所反映，因为因果关系之间相互依赖；④非比例性——某一影响因素或者输入因素的影响与此影响因素的强度不成比例。因为非比例性或者不成比例性，导致很小的输入可能会产生很大的影响，而大的输入或许对结果的影响微乎其微。本书将创业生态系统的复杂行为分成主体复杂、环境复杂和资源复杂三种类型。

3.3.2 动态性

农村区域创业生态系统内部创业主体间、与非生物环境间无时不在发生着相关作用、相互依存、相互联系、交流互动的动态关系，这些关系以商流、物流、信息流为基础。特别是在与外部环境的相互联系的过程中，由于区域创业生态系统外部要素的流入和创业主体的成长，伴随着创业主体的创新活动范围不断变化，系统的边界也不断调整以适应新的变化。同时，区域创业生态系统内部要素间及其外部环境之间相互作用、动态互动，使区域创业生态系统朝向一定的趋向平衡的态势发展，使系统整体实现由低级向高级，或由高级向低级的变化过程。

3.3.3 共生性

共生是通过不同个体、种群或群落间的协作达到物质循环、能量流动和信息传递的目的。共生性有利于农村区域创业生态系统的健康发展。根据资源基础观和资源依赖理论，随着区域创业生态系统的各类主体自身的发展以及创新活动复杂性的要求，只有不断从其他主体处获取异质资源或协作达到降低风险的目的。而区域创业生态系统内的主体通过对各种创业资源的利用以及适应环境的变化，占据一定生态位的同时在生态位异质性基础上形成了共生关系，使各类主体之间相互依赖、彼此促进、共同演化，实现结网群居的效果，同时基于各自资源位、能力位实现创业主体间资源互补和知识共享。区域创业生态系统内多主体间的认知互动、信息交换、知识流动、资源互补等产生于主体间的共生性需要，各主体间相互作用、相互依赖、相互联系，达到技术研发合作，共同开发新产品、新服务与新市场等目标，为整体区域创业发展提供发展动力。

3.3.4 开放性

封闭的系统往往导致内部活力丧失和整个系统的僵化，失去对外部环境及对新鲜事物的感知能力。只有开放系统能在与外界物质、能量、信息的交换过程中维持系统有序性和功能，本质上一切生态系统都是开放的系统，农村区域创业生态系统作为生态系统的一种，同样属于开放系统，与外界环境之间存在交互关系。开放是系统内部正常运转并实现向高级演化的重要保障，也是区域创业生态系统形成的前提。区域创业生态系统与环境顺畅交流的关键取决于开放程度的高低。提升开放程度是系统创业要素间有效互动的必要前提。在高度开放的情境下，系统能够自发高效率地依据自身需要来吸收系统外的创业要素，完善系统内的创新结构，达到适应环境的效果。

3.3.5 演化性

农村区域创业生态系统的演化性反映在创业物种层面的共生演化和系统整体层面的自组织演化两个方面。在区域创业生态系统中，各生物成分之间存在不可避免的交互关系，例如一种生物成分的变动会导致其他生物成分产生变化，进而引起其他创业物种的变化，伴随着时间推移这种变化将会显现出演变特征。当然，创业生态系统不仅仅是创业物种间的共生演化，同时也是系统整体功能、特征和性质等的演变与进化，例如区域创业生态系统与外部环境的相互联系以调控自身的结构，在动态调整过程中实现系统从弱到强、从无序到有序的自组织演化。

3.4 农村区域创业生态系统的理论框架构建

农村区域创业生态系统是由直接创业主体如创业者、创业企业和间接参与主体与其所处的创业环境共同作用而形成的创业体系，以直接创业主体为中心构成一个创业生态圈，通过动态互动开展一系列创业活动。按照之前所属，本书的构成要素主要包括"有机生物体"即创业主体和"无机环境"即创业环境。

3.4.1 创业主体

本书在总结之前学者观点的基础上，根据创业主体是否直接产生创业行为将其划分为直接主体和间接主体，这样划分有利于明确各个主体的职责，促进其分工协作，提高创新效率。根据国内外研究中关于创业的观点，本书研究的直接主体包括创业者和创业企业，间接主体主要包括政府、创业产业园、科研院校、金融机构、中介服务和个人网络及社会网络，间接主体为直接主体提供了创业所需的资源，直接主体通过进行资源识别、整合和利用进行创业[82]。

（1）直接参与主体：创业者和创业企业

创业者和创业企业作为本书的研究主体是创业活动的主要执行者，也是创业生态系统的核心，创业企业是在创业者的各类活动中产生的，所以两者命运紧密相连，本书研究的范围涵盖处于萌芽期、发展期、成熟期的各类创业者和创业企业[82]。

（2）间接参与主体

1）政府部门。政府部门是创业活动开展的主要外在推动力，一方面政府举措具有调节作用，可以通过财政举措和税收举措调节创业活动的进行，如有助于推动创业活动开展的财政拨款、税收优惠政策及创新扶持等政策；另一方面，政府举措具有一定的引导性，可以促进社会中更广泛的力量和更多的资源涌入创业领域，引导创业活动的进行[82]。

2）创业产业园。创业产业园作为创业者聚集探讨创业方案并实现创业设想的物理空间，是萌生创业构想、孵化创业项目的土壤，也是创业者交流沟通的有效平台，为创业企业提供成长所需的服务，包括初创企业管理层面的指导、创业资源以及社会关系网络的获取等，从而促进创业企业的发展和成长，对创业活动具有的培养、指导、转化的功能[82]。

3）科研院校。科研院校作为创业生态系统中的重要组成部分，对创业活动有孵化提升的作用，一方面为创业活动提供创新及技术的指导与理论支持；另一方面为创业活动输送创业人才[82]。

4）中介服务机构。中介服务机构一般包括：创业业务及项目的咨询部门，为创业活动提供政策、法务、财务、公司管理及企业注册等一系列创业相关的咨询服务及后勤保障支持[82]。

5）金融机构。金融机构是支持创业企业初期发展的根本动力，是指包含银行、证券公司等金融机构以及为创业企业提供天使投资的风险投资公司在内的，为创业企业的发展提供启动资金和进一步研发、发展所需的资金支持，可以降低创业门槛，是生态系统的重要组成部分[82]。

6）供应商、消费者及潜在进入者。供应商和消费者作为创业企业进入市场的上下游人群，为创业企业提供市场导向，潜在进入者作为市场中的重要角色也会对创业者创业初期产生重要的市场影响，三者作为市场中的重要角色都影响初创企业对市场的判断，对创业企业有市场导向的作用[82]。

7）个人关系网络。包含创业者的亲友关系和个人社会关系的个人关系网络，会为创业者提供创业初期的第一手资源，如资金支持、网络支持和人力资源支持等，为创业企业提供支持，对企业的成立做出巨大贡献，是创业企业成立之时最主要的支持力量[82]。

3.4.2 创业环境

本书构造的以创业者和创业企业为核心的创业生态系统中的创业环境主要包含：经济形势、市场环境、技术环境、政策与法律环境、文化环境、自然环境等。农村创业者是受环境影响较大的群体（Ngoasong et al.，2016[85]；Hassink et al.，2016[86]；Sigalla et al.，2012[87]）。在不同的环境条件下，农村创业者的波动也会比较大。研究创业环境是认识和评估创业环境的前提。创业环境对企业家社会网络和以往经验的调节作用强于对企业家心理素质的调节作用（Gao and Yang，2013[88]）。在创业环境作用方面，共有系统论、因素论和平台论三种说法（陈琪和金康伟，2008）。系统论即创业环境是由多个创业要素组成的复杂系统，是创业者开展创业活动的基础，是一个包含多个层面的有机主体；因素论即创业环境是对创业活动产生影响的多要素的有机结合；平台论即创业环境是有关政府部门、研究机构和社会共同为创业者提供的创建新事业的公共平台。

（1）经济环境

经济环境是影响创业活动的关键因素，经济环境向好发展有助于促进创业活动的进行，给予创业者创业的信心，为创业者带来多元化的融资渠道等金融服务以及更广阔的市场空间和发展前景，这些因素都为创业者的创业活动提供了更积极的资源支持[82]。

（2）市场环境

市场环境是指包含消费者、供应商、潜在进入者和竞争者等因素在内的会对创业者创业活动产生影响的一系列市场因素，市场活跃度及市场导向对创业方向的选择有着重要影响[82]。

(3) 技术环境

宽松的技术环境是高质量创业的前提，广阔的技术平台会更好地支持创业者的技术创新，为高质量的创业提供技术保障，有助于创业企业打造核心竞争力，最终实现良性发展[82]。

(4) 政策与法律环境

创业活动的进行受到国家经济形势的影响，而国家的财政制度很大程度上取决于政府的政策导向、法律法规等，进一步会影响全国范围内的区域制度环境，进而影响创业活动的进行，这一系列与创业相关的政策环境在很大程度上影响了创业者创业的积极性及创业的意愿，对创业活动能否成功开展及稳定发展也有决定性的作用[82]。

(5) 文化环境

社会文化环境是引导社会舆论及社会制度形成的主要因素，文化环境在一定程度上影响了创业的人文环境，塑造了创业活动的隐形规范，在一定程度上会对消费市场的偏好产生影响，是创业能否获得社会舆论及社会规范认可从而得到民众支持与认可的关键因素[82]。

(6) 自然环境

自然环境指的是包含创业活动所在的地理区位、交通情况、土地结构、自然生态情况在内的地理固有因素，这些因素对创业活动能否顺利进行以及企业未来的发展具有重要意义。自然环境是农村创业者创业所面临的最直接和基础的环境条件。Pelloni 等（2006[89]）强调地理位置和创业资源这两方面的影响。Nagler 等（2014[90]）在研究非洲农村非农企业影响因素时发现，当地农民创业活动深受自然环境因素影响，普遍受限于农业的季节性波动而间歇性经营。此外，土地是农村地区一项重要的自然资本，农地整治、农地确权、土地流转等对农村创业的影响重大。土地流转和规模经营一直是中央在进行农业经营体制机制改革和现代农业发展过程中的主要政策导向（孔祥智、穆娜娜，2018[91]）。农地整治通过促进农户生计资本的积累，进而促进农户生计活动由分散经营向规模经营转变（谢金华，等，2020[92]）；农地确权显著影响农户的总体创业和农业创业，而对非农创业和多行业创业并无影响，通过增加劳动力投入、农业机械化投资、金融贷款可得性，将农户农业创业的概率至少提高了 30 个百分点，而土地转入则在一定程度上抑制了农户农业创业行为（郑淋议，等，2020[93]）；但是也有学者指出，土地转出和转入对农民创业都有显著正向影响，但土地转入的创业效应更大（李长生，2020[94]）。

3.5 农村区域创业生态系统演化模型构建

本书把农村区域创业生态系统的组成部分分为了创业主体和创业环境两大类，以是否进行直接的创业活动为依据把创业主体分为直接主体和间接主体两大类，间接主体围绕直接主体形成一个动态的生态圈，为创业环境提供各类资源，共同形成一个完整的平衡的创业生态系统。同时根据其他学者的研究成果将系统要素进行重构，形成了农村区域创业生态系统的演化模型，如图 3.1 所示。

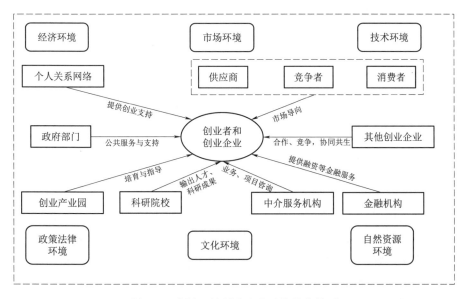

图 3.1 农村区域创业生态系统演化模型

3.5.1 创业生态系统各要素之间的关系

3.5.1.1 创业者和创业企业与各主体间的关系

作为直接参与创业活动的主体，创业者和创业企业是创业生态系统的中心，是创业活动的执行者也是整个创业生态系统的主要动力源泉。其他创业主体与创业企业存在着密切联系，各主体间进行信息与资源的互换互通，通过主体间的互动实现创业生态系统的动态平衡。创业企业与其他创业主体之间存在四种类型的关系。①竞合关系：现有的创业企业及组织是创业生态系统中间接参与创业活动的主体，与创业企业一同生存于创业生态系统中，为了创造顾客价值的共同目标与创业企业存在合作关系，同时为了抢夺稀缺资源也存在竞争关系，作为创业企业社会网络关系的一部分，对创业企业的市场决策产生了重要影响。②推动关系：政府作为间接参与主体为创业企业的发展提供公共服务与支持，是创业活动的主要外在推动力。③支持关系：亲友等关系以情感和亲缘作为纽带，为创业企业提供了资金和资源方面的助力，构成了创业企业创立者的个人社会网络，为创业企业的成立提供了必要的初创支持。④催化转化关系：创业产业园、科研院校、金融机构、中介服务机构作为间接参与主体，为创业企业提供创业指导、输出人才及科研成果、提供融资等资金服务并为其提供专业的咨询服务，对创业企业的成长具有辅助催化的效果，推动其进一步成长与发展，实现向成熟企业的催化与转化[82]。

3.5.1.2 创业者和创业企业与环境的关系

创业生态系统中的创业环境是创业活动进行的主要空间，决定了创业企业的生存和发展条件、运营方式和发展的方向。由于创业主体与创业环境之间会相互影响互相作用，创业主体从创业环境中获取资源支持成长的同时，其成长也会反馈到创业环境中，对创业环境的塑造产生影响，创业环境与创业主体之间存在交互作用、联系紧密，因此创业环境对创业活动的进行非常重要，构建良好的创业环境是促进创业发展的重要举措。创业环境作为支撑创业活动发展的主要平台，是创业企业成长与发展的基础，经济、市场、技术、政策制度及法律、文化和自然地理环境作为创业生态系统的外部环境，为创业企业提供了经济、技术、政治、文化和地理等方面的信息与资源，为创业企业和其他主体之间信息与资源的交互提供平台[82]。

3.5.2 创业生态系统各要素间的作用机制

3.5.2.1 动力机制

在创业生态系统中，各要素之间协同共生，共同作用以保证创业生态系统的平衡，具体到创业活动中体现为六个机制：内在动力机制、外在动力机制、外在推动机制、协同推动机制、初始催化机制和辅助催化机制。创业企业是推动创业活动的引擎，是整个创业生态系统的核心，为创业活动的开展提供内在驱动力；而那些与本企业之间存在竞争或合作关系的企业以及消费者等市场因素是创业企业的外部动力，帮助本企业开拓新的市场空间；政策制定机构如政府的支持创业政策为促进创业活动的开展注入了外在推动力；市场上已出现的成熟企业作为创业活动的开拓者，其管理机制与经营方法为创业者的决策提供借鉴作用；同学、好友、亲戚等社会关系提供初始资本，为创业活动的开展起到初始催化的作用；科研院校、众创空间、中介机构等组织协助创业者将创业构想转化为创业实践，在创业企业的成长过程中起到辅助催化的作用。

3.5.2.2 演进机制

与生物学生态系统相似，创业生态系统也存在着系统内各要素的成长演化机制。创业主体是创业生态系统中的核心组成部分，存在生命周期而且自身发展与创业企业密切相关。伴随着企业资源和机会的增多逐步完善自身，从而实现创业企业的成长与演进。除此以外，创业生态系统中各主体之间存在信息与资源的交互，受到环境要素和其他主体要素的影响，主体自身实现发展的同时也会促进相关主体的发展，以实现整个创业生态系统的内部完善，加快创业生态系统的成长。

3.5.2.3 反馈机制

在创业生态系统中，创业企业在收到外部创业环境的资源和信息刺激后会做出决策以应对环境变化，使外部环境中的有利因素能为其所用，减少不利因素对企业的威胁，做到趋利避害以实现自身的发展。上述反应会经过创业生态系统反馈到整个创业市场环境中，在整个过程中完成了"传递—反馈"过程，进而达到创业生态系统的动态平衡。

3.5.2.4 资源整合机制

创业生态系统包含了创业企业在创业活动中所需的资源，通过汇聚零散的、分散的创业资源，为创业活动提供帮助，为创业企业的发展提供平台。创业生态系统通过整合政府部门、行业组织、市场要素、支持机构和催化转化机构所提供的要素及外部环境提供的资源，将外部组织提供的资源与创业生态系统中的环境整合在一起形成系统化资源，经由"传递—反馈"机制将资源传递至创业主体，使聚合资源为创业企业所用，促进创业企业的发展。

3.5.3 创业生态系统各要素间的支持机制

农村创业者在创业过程中需要各方支持，可归结为金融、技术及管理三方面的支持。

(1) 金融支持

金融支持是农村创业者需要的重要支持之一。由于我国长期重视工业发展，农业的资本积累相对较弱，农村创业者自身资金积累较少，而创业对资金的需求量又较大。因此，从农村区域创业生态系统提升来讲，政府和相关部门应从金融扶持入手支持农村创业者。

(2) 技术支持

技术是农村创业者所需支持中不可或缺的一项。技术支持应立足于政府主导的培训，由各级政府结合所在区域的实际情况，有针对性地向某一区域引入技术，运用现代化的科学手段，采用农民更容易接受的通俗易懂的培训形式。同时，技术支持方面应及时要求农民对技术培训进行反馈，使技术的引入更加贴近农民的创业内容。

(3) 管理支持

管理支持解决了农村创业者普遍存在的对外部市场走势畏惧的心理问题。由于信息的缺乏，农村创业者对未来市场走势判断不自信，对从事创业活动有所畏惧。在这种情况下，从政府的角度来讲，首先，政府与各级地方政府应出台鼓励农民创业的政策，积极地为农村创业者创业过程中出现的困难提供帮助，支持创业者自主管理；其次，政府应充分发挥引导作用，对农村创业项目进行宣传和拓展，激励农村创业者进行模仿创业，形成集群效应；政府也可以利用社会资源，引入或培育对市场有较好把握的投资项目，以"公司+农民"等形式引导农村创业；最后，政府要利用自身管理机构的特点，对农村创业过程中的各个环节进行监督管理和指导。例如，将供销社引入农村创业中来，为农产品销售等提供渠道，同时供销社对于农村创业过程的监督管理也为农村创业的发展提供保障。从合作公司的角度来讲，这种培育路径中打通农村创业的商业和工业通道至关重要，故应大力引进商业组织和工业组织。

3.5.4 创业生态系统各要素间的培育机制

(1) 部门协调机制

建立部门协调机制可有效提升农村创业效率。可构建以农村工作委员会为主，建立起发改委、农委、旅游委、工商、税务等部门针对农村创业的协调机制，积极为农村创业服务。如在创业初期，可由当地农委牵头，帮助农村创业者与工商、税务等部门协调，简化其手续，大大提升农村创业效率。

(2) 市场对接机制

建立健全完善的市场对接机制可协助创业者更好地掌握市场需求，提高农村创业成功率。可通过公路旁硬广告、自建网络平台以及各类旅游相关媒体推广等方式实现创业者与消费者的直接对接。还可建立创业者对超市的对接，实现农产品的销售与市场需求直接挂钩，减少农产品因供需不符的滞销情况，为农村创业提供保障。

（3）项目引导机制

建立健全项目引导机制可有效引导农村创业。利用财政等各方面支持，先扶持起一小部分农村创业。通过部分创业者的创业成功感染激励周边农民，通过模仿和示范效应扩散，最后形成集群创业。

（4）支撑服务机制

建立全过程的支撑服务机制为农村创业提供有力保障。第一，建立服务于农村创业的金融服务机制，包括银行、农村信用社等的小额贷款等服务。第二，建立相应的法律服务机制，能够采用政府购买服务等形式为创业者提供免费的法律服务。第三，针对创业者会计知识薄弱的特点，建立会计服务机制。同时，针对创业者的物流、信用等支撑服务机制也应在培育机制中得到体现。

3.6　本章小结

本章为农村区域创业生态系统研究的基础理论分析。从自然生态系统内涵、区域创业生态系统内涵出发，结合共生理论，分析并界定了农村区域创业生态系统共生内涵及共生性研究本质，揭示了区域创业生态系统共生要素，分析了区域创业生态系统的特征，为下文采用案例研究创业生态系统的演化机制奠定了基础。

第 4 章
农村区域创业生态系统建设实践探索

促进乡村产业振兴，需要集聚更多的资源要素。近年来，各地紧扣乡村产业振兴目标，大力推进农村创业，涌现出一大批农村创业典型区域，建设了一批农村创新创业园区和孵化实训基地，为乡村产业振兴注入了强大动力。在本章中，从区域建设视角，选择在农村创业领域具有示范效应的 2 个县（市）进行分析，系统总结它们的实践探索。同时，选择一个行业案例，通过分析湖北咸宁"别墅养鸡"的案例，结合前文的理论基础详细分析了该创业生态系统的形成过程，探讨农村区域创业生态系统的演化机制。

4.1 区域建设实践探索

4.1.1 江西樟树的实践探索

4.1.1.1 区域介绍

樟树市自古有"八省通衢之要冲，赣中工商之闹市"之称，区域资源丰富，是中国中药原料生产供应保障基地、全国粮食生产先进县、国家商品粮基地之一、全国平安农机示范县（区、市）、全国畜牧业百强县（市）之一、江西省农业机械化促进工作先进县。2013年被授予"中国药都"称号，2017年被农业部列为全国农村创业创新园区（基地）。2018年被评为全国综合实力百强县（市）。经过多年发展，樟树市农业已形成了中药材、粮食、生猪、水禽、蔬菜等5大产业群。

樟树中药材专业市场是全国17家中药材专业市场之一，也是江西省唯一的国家级中药材专业市场。樟树药业已发展成以中药材生产为龙头，集种植、加工、炮制、流通，以及会展、研发、文化旅游、养生保健、电子商务等为一体的综合性产业，产业特色鲜明、基础扎实、条件良好，是江西省最具优势的产业之一。截至2019年年末，樟树市拥有中药材总面积39.66万亩①，种植面积在江西省县级市排名第一，有万亩基地1个，千亩基地25个，百亩基地134个，种苗基地6个，品种以"三子一壳"为主，基地联系农户1万余户，已利用赣南等原中央苏区和特困片区产业扶贫资金1 348.45万元种植中药材，带动3 390户贫困户。"樟树吴茱萸""樟树黄栀子""清江枳壳"均为国家地理标志保护产品，"樟帮"炮制技艺成功申报为第四批国家级非物质文化遗产项目，吴城乡庙前黄栀子种植基地为江西省首个通过国家GAP认证的中药材种植基地。

4.1.1.2 区域创业环境赋能

政府政策方面：樟树市本着"政府推动、企业主导、合作共赢"的发展原则，为创业者提供八大服务职能：①为创业者提供已装修的办公场地和电子商务基本办公设备；②创业辅导、咨询、法务等服务；③牵头创业平台建立；④制定创业优惠政策；⑤帮助创业者进行与电子商务相关的风险投资、项目申报、科技开发、企业策划、会展交流；⑥帮助创业者代理人事、工商、财政、专利、法律等相关事务；⑦提高财政补贴支持；⑧营造良好的营商环境。综合来说，樟树市政府通过为基地创业企业提供的"5免4优先"的优惠政策及配套服务，使创业者达到空手入驻就可创业的标准。

金融发展方面：樟树市创业产业园利用邮储银行、农商银行农村网点优势，完善农业发展银行政策性金融支持农业开发和农村建设的责任，构建了多层次、广覆盖、可持续、竞争适度、风险可控的新型农村金融机构网络，大力开展各种小额信贷和小额融资创新，创新发展P2P网贷、众筹、供应链金融等互联网金融模式，不断创优产业园内投融资环境。此外，

---

① 1亩≈666.7平方米。

在信贷担保方面，樟树市通过政策性农业投资公司，加大农投公司的担保功能，通过贷款担保和委托贷款等形式将资金逐级放大，有效缓解农业产业化龙头企业发展资金投入不足的难题。灵活运用"三农"信贷政策，鼓励社会资金参股组建农业担保公司。并鼓励效益好、资金实力雄厚的农业龙头企业、农民专业合作社、农户个体信用联合发展农业互助担保组织；支持担保公司担保、龙头企业授信担保，全面扩大保险服务领域。

基础设施方面：樟树市地处江西"大十字架"生产力布局的"天心地胆"之位，自古就是"八省通衢、四会要冲"的水陆交通要津，距省会南昌76公里，属南昌1小时经济圈范围。浙赣铁路、京九铁路、105国道、樟分线、千里黄金水道赣江和赣粤高速公路、沪昆高速公路、东昌高速等八大动脉连接清高、樟抚2条省道，交织成了樟树市内外沟通的大交通网络，具有对接长、珠、闽，连接港、澳、台，加速承东启西辐射，便于接受沿海产业转移和发展科技型新兴产业的区位优势。

信息化建设方面：樟树市搭建了农村综合性信息化服务平台，提供电子商务、乡村旅游、农业物联网、价格信息、公共营销等服务；优化了农村创业孵化平台，建立在线技术支持体系，提供设计、创业、技术、市场、融资等定制化解决方案及其他创业服务，通过"互联网+"的方式，实现了农村生产要素共享。

社会文化方面：樟树大力构建公平、透明、法治的发展环境，为中小企业、年轻人发展提供有利条件，为高技术企业成长建立加速机制发挥好创新创业创造的作用，提升服务水平，提供高效、便捷、优质的服务。对新兴产业实施包容审慎监管，努力降低创新创业创造的制度性成本，构建知识产权创造、保护、运用、服务体系，严厉打击假冒伪劣行为，合法切实保护创业者权益，营造鼓励创新创业创造的良好社会氛围。

市场交易环境：通过樟树中药材电子商务平台的建设，已形成中药材销售的多渠道格局，同时产业园内中药材产业已形成包括种植、加工、炮制、流通交易市场、电子商务，以及康养、药食、养生休闲基地等全覆盖产业链条。此外，樟树市建立了农村综合产权交易平台及工商企业租赁农户承包耕地的准入、监管和风险保障金制度，定期发布土地、林地流转供求信息。鼓励农民以土地入股、出租、反租倒包等形式盘活土地资本。

双创园区方面：中医药发展方面，为传承"中国药都"药业，樟树市建有医药产业孵化创业园，为100家以上企业提供创业、孵化平台。

蔬菜发展方面：樟树市建有张家山鲁寿富硒蔬菜示范园区，种植面积2 200多亩。并以科技创新为引领，科学谋划樟树蔬菜产业区域布局和品种布局。以目标市场为导向，加快推进品牌化建设，完善蔬菜生产环节。集合了国内外优良果菜新品种在园区内进行集中展示示范，通过各种口感型番茄、黄瓜等果蔬的有机栽培，将旅游的功能与农业结合起来。同时，园区在融合高科技元素种植方面进行探索，目前正在试行高科技机械采摘蔬菜，从而减少人力劳动，提高生产效率，真正实现蔬菜生产的工厂化、规模化、信息化。

4.1.1.3 区域创业资源集聚

自然资源方面：樟树市有耕地90.93万亩，园地面积5.47万亩，林业用地面积37.8万亩，草地面积3.92万亩，森林覆盖率30.62%，形成"三山一水五分田、一分道路和庄园"的美好画卷。全市范围内产地环境土壤监测符合二级标准以上比重达95%。以赣江为主轴，西有袁河、蒙水、萧江、山前河；东有龙溪河、芗溪河、清丰河。水面面积78 456亩，地下水蓄量充沛，水利资源丰富。灌溉用水无色、无臭、甘凉，为优质农产品生产生长提供了优质水源。

技术资源方面：全市大力推广普及了间作套种、平衡施肥、病虫害综合防治、节水灌溉、设施栽培等先进实用技术，实施了种子工程、测土配方施肥工程、植保工程等，农业科技水平有了很大提高。此外，樟树市建立完善的研发机构奖励、科研项目补贴、品牌专利奖励、技术成果奖励等技术研发奖励体系，大力支持科技研发工作。

财务资源方面：政府为区域创业提供了包括创业补贴、信用贷款优惠、创业大赛奖励等一系列资金支持。并通过投资建立各项孵化园、产业园、种植基地、科技示范基地，降低企业的创业成本，为创业企业提供各类资金支持。此外，为充分发挥樟树市中药材资源优势，市财政每年拿出5 000万元用于奖补中药材种植。

人力资源方面：为更好发挥人才核心竞争力作用，制定了《樟树市招才引智政策"新五条"实施办法（试行）》。此外，樟树市创业孵化基地鼓励和支持返乡农民工、大学生、退伍军人参与创新创业，并给予资金、政策和技术帮助。搭建一批创业见习和学习平台，开展农村双创孵化实训基地建设，降低新型经营主体创业风险成本，提高创业成功率。

组织资源方面：樟树市集合了包括专业从事安防监控、企业信息化、计算机网络技术、电子商务、3D工业设计与打印、产业技术研发推广、企业管理咨询、人才交流培训、创业辅导、项目管理咨询、知识产权代理、环境影响和安全保护技术咨询及各类认证服务的组织机构，为双创企业发展保驾护航。

市场资源方面：樟树市大力推进数字化交易平台建设，打通产业发展链条，全力打造"网上中药材市场"和"永不落幕的药交会"平台。此外，与京东商城、淘宝商城、三维商城等国内大型电子商务平台对接，建设了集网络商务推广、品牌宣传、产品展示、网上订购、网络交易、电子支付、移动电子商务为一体的樟树地方名优特色产品电子商务平台，对樟树地方名优特产以C2C网店+实体店+B2C平台的方式进行多元化销售。

4.1.1.4 双创成效介绍

新型经营主体培育效果显著。截至2019年年末，樟树市共有农业产业化龙头企业70家，其中省级以上龙头企业15家，市级龙头企业50家，从业人员近2.67万人；全市注册各类农民专业合作社1 034家，家庭农场332家，农业流通中介组织120多家，建立规模以上种养产业基地258个，打造农业品牌201个。全年新型农业经营主体主营业务收入达352.74亿元，其中农业产业化龙头企业实现主营业务销售收入194.93亿元。

形成一批竞争力强、辐射性广的示范中心。截至2019年，全市有农业综合开发科技示范基地13个、国家星火计划龙头企业创新中心1个、省级企业技术中心3个、省级樟帮中药饮片炮制工程技术研究中心2个，承担骨架科技攻关计划和中药饮片标准化建设项目各1项，制定国家行业标准（江枳壳）1项，获发明专利112项，完成新品种引进6个、新技术推广6项。

双创带动经济指标稳步增长。2019年樟树市全年实现生产总值408.6亿元，增长7.6%；完成财政收入60.63亿元，增长9.6%；规模以上工业增加值增长8.8%；固定资产投资增长9.4%；实际引进外资10 221万美元，增长7.5%；引进国内市外资金91.49亿元，增长8.97%；城镇居民人均可支配收入37 510元，增长8%；农村居民人均可支配收入18 531元，增长9.2%。连续四年荣获全国投资潜力百强县市、全国新型城镇化百强县市。2019年全年全市休闲农业收入1.6亿元，增长33%；其中产业园0.7亿元，增长63%。

4.1.2 四川金堂的实践探索

4.1.2.1 区域介绍

金堂县地处成都东北部，是成都市传统农业大县，全县辖区面积1 156平方公里，人口近百万，曾经是全国有名的"打工第一县"。近年来，金堂抢抓成渝双城经济圈建设、成德眉资同城化发展、成都铁路港经开区建设、成都"东进"等战略机遇，奋力推动都市现代农业加快发展，大力推进农业创新创业，形成了粮食、生猪、柑橘等传统强势产业加速转型，油橄榄、羊肚菌等新兴优势产业蓬勃兴起，农商文旅体融合产业掀起浪潮的金堂农村创业创新新景象，成功入选第一批全国农村创业创新典型县，建成全国农村创业创新基地（园区）3个。是2018年全国农村一二三产业融合发展先导区创建名单、2020年度成都市实施乡村振兴战略推进城乡融合发展先进区（市）县，2021年被农业农村部确定为全国农民合作社质量提升整县推进试点单位。

4.1.2.2 区域创业环境赋能

政府政策方面：金堂县政府不断健全人才回引、资金回流工作机制，扎实开展"送政策、帮企业、送服务、解难题"专项行动，重点对返乡创业人员领办经济实体、申报农业职业经理人、发展农业产业、发展产地初加工等给予财政补贴、人才培训、税收减免等政策支持。

金融发展方面：金堂县搭建了"农贷通"县、镇、村三级金融综合服务平台，与农业银行等金融机构合作推出"惠农e贷"等金融产品，引导金融资本助力双创，大力推动区域金融服务提质增效，有效解决了创业主体融资难、融资贵的问题。平台标记入库创业主体1 470家，累计放款23.64亿元。

基础设施方面：金堂县对外抢抓外联通道建设机遇，推动县域路网顺畅衔接，拓宽客货运输服务效能，全面建设"外快内畅"交通运输动脉系统。主动融入成渝地区双城经济圈建设和成德眉资同城化发展，加快推进淮州站综合交通枢纽、成金简快速、成绵高速扩容工程等项目建设。对内提升县、镇、村公路技术等级，实施撤并建制村畅通工程和乡村振兴产业路旅游路工程，加快推进乡村客运网、邮快网、物流网等"五网"融合。

信息化建设方面：金堂县农产品供求信息畅通，通过建立并开通"金堂农业信息网"，引入和使用"一站通"（农村供求信息全国联播系统），吸引了一批又一批国内外知名企业、商家前来金堂购销农产品，实现了农产品网上交易。

社会文化方面：全县通过创建全国农村双创示范园区（基地），积极申报一批优秀带头人典型案例，充分发挥线上线下多渠道手段，通过省、市、县三级宣传平台，在各类媒体上宣传弘扬，大力营造"双创"良好氛围，引领带动返乡人员创新创业。

市场交易环境：金堂县深化"放管服"改革，聚焦企业痛点难点堵点，精准施策、靶向发力、改革突破，奋力打造成都营商环境标杆区。此外，其以宅基地改革为重点推进集体建设用地入市交易，通过土地"三权分置"改革、放活土地经营权、引进社会资本等措施推进特色小镇优势产业规模连片发展，形成产业集群。

双创园区方面：金堂县构建了"一镇一园、多镇一园"现代农业园区体系，打造金堂食用菌产业园、"中国橘乡·城市果园"等规划布局合理、生产要素集聚、产业特色鲜明、综合效益明显、辐射带动较大的现代农业园区14个，助力双创企业转型升级。

4.1.2.3 区域创业资源集聚

自然资源方面：金堂县农业生产条件优越，雨量充沛，四季分明，多丘陵，平原和山地面积较少。各具特色的土地资源，适宜的气候和丰富的劳动力，为金堂发展农业生产提供了得天独厚的有利条件。此外，耕地总面积65万亩，土地流转规模大，规模经营率高，为创新创业企业的发展提供给了较好的自然资源条件。

技术资源方面：金堂县不断培育健全"院县合作、人才科技共建"机制，与中国农科院、深圳华大基因等科研机构开展深度合作，推动产学研一体化发展，建成科技创新载体23个、成果转化载体36个，开展创业创新项目110余项，获得国家授权专利350余项、科技成果55余项，科技计划立项40项，提升农村创业发展科技利用水平。

财务资源方面：政府部门大力支持返乡创业就业人员领办家庭农场、合作社等经济实体，21家经济实体被纳入扶持项目储备库，给予示范奖励、基础设施、初加工设施等各类项目补助270万元。并按照新栽油橄榄每亩分3年共补助4 500元，新改扩建生猪养殖场补助总投资的30%等补助标准，支持返乡创业就业人员结合农业产业规划，发展生猪、油橄榄等特色主导产业。

人力资源方面：金堂县一方面重点培养农村实用人才，立足提升返乡留乡农民专业技能，开展分产业、分季节、面对面、手把手等多形式农民实用技术培训，开展返乡留乡人员实用技术培训17万人次。另一方面培养农村经营人才，对从事规模农业生产的双创人才，结合经营管理、金融知识、专业技术等实际知识需要开展精准培训，培育获证高素质农民、农业职业经理人4 000余人。针对生产、销售中可能存在的困难和问题，组建联络员专班，累计补助近200万元，为创业发展积聚人力资源。

组织资源方面：各镇（街道）和村（社区）建立了创业就业保障服务中心，促进各类中介服务公司参与人力资源服务、管理咨询服务、税收法律服务、企业注册服务、企业自主招工的市场化机制，实现市、县、乡（镇）、村（社区）四级联网，为创业主体的成长发展提供一揽子服务。

市场资源方面：金堂县建有官仓综合（果蔬）市场成都市三圈层唯一的二级批发市场、17个二级批发市场中唯一的乡镇产地批发市场，每年销售量18万吨左右。通过鼓励各类主体积极参与农产品"五进"，推进"互联网+农业"模式，建设"农场来了"和"田岭涧·金堂馆·121专营店"电商平台。且与京东集团签订农村电子商务战略合作协议，合力打造

"互联网+农村"电商项目。合作开发了成都商报买够网,并与10余家特色农产品企业签订合作协议。积极扩宽金堂农产品销售渠道,增加产品市场份额。

4.1.2.4 双创成效介绍

一座座创业创新示范山。以"公司+合作社+农户"等方式,开展以林业生态产业与森林康养为特色的创业创新,形成以龚家山油橄榄主题园、竹篙油橄榄山地公园、玉皇山养生谷等特色林业生态经济创业创新示范山20余座。

一道道农旅融合产业沟。依托沟、谷等地理优势,大力开展休闲采摘、农事体验、赏花观光等新经济新业态创新创业,形成以长林葡萄沟、栖贤梨花沟、转龙鲜花山谷、云顶桃花谷等农旅融合创业创新产业沟30余道。

一个个"一村一品"示范村。金堂县以返乡能人和当地村民为主体,抱团发展羊肚菌、黑山羊等特色种养业和灯笼、竹编等传统手工业,建成竹篙镇红观音羊肚菌村、官仓街道新水碾姬菇村、三溪镇金峰脐橙村、高板街道风林青脆李村、金龙镇骑龙灯笼村等"一村一品"创业创新村66个。其中,金龙镇骑龙灯笼村年产值逾亿元。

一条条科技示范走廊。在中金快速路、金堂大道等主要交通干道沿线,发展峰上石斛、华果农业等现代农业走廊,开展农业关键技术研究推广和新品种、新技术、新模式示范,聚集创业创新主体57家,建成育种与栽培创新转化院士工作站、国家地方联合工程实验室示范基地等科技载体12个。

一条条电商创业街道。以具有技术实力的双创人才为主体,开展农村电商和承接产业转移等方面创业创新,建成以三溪镇电商一条街为代表的电商创业街4条、以竹篙镇返乡农民工创业街为代表的转移就业街14条。

4.2 行业层面的系统建设实践探索

4.2.1 湖北嘉鱼"别墅养鸡"

(1) 案例选择

本书在案例选择方面,遵循了典型性和代表性原则。

1) **典型性方面**。在双创背景下,"别墅养鸡"经历了宏观区域环境赋能—中观创业资源整合—微观创业主体发展的成长过程,投入少、效益稳、风险低、易推广的养鸡集群产业也应运而生。此外,该企业在发展过程中也受到资金、技术条件以及农民知识文化水平的限制。创始人张某从2014年返乡个体创业到创业成长扩散式的创业生态系统是一个典型微观创业案例。

2) **代表性方面**。在近三年的创业生态系统发育过程中,该模式创造了巨大的经济效益和社会效益,带动当地农户就业创业,辐射范围不断扩大,提高了该地区创业的创业力。该过程具有很强的代表性,主要体现在:一是该创业主体依托宏观环境对区域的赋能进行一系列创业决策;二是该创业主体在中观层面进行资源整合,将对其有益的各方主体联合起来,组成了一个生态系统；三是该创业主体以个人的创业项目为起点，带动了县域乃至市域的农民创业，达到了创业生态系统的最终目的，即提高区域创业主体创新力、增加区域创业产值。

(2) 案例概况

"别墅养鸡"创始人张某是"80后"农二代，2014年放弃广州的工作返乡自主创业。嘉鱼县位于长江中游南岸，气候稳定，农业发展历史悠久，养鸡是主要的养殖产业。但由于农户土地分散和青壮年劳动力外流等原因，无法规模养殖。张某善于发现机会也勇于利用机会，在分析了地理条件、养殖习惯、技术等条件后，于2018年创立嘉鱼县林下生态养殖合作社，并研究出土鸡散养新模式，即"135"养殖模式：每亩林地1个鸡别墅300天养50只土鸡。该模式摆脱了传统养鸡场的限制，养殖密度合理，提高土鸡质量，增加了农业收益。

自该模式推广以来，嘉鱼县政府积极引导当地贫困农户从事养殖业，并给予了资金、技术等方面的支持。项目在贫困户中被高度认可和采纳，2018年带动2 000贫困户发展绿色生态养鸡，实现增收1 200万元；2019年获得鸡笼设计专利，同省内多个县市达成养鸡扶贫协议，带动3 000户贫困户增收2 000万元；预计到2023年，至少带动2万户农户养殖200万只土鸡，总社会价值可达1亿元。其盈利主要由销售鸡别墅、鸡苗、鸡饲料和成品鸡蛋、土鸡，还有养殖技术传播和养殖模式推广等组成，构建了从个体创业到形成稳定创业生态系统的体系。

4.2.2 "别墅养鸡"项目实践分析

4.2.2.1 萌芽期——机会识别与开发

"别墅养鸡"项目的萌芽期是创业生态系统成长与演进的第一阶段。该项目的萌芽期是2014年，这一阶段项目创始人张某不断进行机会的识别与开发，主要利用个人网络发现初始创业资源。该阶段是项目开展的艰难起步期，整个创业网络关系主要依靠张某的个人关系网维持，通过识别与开发机会配置创业所需的资源，其面临的外部环境、资源的获取途径与战略举措都与创业企业成长演进模型中的第一阶段基本一致。

(1) 面临的外部环境

返乡创业作为实施乡村振兴的有效途径，国家政策积极鼓励返乡就业创业。2015年国务院办公厅发布《国务院办公厅关于支持农民工等人员返乡创业的意见》，支持农民工、大学生和退役士兵等人员返乡创业，通过大众创业、万众创新促进乡镇产业兴旺、就业岗位增多以及人民收入增加，开拓新型工业化和农业现代化、城镇化和新农村建设协同发展新局面。此外，张某对市场进行了分析。近年来随着猪肉价格上涨等原因，鸡肉作为替代品得到了快速发展。人们对健康绿色食品的需求日益增大，而土鸡养殖存在农村留守人员老龄化、农技支持系统欠缺、销售渠道缺乏等痛点，迫切需要一种简单有效的产业模式打破困境，实现脱贫致富。尽管土鸡产品深受大众喜爱，吸引了大批农户回乡创业，但由于技术、经验、信息不对称，经常失败。所以从市场潜力来看，通过优化土鸡的养殖技术顺应市场需求对张某而言是一个最优选择。但是，张某的家乡嘉鱼县位于长江中游南岸，气候稳定，农业发展历史悠久，养鸡是主要养殖产业。但由于农户土地分散和青壮年劳动力外流等原因，无法规模养殖，所以开发适合区域养殖的技术至关重要。在国家政策的支持、市场需要、家庭条件等各种外部因素的影响下，张某回乡创业的意愿日益加强。可以说，农村创业为乡村振兴带来积极的社会经济效益，为"别墅养鸡"提供了发展机会与生存土壤。

（2）资源获取途径

"别墅养鸡"项目创立之初，张某面临着资源极其匮乏的问题，主要体现在资金与养殖技术等方面。在这一阶段主要是通过个人能力识别并开发机会，利用个人社会网络解决资源难题。张某原先打工行业与养殖业没有较大关联，所以决定返乡创业后，他主要通过在家乡农业网站上寻找从事相关行业的人，在搜寻信息过程中，发现有两个回乡养鸡创业的案例，张某向他们学习技术经验，了解其资金来源、创业模式、销售途径等信息，并在现实条件下，不断进行技术革新。在资金获取方面，由于张某在外打工时也是一名标准的"月光族"，所以并没有足够的创业资本积累，返乡时只带着5 000元资金，资金极度匮乏。他了解到政府对返乡创业人员给予贴息贷款支持，于是向银行贷款5万元开始创业。在技术采纳方面，虽然张某与父亲有过养鸡经历，但主要以散养为主，和专业规模养殖相比，仍是一个技术上的"门外汉"。通过不断总结经验，他发现农户养殖土鸡规模较小，且多用于自己食用或招待亲戚朋友，没有把土鸡作为产品进入市场流通，其主要原因是养鸡技术不成熟，土鸡死亡率高、产蛋率低，所以学习并采纳新技术是形成产业的关键。张某对家乡地理条件做了分析，由于家乡处于丘陵山区地带，土地不连片，处于荒芜状态，不适合进行规模化种植，但是林地资源丰富，水土环境优越，适合养殖优质土鸡，而养殖土鸡只需要在自家土地上盖小型鸡舍。因此，在地理条件限制下选择了"别墅养鸡"。

4.2.2.2 生存期——资源获取与整合

"别墅养鸡"项目的生存期是创业生态系统成长与演进的第二阶段，是创业的商业化阶段，也是张某进行资源获取与整合的阶段，这一阶段是由萌芽期低阶演化而来。"别墅养鸡"的生存期是2015—2017年，这一阶段该项目不断进行资源的获取与整合，主要依靠组织成员内部和成员之间的信任关系来维持良好的创业系统，通过对外部资源拼凑的方式在对手林立的市场中获得生存机会。

（1）面临的外部环境

该项目的生存期正处于我国脱贫攻坚的关键时期，国家为支持贫困户，各级政府制定了产业扶贫、消费扶贫等措施。该模式养殖简单，推广易，适合农村留守人员、劳动能力弱的贫困户实现增收，与政府的政策目标"不谋而合"。为实现既定目标，张某还需分析竞争者，如温氏食品集团和"黄天鹅"品牌等。与主要做鸡蛋的"黄天鹅"相比，张某的优势在于结合国家精准扶贫政策，快速打响品牌并占领省内家禽养殖产业市场，塑造了林下生态养殖特色，蛋鸡品种产蛋率高、抗病力强，提供一条龙标准化养殖服务体系，保证土鸡成活率和品质，获得大批农户信赖。劣势在于别墅鸡起步较晚、知名度低、研发技术上相对落后。

（2）资源获取途径

政府以各种形式参与农民创业是我国的一大特点，且都发挥了较为突出的作用。该案例中，为实现既定目标，张某首先要挑选外部资源并获取，因其养鸡主打"扶贫产业"，所以政府支持是最重要的资源。嘉鱼县政府倡导全县发放福利优先采购该模式产品。项目初具规模时，别墅养鸡模式只带动了少部分人。县长偶然通过他们的绿壳鸡蛋了解到"135"模式，认为有利于带动脱贫，便将其作为产业扶贫模式大力推广。第一年对接县里700多户贫困户，效益良好。该模式被确定为扶贫项目后，县政府经常组织张某团队免费学习新技术，并在湖北省各区进行推广，与农户达成养鸡扶贫协议，发布一系列扶持政策，如：一个鸡别墅和50只鸡苗，政府奖补1 500元，贫困户自付300元，给予他们支持保证其脱贫后不再返贫。

在面对技术不成熟和销售范围窄的困难时，张某在畜牧局杨站长推荐下参加了新型农民职业培训班，认识了许多同行。通过学习他人经验做了技术改进，扩大了社会关系网络，还了解到更多农业养殖资讯。同时他也开始参加更多农民职业培训，成为咸宁职业技术学校的学生。除了获取政府支持外，张某根据技术的成熟和市场需求制定出明确目标——获得收益和增加扩散对象数量，然后以目标为中心，对市场进场分析，进而识别和把握机会。同时也明确了竞争对手，并对其优势和劣势进行分析，结合自身优势，提高项目的竞争力。

4.2.2.3 发展期——项目成熟与改进

"别墅养鸡"项目的发展期是创业生态系统成长与演进的第三阶段，是创业生态系统发展的飞跃阶段，这一阶段由"别墅养鸡"项目的生存期通过高阶演进进化而来。发展期为2018—2019年，这一时期项目开始稳步发展并初步形成创业生态系统，迈入全新的时期。不再依靠创业团队的个人社会网络维系创业网络关系，此时随着"别墅养鸡"项目商业化的发展，依靠与创业生态系统中各成员之间的信任和互惠的市场关系来维持创业生态系统中网络关系，创造性地、有选择性地拼凑资源，在市场中获得战略领先地位。

（1）面临的外部环境

张某发现许多扶贫项目只给贫困户提供畜牧家禽，却忽视了后续养殖。别墅养鸡不仅大幅度提升土鸡成活率而且别墅卫生便于管理，适合精准扶贫。贫困问题是我国全面建成小康社会的短板，扶贫不仅要减贫，更要防止返贫。该模式不仅可以促进农户生计的可持续发展，还可以吸引政府部门的支持，实现精准扶贫对象、创业扩散者和政府的共赢。张某总结发现，农业生产必须"抱团前行"。学习过程中他了解到农民合作社的功能，于是便牵头成立了合作社，将县里15位养鸡青年聚集到一起，在不同岗位上发挥自身优势，共同发展规模养殖，合作社目前核心成员有30名。

（2）资源获取途径

张某作为农民返乡创业者，进行扩散时受到各方面的资源限制，所以需要外部支持。他紧跟国家政策方针，通过对扩散之后的价值进行评估，从而吸引外部支持。除了获得外部资源，张某也关注着被扩散群体，了解他们的需求，采取了合理的管理方式和措施。同时也通过不断整合资源，寻找更大的市场，把"别墅养鸡"形成集群产业，最后实现目标。张某的创业扩散对象主要包括休闲农庄、农业家庭等。休闲农业大都环境优美，有较大面积的园林，引入"135"模式可以通过鸡群活动降低除草费用，改善农庄环境。农庄对鸡肉有较大需求，而农户散养鸡品质较低，因此鸡可出售给农庄同时农庄的剩饭可以喂鸡，实现双向互利。经济来源以农业为主的家庭可根据自身条件使用"135"模式，该模式花费精力少，可以帮农户用少量的劳动付出获得最大附加值，这也是未来农业的大趋势。例如经营果园的农户，需要定期除虫除草，而该模式只需把鸡别墅分散放在果园里，不但降低养护成本，还可以减少果园用药，提高土鸡品质。随着国家对农村创业支持力度的加强，更多的人愿意到农村创业。但与白手起家相比，创业的风险使他们更愿意在风险较低的项目基础上继续创造价值。另外，他们大多有一定的资本积累和擅长的领域，通过采纳该模式，可以提出更有效的反馈信息。这不仅可以降低他们的创业风险，还有利于项目优化和集群产业的发展，实现互利共赢。

张某通过与咸宁职业技术学院合作，打造咸宁职院大学生双创基地，为学校农业技术、经济管理等专业提供实训条件，并为"一村多"学员提供实践和商业体验活动，成为"一村多"人才培养示范基地，培养农村高水平创业人才，为培养农村人才提供参观、实训、体验平台。与学校共同打造农村人才培养解决方案，并将经验和模式向全省范围推广，助力乡村振兴人才储备。但是，由于加入合作社需要出资入股或抵押鸡场来享受分红，大多贫困户积极性不足。所以成立养鸡协会，不仅可以为他们提供技术、销售等方面支持，还可以满足他们的传统生产习惯，同时也培养了其合作意识，为加入合作社奠定了基础。农业家庭更倾向选择这种方式，因为他们以农业为主要经济来源，别墅养鸡作为附加产业，他们更关注销售，协会可以更好满足需求。

4.2.2.4 成熟期——创业推广与扩散

"别墅养鸡"项目的成熟期是创业生态系统成长与演进的第四阶段，这一阶段区域创业生态系统已基本形成，并形成了"万众创业"的景象。成熟期由2020至今，该时期主要通过消费者市场和创业生态系统外部环境的信息反馈及商业机会来进行资源重组。

（1）面临的外部环境

这个阶段"别墅养鸡"技术已基本实现产量高、易推广、可接受的效果，但随着技术的不断扩散，加入养殖行业的农户越来越多，销售成了一大难题，所以扩大销售范围和占领市场份额显得尤为重要。其次，由于许多养鸡农户知识水平较低，缺乏科学免疫知识，接种操作不规范，会造成土鸡死亡率高，且病死鸡没有做到无害化处理，不仅增加了鸡瘟传播概率，也造成了生态环境污染。另外，在探索新路径时，存在管理层的决策可能会遭到反对、员工的服务意识和质量参差不齐以及贫困户养殖信息跟踪不及时等问题，会使管理机制面临不健全风险。

（2）资源获取途径

宣传是销售的重要手段，张某团队利用App推广，开设网店。采用线上与线下结合的销售体系，线上通过微信、抖音、湖北扶贫网等电商平台销售，线下通过与盒马鲜生、京东、咸宁本地超市合作推广。将优质鸡苗培育、稳定销售渠道、较低养殖成本方法，以及养殖过程通过影像实时分享，利用微信、抖音等主流自媒体大力宣传，开展像"认养一只鸡，乐享一生蛋"等活动，吸引客户。大众传媒的普及使越来越多的人了解到别墅养鸡模式，各类群体也会借此采纳该模式，这不仅带动了嘉鱼县乃至咸阳市的农户养鸡，也辐射到本省其他地区及湖南、西藏等邻省来参观学习。张某在充分认识自己的基础上选择了合适的创业项目，通过整合资源和运用各种手段实现目标，成功把别墅养鸡项目发展成集群产业，形成良性发展的创业生态系统,为当地脱贫做出了巨大贡献,促进农户增收,带动了当地经济发展,实现了经济、社会、生态效益共同发展。面对养殖户防疫措施不当时,合作社积极组织了培训业务,并上门为养殖户解决难题。另外,领导团队也在不断与扩散对象和消费者进行沟通,致力于满足各方需求,同时对从业人员进行培训,提高服务人员的技术水平。自该模式推广以来,嘉鱼县政府积极引导当地贫困农户从事养殖业,并给予了资金、技术等方面的支持,项目在贫困户中被高度认可和采纳,该区域的创业生态系统也因该项目的扩散形成并稳定发挥作用。

4.2.3 "别墅养鸡"项目实践总结

通过分析"别墅养鸡"项目从创立之初到形成稳定的区域创业生态系统的过程,发现其成长路径符合企业的生长周期,即从萌芽期到生存期、到发展期、再到成熟期。研究表明,创业资源拼凑对该项目的成长起到至关重要的作用,创业主体初期由于资源匮乏,会面临巨大的生存挑战,必须通过一切可利用的关系进行资源的开发与利用。创业主体通过充分了解与分析宏观环境,从中发现创业机遇和挑战,然后根据个人关系网络和组织关系网络进行资源的获取与整合,最后达到微观个体发展的效果。正是由于创业主体在创业过程中保持着敏锐的市场眼光并拥有超强的资源整合能力,从最初的人力拼凑、技术拼凑、资金拼凑到后来的在创业生态系统中直接进行拼凑,促进了"别墅养鸡"的快速扩散与飞跃式发展。具体路径如图4.1所示。

4.3 农村区域创业生态系统的演化分析

创业生态系统中,创业者和创业企业作为创业生态群落的中心,在与外部环境的相互作用下直接参与创业活动,是创业活动进行的主要内在动力。因为创业企业是在创业者的创业活动中创立的,所以本书通过创业企业的生长过程揭示农村区域创业生态系统的演化路径。创业企业开展创业活动需要大量的资源与机会,但对于创业企业而言创业的初期往往面临着资源匮乏与机会短缺的现象,由于资源的匮乏,创业企业需要从外界环境和其他参与创业活动的主体中获取资源。但创业生态系统中的资源有限,且都属于大众资源,对于创业企业而言由于初期信用不足及缺少足够的绩效,使外部资源获取的难度极大。面对难以获取外部资源支持的境况,创业企业想要得以发展就必须整合自身的零散资源,并尽量获取外部环境中看似无价值的资源进行整合拼凑,通过创造性地整合拼凑,将资源调整为具有独特性的、有助于自身发展的独创型资源。因而,资源获取及拼凑能力是创业企业能否获得生存并进一步实现持续稳定发展的决定性力量。创业企业在创业生态系统中的成长与发展对于创业活动能否持续有效进行有着深远的影响,而资源的拼凑能力决定了创业企业能否成长,继而影响到创业活动的成败。本章内容构建了创业企业在创业生态系统中的成长演进模型,通过资源拼凑视角解释创业生态系统的作用下,创业企业如何通过资源的交互、整合、拼凑实现进一步演进与发展,逐步演进成为具有稳定性的自适应企业,最终实现创业的成功。

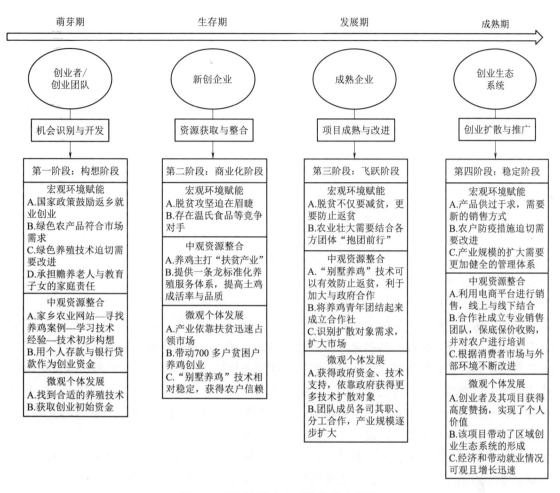

图 4.1 区域创业生态系统的形成路径

4.3.1 企业萌芽期——创业构想阶段

创业企业的萌芽期是其发展的第一阶段，也是创业者决定创立企业的构想阶段。这一阶段创业者处于创业的初期，该阶段由于创业企业合法性及绩效的缺失，难以获得创业生态系统中外部创业环境及组织的信任，无法从外界环境获取充足的资源，存在着明显的新进入劣势，该阶段创业企业的挑战主要是来自外界环境的不信任和自身组织合法性缺失带来的创业劣势和资源挑战。此时，创业者所掌握的可以利用的资源大多是其本身的自有资源及通过亲友关系等个人网络途径获得有限的资助性资源。因此，该阶段创业者主要的资源举措是利用个人能力不断搜寻、识别和筛选创业环境中可能对企业发展有利的资源和机会，尽可能利用搜寻到的资源和机会去开创企业。该阶段创业企业资源配置的方式主要是基于创业者个人对于机会和资源的识别和开发能力，此时创业网络关系主要是创业者的个人社会网络，维系创业网络关系的纽带主要是以创业者与亲友等人的情感关系为依托，这一阶段创业企业发展的关键举措是通过资源和机会的识别及整合使企业获得合法性并生存下来。

4.3.2 企业生存期——商业化阶段

创业企业在经历过最初的创业萌芽期后，进入发展的第二阶段——生存期。生存期是创业企业能否在创业生态系统中成功存活的重要时期，是创业企业的商业化阶段。创业企业从最初的创业构想阶段到商业化阶段进行了从出生到生存的低阶演进，在低阶演进过程中创业企业资源配置方式由最初的依靠创业者对资源和机会的识别及开发能力转向了创业者及创业团队对资源的整合及拼凑的能力。在这一阶段，创业企业开始了初步的发展，为了获取生存的合法性及社会网络的认可，创业企业需要开展商业化运营来提高自身声望。为了应对发展过程中经营性资源的短缺，创业企业往往会对来自创业生态系统外部环境中的信息资源及经营性资源进行整合，尽可能地通过外部环境收集并吸引一切与经营活动相关的资源，并根据自身的发展特点及经营状况对收集到的资源进行进一步拼凑。在生存阶段，由于创业企业各个方面的资源都是相对短缺的，此时对创业资源的拼凑缺乏选择性，需要同时对经营所需的各方面资源进行整合拼凑，因此该阶段主要进行的资源拼凑方式是并行拼凑，创业企业的主要资源举措是同时对从创业生态系统中获得的外部资源进行三个领域的并行拼凑，这三个领域分别是：实物资源投入层面、顾客与市场层面及政策制度层面，通过将看似无用的、零散的实物资源进行整合拼凑的基础上，对制度法规中有利于创业企业及创新企业发展的制度理论进行拼凑利用，选取有利于企业自身发展的制度进行整合，利用拼凑出的制度的宽松性迎合消费者和市场需求，尽可能拼凑手头资源满足市场需要，并发掘现有资源的特殊性和不对称性，在此基础上将它们转变为与市场相适应的资源，并突出创业企业的独特性和创新性，以此实现企业的生存与发展。此时，创业企业由于处于商业化发展之初，还未与创业生态系统中其他企业及组织形成稳定的利益关系，其创业网络关系主要还是通过个人网络及组织内部成员之间的相互信任来维系的，创业网络中的关系纽带由萌芽期的情感纽带转变为了生存期的互信纽带，网络关系较于萌芽期更为稳定，但生存阶段创业企业对资源的并行拼凑也可能会给企业带来危害，过度的拼凑可能会给企业形象带来不利影响，同时过度利用社会网络资源的拼凑可能会导致企业成为社会网络型而非市场化的组织，因此这一阶段创业企业发展的关键是合理地整合和并行拼凑资源，使企业逐步实现商业化发展。

4.3.3 企业发展期——飞跃发展阶段

发展期是创业企业发展的第三阶段，也是其快速发展的飞跃阶段。随着创业企业的进一步发展，创业企业与创业生态系统中其他组织的联系愈加密切，与创业环境及创业生态系统中其他主体间的资源的交换也更加频繁，仅通过资源的整合拼凑已无法满足企业发展的需要，创业企业会有选择性地获取更加独特的资源来实现跨越式发展，此时创业企业资源配置方式由生存期的整合资源、并行拼凑资源发展为有选择性地、创造性地拼凑资源，为企业实现其差异化发展获得独特的市场地位，从而实现了创业企业从生存阶段到发展阶段的高阶演进。在快速发展阶段，创业活动中各参与主体的联系更加紧密，此时创业企业由于创业活动发展到一定程度，获取资源和信息的能力增强，会选择从创业生态系统中的外部环境中获取资源，并根据来自消费者、供应商、竞争者等的市场信息，有选择地拼凑企业资源迎合市场需要，通过选择性拼凑方式来创造企业核心竞争力使企业资源整合拼凑走向常规化。与此同时，创业企业会进一步挖掘消费者价值和潜在需求，通过企业的价值创新进一步引领新的市场，通过创造性拼凑开发企业新技术，根据市场分析创造性拼凑资源推出企业新产品，引领更广阔的新市场，形成新的创业网络关系。发展阶段的创业企业实现了完全的商业化发展，企业步入市场化发展阶段，此时创业企业通过社会网络中由于社会交易行为产生的互信互惠作用来维系创业网络关系，创业企业逐步实现了常规化，再也无须依靠个人网络及情感关系来维系创业网络关系，较于生存期的网络关系更加稳定。这一阶段创业企业发展的关键是创造性地拼凑资源，但由于创造性难以获取且难以衡量，实现难度较大，因而对创业企业来说如何实现创造性拼凑是该阶段面临的主要挑战，也是其能否实现飞跃式发展的关键。

4.3.4 企业成熟期——稳定发展阶段

成熟期是创业企业发展的第四阶段，是创业企业生命周期的最后一个阶段，也是企业进入的稳定阶段。在这一时期企业完全依靠市场化的交易行为驱动创业网络关系，此时企业的行为已趋于常规化、市场化，创业生态系统中市场环境及竞争对手、合作伙伴的信息对企业来说十分重要，企业逐步发展成为具有自组织和自适应能力的复杂系统，通过与创业生态系统外部环境的信息交互，将信息传达到消费者及竞争对手市场的同时得到来自市场的反馈信息，从而为迎合市场需求进一步调整企业资源结构，创造出更多的市场价值，创业企业发展至这一阶段的重点任务是加强企业与创业生态系统的互动，逐步完善企业的自组织和自适应性。

4.4 本章小结

本章通过两个宏观一个微观的案例分析，结合创业拼凑理论与生命周期理论，揭示了农村创业主体从开始创业到形成创业生态系统的整个过程。从创业主体与环境之间的不断互动中可以发现，创业拼凑对一个创业主体来说起着决定性作用。本章构建的创业生态系统中创业企业的成长演进阶段分为萌芽期、生存期、发展期和成熟期四个生命周期，创业企业通过资源的创造性拼凑与利用将会实现企业从萌芽期到生存期的低阶演进、从生存期到发展期的高阶演进以及从发展期到成熟期的进阶演进。通过三次由低阶到高阶再到进阶的演进，创业企业将逐渐走上常规化道路，逐步从创业主体发展为较完善的成熟创业生态系统，在其发展的每个阶段，创业企业面临的资源挑战、资源获取途径及所处的创业生态系统中的创业网络环境是各不相同的，决定了其每个阶段的资源战略举措也发生相应的变化，从而影响企业的发展，推进创业企业的成长演进。

第5章
农村区域创业生态系统影响因素的实证分析

本章在前述农村区域创业生态系统内涵、特性分析以及前人研究基础上,基于"创业环境—创业资源—创业绩效"的研究范式,以农村创业者为研究对象,建立了农村创业的结构方程模型,从定量角度分析农村创业绩效的影响因素及影响路径。

5.1 理论分析与假设提出

影响因素不同于构成要素和内涵，它是指对农村创新创业活动的孕育、生存、成长、成熟等阶段产生作用的因子，影响因素的作用力可能是正向的，也可能是负向的，且影响程度也有所不同。影响因素既包括内部影响因素，又包括外部影响因素，其对创新创业全生命周期产生单独、或交互、或直接、或间接的影响作用，形成一套完善的作用机制。只有厘清可能影响双创组织发展的关键因素，确定相应的解决措施，才能更好地实现既定的创业目标，带来良好的社会效益。

5.1.1 外部创业环境对农村创业绩效

创业环境是指农民创业所处的外部环境。已有研究主要将创业环境分为政策支持环境、社会经济环境、基础设施环境、创业文化环境、金融信贷环境、科技文化环境等不同维度，研究各维度环境对创业绩效的影响（朱红根，等，2015[95]；刘磊，2015[96]；陈德仙，2019[97]）。郑宝华等（2016[98]）指出，基础设施环境、政府政策环境、产业发展环境和金融环境会对创业者的创业行为产生直接影响。刘新智等（2015[99]）经过实证研究发现，创业环境会对农户的创业行业、创业形式等产生显著影响，进而影响创业行为。还有学者聚焦于创业失败后创业环境对于创业幸福感的影响作用（Zhang et al.，2016[100]；于晓宇，等，2018[101]）。张晓芸等（2014[102]）指出，创业环境决定了区域创业活跃度和创业效果，直接影响到农民对创业环境的满意度，继而影响到创业热情、信心和成功率，最终影响到农民自我价值的实现。下面对不同环境维度进行具体分析（如图5.1所示）。

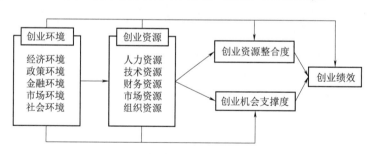

图 5.1 农村创业绩效影响因素概念模型

经济环境主要指区域的经济发展水平。Pricina（2012[103]）通过研究罗马尼亚社会与经济变迁下，经济目标及传统文化对农民创业行为的影响，聚焦了多维创业环境对创业行为的影响情况。陈翔（2021[104]）通过门槛回归模型实证研究了不同地区经济发展水平通过影响人力资源、技术资源、金融资源、制度资源等要素禀赋，进而影响区域的创业活动水平。

政策支持环境具体是指政府出台和制定的支持创业活动的相关政策和法律制度，主要涉及税收优惠减免政策、用地用水用电优惠政策、创业咨询服务政策、创业注册登记和审批服务政策、创业项目提供和规范创业的法律制度等方面（郑宝华，等，2016[105]）。作为创业环境中的一个重要方面，政策支持环境对于激发农户创业热情、提升农户信心、增加农户幸福感和获得感、改善农户生计结果具有关键价值。朱红根等（2013[106]）的实证研究表明，创业政策支持可以切实降低农民创业交易成本，减少创业风险，进一步提升农民创业意愿。Lin等（2014[107]）认为农民创业受良好制度环境的积极影响，政府可以通过更新创业政策，来提升农民的创业意愿。朱红根等（2018[108]）指出，相对完善、利好的客观政策制度环境对农民创业成长具有显著提升作用。杜威漩（2019[109]）运用演化博弈模型，从政策激励视角阐述了农民工返乡创业减贫效应的生成机理，指出创业扶贫激励政策能够促进贫困农民增收。孙红霞等（2016[110]）得出制度环境通过内部和外部的共同作用影响创业行为。肖婧仪等（2020[111]）指出，政府支持环境对农民创业意愿具有正向促进作用，且政府的财政创业培训支出通过促进创业能力和机会，进一步促进区域创业的可持续发展。也有学者研究指出，政治制度环境也有可能对农民创业行为产生消极影响（Berger，等，2016[112]），而且区域之间存在一定的差异（Newbery，等，2017[113]）。此外，农民创业者逐步从被动接受政策资源支持过渡到对政策的主观需求及评价（朱红根，2012[114]）。

金融环境主要指创业企业对金融资源的可获得性。包括融资渠道、商业贷款、创业基金等。农村金融环境，如借贷的难易程度、办款流程规章以及担保抵押制度等都会对农民创业造成影响。其中，非正式小额信贷机构在助力农民创业的同时，也面临着规范化、标准化等诸多问题（Ngoasong，等，2016[115]）。梁青青（2020[116]）指出，在目前金融市场化尚不完善的背景下，银行信贷资金在中国整个企业融资体系中仍然占据主导地位，信贷约束的放松和信贷可获得性的增强有利于提升企业的财务资源，进一步对中国的机会型创业行为产生显著的促进作用。

市场环境涉及区域的诸多方面，包括政府与市场的关系、非国有经济的发展、产品市场的发育程度、要素市场的发育程度、市场中介组织发育及法律政策环境等（樊纲，2011[117]），具有技术动态性和需求不确定性的特点。完善的市场环境能够降低经营成本和投资风险（董静，等，2017[118]）。此外，市场环境作为关键外部环境因素，正向调节社会创业导向与跨界资源整合的关系，且正向作用于跨界资源整合与社会企业经济绩效（李姗姗，2021[119]）。

社会环境主要包括社会文化环境、社会基础设施水平、互联网技术发展水平等。首先，社会文化价值观在创业者的创业行为中扮演重要角色。相近的价值观会导致相似的风险偏好、发展倾向和创业创新态度、开放包容程度等。例如，Seuneke（2015[120]）指出农村地区保留的相对完整的血缘、地缘关系网络为农民的经济活动、社会活动和情感交往具有重要意义。Lang等（2019[121]）研究指出创业模范的示范效应越显著，也就越容易激发农民创业的热情。其次，良好社会基础设施建设通过降低创业成本，对企业家精神产生促进作用的理论机制（孔令池，等，2020[122]）。最后，从社会互联网科技发展水平来看，随着"互联网＋"的发展，伴随而来的网络采购、电子商务、物流发展、网络培训、直播带货等业务拓展了农村创业渠道、提高了农村企业经营效率、提高了其人力资本水平，进一步提高企业经营业绩和经营效率（王轶，等，2021[123]）。

基于以上分析提出假设：

H1 创业外部环境对创业绩效有显著正向影响

H2 创业外部环境对创业资源有显著正向影响

5.1.2 创业资源与农村创业绩效

创业需要要素资源禀赋的支持，各个地区要素禀赋基础不同，决定了地区创业活动水平差异（汤志伟，等，2021[124]）。创业者的资源禀赋又称为创业资源，是创业者创业前后所拥有的各种资本的总和。创业者资源禀赋是创业绩效提升的重要因素（李硕，2014[125]）。苏岚岚等（2016[126]）构建了六维度创业资本衡量指标体系，研究创业资本对农户创业绩效的影响。朱红根等（2016[127]）认为，农民创业绩效是创业者家庭的金融资本、人力资本、社会资本、经济资本等多个资本类型综合作用的结果。余绍忠（2013[128]）构建了创业资源与创业绩效之间的权变模型，指出创业资源（包括资金资源、人才资源、管理资源、信息资源、科技资源、政策资源）对创业绩效产生正向影响作用，且环境动态性在其中起调节作用。创业者的资源禀赋通过影响创业者的资本积聚、创业者的创业机会认知和创业者的创业决策过程，从而对创业产生影响。芮正云等（2018[129]）从创业生存、创业成长的角度出发，指出财务资源和市场资源对"创业生存"所起到的影响相对更大，而人力资源和技术资源对于"创业成长"所起的作用相对更大。下面将进一步分析具体创业资源禀赋对创业绩效的作用。

在人力资源方面，主要包括受教育程度、创业培训、身体健康状况等。可以通过创业培训、创业学习和增加创业能力等方式增加人力资源存量，从而提升创业绩效（郭铖和何安华，2019[130]；易朝辉，等，2018[131]）。王轶等（2020[132]）采集了2 139家返乡创业企业调查数据，实证分析了人力资本对其返乡创业绩效的正向影响，并指出不同创业类型及不同区域的影响作用不同。此外，随着经济转型，外来人口的创业活跃度都明显高于本地人口，被称为"过江龙"现象，外来人口流入地与原户籍地的经济发展水平差距和制度距离均显著提高其异地创业的可能性，而其在流入地社会网络的混合嵌入和个人人力资本都能显著增强上述两方面的主效应，即劳动力流动对人力资本产生促进效应，进而提升创业可能性与创业效益（叶文平，2018[133]）。

技术资源主要包括生产工艺、技术诀窍、科技专利或者获取科技专利使用的渠道等。技术的应用是企业竞争力和个人生产能力提升的关键，可以带来成功并解决创业障碍（Ajumobi，等，2017[134]），也是农村创业者寻找项目、实施融资、市场推广和开展咨询的重要工具。解学梅等（2021[135]）指出绿色工艺创新、绿色产品创新均能促进企业可持续发展绩效，但绿色工艺创新相比绿色产品创新更能改善企业环境社会责任绩效，而绿色产品创新相比绿色工艺创新更能提升企业财务绩效。Fortunato（2014[136]）认为正是由于美国在农业机械、采矿和农业技术等方面的全球化发展，才进一步促进了农业技术的创新进步以及整体农村创新创业的发展。

在财务资源方面，创业贷款难易度、融资渠道通畅度等因素都会对创业绩效产生影响（张应良，等，2013[137]；何广文，等，2019[138]），农民家庭的经济实力也会对创业绩效的提升起到促进作用（徐文菲，2019[139]）。

市场资源主要包括市场信息、销售渠道和业务支持等，主要通过企业的商业网络和所有者的社会网络来获得，最终实现企业价值创造，使企业在市场中占据一席之地。市场资源禀赋是影响创业绩效的重要影响因素（薛永基，等，2015[140]；葛宏翔，2019[141]），在筹措资金、原料获取、交易往来、成本控制等方面对农民创业大有裨益。它甚至还有利于提高客户的忠诚度和农民创业者的绩效。

组织资源即企业拥有的高效协调运行的组织管理架构，即企业拥有的管理系统以及从外部获取各种管理咨询和策划服务的水平。组织要保证创业资源内部和不同资源之间协调配合，避免资源不足或冗余，就必须有一种建立在组织协调基础上的信息传递机制和信息反馈机制，确保创业过程中整个组织的集中资源需求和分散资源需求（彭学兵，等，2016[142]）。组织的良好运行可以降低企业的签约成本、背叛风险、机会主义行为和搜寻成本。例如，美国农村社区组织的桥梁型社会资本就对创业者的创业绩效产生了明显的影响（Besser，等，2013[143]）。

基于以上分析提出假设：

H3 创业资源禀赋对创业绩效有显著正向影响

5.1.3 创业能力、创业机会与创业绩效

创业资源、创业能力、创业机会与创业绩效之间的关系受到学者们的广泛研究。所谓创业资源是指新创企业在进行价值创造过程中所拥有或可支配的各种资源要素组合，而创业资源整合是指企业将其所拥有的资源进行配置和应用以形成和改变创业能力的过程（Eisenhardt，2000[144]），即企业的创业资源整合能力。此外，周菁华等（2012[145]）研究了当前重庆市创业农民创新能力、发展能力以及综合能力水平现状，并指出创业能力与创业绩效呈显著的正相关关系。Mcelwee（2006[146]）研究表明，农业部门存在技能差距，为农民需要开发的技能包括通用业务和管理技能，特别是营销、财务和业务规划技能，以及沟通和协作的技能。

创业机会即创办新企业并获得盈利的机会，也代表一种满足市场需求并创造市场价值的机会。马永霞等（2020[147]）基于资源基础理论整合高校组织资源与区域环境资源影响高校学术创业绩效的组态分析框架，并指出驱动创业绩效的关键在于不同资源要素共同形成的合力，只有通过资源整合才能发挥创业要素协同效应。

有学者将农民创业分成三个阶段（芮正云，等，2020[148]），即创业构想阶段、创业成活阶段、创业成长阶段。创业构想阶段即依靠自身的专业知识、先前经验以及外部信息等，在复杂的市场环境中搜寻、感知和评估新的商业机会。在此阶段，创业机会是驱动农民进行创业的重要因素，包括个人产品规划与市场匹配度、市场进入难度、自身风险感知、前期投入成本是否符合预期等。创业成活阶段创业者通过筹集资金、招聘员工、租用或购买经营场所和设备等一系列行为实现资源整合，继而创建新组织或者开发新的产品和市场，并将新的产品或服务投入市场，实现创业机会的价值创造。在本阶段中创业资源整合能力决定了创业企业能否顺利运营。否则，企业可能因为刚刚成立，缺乏稳定的创业资源链条、商业网络渠道以及市场认可而面临经营困难的问题（王朝云，2014[149]）。因此需要创造性地进行资源

拼凑与整合，克服"合法性约束"，使新创企业生存下来（张敬伟，等，2017[150]）。创业成长阶段即创业者通过不断完善组织结构和组织制度、获取企业发展所需的充足资源，使新创企业实现组织规模和目标市场的扩张，以及盈利能力的增强。在此阶段中需要更高一级的资源整合能力和创业机会支撑来实现企业的发展壮大，即更廉价的要素成本、规模效益、稳定的商业网络带来的市场机会支撑以及进一步对各项资源要素的高效整合。

基于以上分析提出假设：

H4 创业资源禀赋对创业资源整合有显著正向影响

H5 创业资源禀赋对创业机会支撑有显著正向影响

H6 创业资源整合对农村创业绩效有显著正向影响

H7 创业机会支撑对农村创业绩效有显著正向影响

5.2 数据来源与研究设计

5.2.1 变量测量

本书共包含政府环境、经济环境、金融环境、市场环境、社会环境、创业生态系统外部环境、人力资源、技术资源、财务资源、市场资源、组织资源、创业机会支撑度、创业资源整合度和创业绩效共十四个研究变量。研究量表在借鉴参考已有的成熟量表基础上，基于农村创业的现实情境进行修正，均采用李克特七级量表进行测量评估，其中1表示"非常不同意"，7表示"非常同意"，从1~7程度依次递进。具体测量指标如表5.1所示。

（1）创业环境

本书关于创业环境测量表来源于朱红根等（2015[151]）的研究。该研究以农民所处的创业环境为视角，探讨了环境对农民展开创业活动并实施相关创业行为的影响。本书结合京郊农民创业的实际环境情况对上述量表进行了细微改动。

（2）创业资源

目前，对创业资源的分类尚未形成统一的标准。本书在借鉴芮正云等（2018[152]）对农民工创业资源的分类的基础上，对其量表进行了细微改动。

（3）创业资源整合度

基于前文分析，创业资源注重于对资源的创造性的整合利用，设计创业企业的综合能力。因此本书基于国内外学者成熟量表的基础上，结合京郊农村创业实际情况设置以下三个题项。

（4）创业机会支撑度

基于前文分析，创业机会识别侧重于对"商机"的感知、发现与评估。创业机会开发强调对"商机"的利用、管理、运营。因此，在基于国内外学者成熟量表的基础上（Ozgen等，2007[153]；崔杰，2020[154]），确定农民创业机会支撑度的题项。

（5）创业绩效

农民创业多以致富增收、改善生计为创业目标，因此，本书引入创业生计的概念，包括经营绩效与生计结果两个维度。测量题项参考赵佳佳等（2020[155]）和李秉文（2020[156]）关于农民创业绩效与可持续生计的研究成果。

（6）控制变量

以往研究成果表明，选取性别、受教育程度、年龄、家庭收入、创业及打工经历等对创业者尤其是农民创业者的创业绩效乃至整体的创业水平有影响的因素。

表5.1 各变量的度量指标

变量		符号	题项
创业环境	政策环境	GE1	政府会对创业活动提供优惠的税收政策
		GE2	创业的注册、登记、审批程序简捷
		GE3	政府工作人员办公效率较高
		GE4	政府为农民创业提供咨询服务
		GE5	政府会提供用地优惠政策
		GE6	政府会提供创业项目
		GE7	政府规范创业的法制环境
	经济环境	EE1	本地经济发展速度很快
		EE2	本地经济活动比较多样化
	社会环境	SE1	本地有良好的交通设施
		SE2	本地有良好的水电气设施
		SE3	本地有良好的通信设施
		SE4	本地人对创业失败会比较宽容
		SE5	本地会举办创业教育活动
		SE6	本地会举办人才培训
		SE7	本地会举办创业技能培训
		SE8	本地会举办职业技术培训
		SE9	本地的文化鼓励创新创业
	金融环境	FE1	本地有多种可供选择的融资渠道
		FE2	金融机构对农民创业有较高的投资意愿
		FE3	本地金融机构之间竞争激烈，可供选择的金融服务较多
		FE4	创业容易获得银行提供的低息贷款
	市场环境	ME1	本地有许多可供创业的原材料
		ME2	本地有公平的竞争环境
		ME3	本地有许多可供创业的自然资源

续表

变量		符号	题项
创业资源	市场资源	MR1	我善于发现市场机会
		MR2	我能很好地识别出有价值的市场机会
		MR3	我很注重同相关政府部门建立良好的关系
		MR4	我能积极适应环境，创造创业机会
		MR5	我很注重同我创业所在行业的供应商、销售商、客户建立良好的关系
	人力资源	HR1	在准备创业和创业过程中，我能找到合适的伙伴跟我一起创业
		HR2	我能划分并安排好创业组织中每一个成员的职责
		HR3	我可以让大家一条心来创业
		HR4	我能建立较完整的创业团队制度体系
		HR5	我有丰富的创业知识、管理经验
		HR6	我有丰富的工作（外出务工/管理经营）经验
	组织资源	OR1	在我交往的群体中，同行很多
		OR2	本地有很多可供效仿的创业活动
		OR3	在我的社会关系网络中，我所交流的商业人士比其他人多
		OR4	在我的社会关系网络中，我在近两年结交了很多创业者
		OR5	我很注重同本地的其他商户建立良好关系
		OR6	我经常与外村、镇上相关组织联系、交换信息
	技术资源	TR1	我很注重同技术服务队、技术专家等建立良好的关系
		TR2	在创业时，我会采用与已有其他成功的创业企业/商户相同或相似的产品生产技术或流程
	财务资源	FR1	我很注意同银行、信用社等金融机构建立良好的关系
		FR2	我本人或家人有一定的储蓄
		FR3	我的创业容易获得政府提供的创业基金或补贴
		FR4	我的创业有多种信贷担保方式
创业资源整合度		ERI1	创业时，我可以把身边的资源很好地整合和利用起来
		ERI2	创业时，我可以创造性地利用身边的资源
		ERI3	创业时，我可以积极寻找新资源，弥补现有资源的不足
创业机会支撑度		EOS1	我能敏锐地感知到与创业有关的信息
		EOS2	我善于分析外部环境，发现潜在问题
		EOS3	我能够识别一个创意的潜在价值

续表

变 量	符 号	题 项
创业机会支撑度	EOS4	我能准确感知到消费者未被满足的需要
	EOS5	我能积极行动,抓住已有创业机会
创业绩效	ESC1	跟其他生产同类产品的企业/组织相比,我家的产品更能赚钱
	ESC2	外面市场不好的时候,我家也能卖得挺好
	ESC3	我家的这个事业发展得比其他家快
	ESC4	我家的产品和服务都让顾客感到满意
	ESC5	我家生意现在已经有了很好的名声

5.2.2 数据来源

根据北京市团委北京青年"1%抽样调查"的调研活动,该活动指出生活、居住、工作在北京乡村超过半年,年龄在16~35岁,并直接从事农业及相关产业等条件的农业青年共有9.11万人,占北京市农业人口总数的16.17%。同时结合北京的人口年龄结构层次及从事农业的人口现状,将本次研究中的调研对象设定为北京郊区即年龄在18~45岁(1972—1999年出生),生活、居住、工作在北京郊区,且从事第一产业及相关行业工作的农业青年。本次调研以线上线下结合的形式,依托北京共青团系统,按照区—街道/镇/乡—村三层级。其创业类型涵盖了个体工商经营、农业规模经营、兴办私营企业、家庭作坊、淘宝店铺等自营工商业活动。

样本发放与回收的标准:第一,调查对象总数小于100的六个区县,于区县内部随机选择1~2个调研乡镇;大于100的四个地区,于内部随机选择3~5个调研乡镇。在调查乡镇间平均分配调查对象数量。第二,每个地区乡镇的调查对象既包括创业农民,也包括非创业农民。第三,本书中的创业是指京郊农民从事自营工商业活动,而不以是否进行企业注册进行界定。同时,创业在时间上有界定,即从事某一经营活动不长于5年。

5.2.3 数据描述性统计分析

通过对758份京郊青年农民创业状况统计分析发现,调研对象中已经创业的293份,占比38.6%,未创业465份,占比61.4%。在未创业的人群中,有创业意向296份,占了39.1%,完全没有创业意向169份,仅占22.3%。可见大部分京郊青年农民具有创业的倾向,希望通过创业来改善生活条件以及实现自身价值。样本的描述性统计分析如表5.2所示。

表5.2 样本的描述性统计分析

属 性	分 类	频 数	百分比/%
性别	女	147	50.3
	男	145	49.7

续表

属性	分类	频数	百分比/%
年龄	18~25	41	14.0
	26~35	177	60.7
	36~45	74	25.3
婚姻状况	已婚	221	75.7
	未婚	99	22.6
	离异	5	1.7
	丧偶	0	0.0
家庭劳动力数	0~2人	165	56.5
	3~4人	110	37.7
	5人以上	17	5.8
是否为京籍	京籍——北京原住居民	173	59.2
	京籍——迁入型居民	23	7.9
	非京籍	96	32.9
住房类型	自有房——商品房	162	55.5
	自有房——自建房	83	28.4
	租赁房	35	12.0
	借住亲友家	7	2.4
	集体宿舍	5	1.7

通过对京郊十区农户自身及其家庭的基本特征进行统计分析可知：

（1）受访者性别

全部样本中男性人数145人，占总样本数的49.7%；女性人数147人，占总样本数的50.3%。基本上男女比例持平，样本性别基本无偏差。

（2）受访者年龄

在年龄方面，本次调研对象从一开始就限定了18~45岁的范围，这一部分人群是农村中最有活力、最有希望的中坚力量和人力资本，他们基本上已经逐步成长为家庭和社会的中坚力量。因此在具体划分数据时，将年龄划分为3个区间，其中18~25岁的占比14.0%，26~35岁的占比60.7%，36~45岁的占比25.3%。在本次调查中，26~35岁的人群占了绝大部分比例，这个年龄段的青年农民年富力强，同时更有可能具备创业所需的各项技能、资金等创业资本。另外，这个年龄段的青年农民更容易顺应经济发展的潮流，对非农就业有着较高的倾向性，更愿意放弃本地从事农业相关的活动而获得较高的生活收入。相较而言，年龄更小的青年农民可能由于各项创业储备的缺乏而无法开展创业活动，而年龄更大的农民则倾向于在家务农或在本地打工的方式生活。相较于年纪更大的老一辈农民，青年农民的受教育程度有了较大的提升。随着九年义务制教育的普及，新一代青年农民一般来说至少是初中及以上文化水平，且随着文化知识的提高，青年农民对新鲜事物的接受能力也远远高于老一代农民，正如前文提到的"北京1%青年调查"所显示的一样，青年农民更多地接触了网络、手机等信息设备，微信、QQ等通信工具也是他们常用的交流沟通载体。其次，青年农民在精神和物质上都有了更高的追求，因此青年农民的创业动机也就与老一辈农民有所差异。而且，郊区青年农民与城市的联系越来越紧密，表现出对城市的依赖性也越来越强。青年农民的价值观也变得越来越多元化，他们的自我期望更高，这也直接导致了他们对于创业会持有更高的接受度。

（3）家庭劳动力数量

从总样本数据分析，劳动力数量在2人及以下的家庭有165户，占总比重56.5%；3~4人的家庭有110户，占总比重37.7%；5人及以上的家庭有17户，占总比重5.8%。说明样本区域的劳动力在2人以下比重较大，对该区域的农业产业及非农产业有较大的贡献作用。在这一代的青年农民中，三口之家是普遍现象，这可能与计划生育政策有关，也与北京郊区相对较高的社会教育水平相关。

（4）是否为京籍

在对调查对象的籍贯进行调查的时候发现，京籍的北京原住居民有173人，占比为59.2%，超过半数；非京籍人数占比32.9%；占比最少的是获得北京户口的迁入型居民，仅占7.9%。这可以看出京郊区域与其他区域的郊区发展的较大差别，即户籍政策的限制。同时较少的迁入型居民也可以看出京郊的迁入成本较高，只有极少数的青年农民能获得户籍迁入。此处需要说明的是，本书中的研究对象重点限定了年龄、创业领域以及创业或工作区域，是否拥有北京户籍或农业户口不是限定指标。一些拥有城市户口但却在农村创业的青年也可粗略算在研究对象之中。

（5）住房类型

在住房方面，拥有自有商品房的占比为55.5%，占比过半；拥有自建房的人数占比为28.4%；而以租赁、借住亲友、集体宿舍等方式居住的人数占比分别为12.0%、2.4%、1.7%。这与户籍调查结果基本一致，大多数拥有自有商品房的人群主要还是为京籍的北京原住居民，外来人口很难在北京拥有自己的住房。

（6）受教育程度

值得注意的是，在对比统计分析受访者受教育程度和受访者家中最高学历的相关数据时可以发现，受访者的受教育程度基本与其家中最高学历相重合，详情见表5.3。考虑到本调查的对象主要是18~45岁的青年农民，所以这个年龄段的人群极有可能就代表了其家庭的最高学历水平，这也是本书的研究对象的一个特殊之处。

表5.3 受教育程度与家中最高学历对比

属　　性		受教育程度		家中最高学历	
	分类	频数	百分比/%	频数	百分比/%
	小学及以下	0	0	0	0

续表

属性	受教育程度		家中最高学历	
分类	频数	百分比/%	频数	百分比/%
初中	6	2.1	5	1.7
高中（高职/专科）	45	15.4	23	7.9
大专	87	29.8	51	17.5
本科	141	48.3	164	56.2
硕士及以上	13	4.5	49	16.8

（7）家庭收支

从家庭收支的对比中可以看出，家庭年收入主要集中在 2 万～15 万元，而家庭年支出则主要集中在 1 万～10 万元，收支基本保持平衡，略有结余（如表 5.4 所示）。

表 5.4 家庭收支对比表

属性	家庭年收入/万元		家庭年支出/万元	
分类	频数	百分比/%	频数	百分比/%
<1	2	0.7	5	1.7
1～2	5	1.7	34	11.6
2～5	53	18.2	86	29.5
5～10	68	23.3	84	28.8
10～15	47	16.1	39	13.4
15～20	39	13.4	23	7.9
20～25	28	9.6	9	3.1
25～30	12	4.1	3	1.0
≥30	38	13.0	9	3.1

5.3 实证结果分析

在社会科学领域，结合因素分析与路径分析的结构方程模型（SEM），自 20 世纪 70 年代以来即为重要的量化方法典范，在教育、心理、管理乃至实务领域有着大量的应用。其中共变数形式的结构方程模式（covariance-based SEM）简称 SEM，与主成分形式的结构方程模式（component-based SEM）简称 PLS，在统计原理与应用实务上各有特色。以主成分为基础的 PLS 估计得到的测量模型的各项系数优于以共变数为基础的 SEM，但是 PLS 所得到的结构系数却低于 SEM（邱皓政，2011[157]）。因此，本书采用有观测变量误差、信效度检验更为严谨、适用于大样本的 SEM 模型进行分析。

5.3.1 共同方法变异检验

共同方法变异（Common Method Variance；CMV）泛指测量值的总变异当中源自测量方法的部分。Podsakoff 等（2003[158]）列出了共同评分者（同源偏差）、题项特征、题项情境和测量情境等四大类 24 种可能导致 CMV 存在的原因。基于古典测量理论，使用因素分析将实际值总变异切割成以下三个部分得到学者的认可：

$$测量值(s) = 实际值(t) + 方法误差 + 随机性误差(e)$$

$$V(s) = (t) + CMV + V(e)$$

CMV 可能导致相关系数膨胀或萎缩，因此如何避免成为学者们广泛研究的问题。其中 Harman 单因素模式检验方法因没有考虑特质变异的存在，违反了古典测量理论而被摒弃。因此，本书在完善的事前预防控制同源偏差的基础上，采用潜在误差变量控制法进行共同方法偏差检验。在模型中新加入一个共同研究方法偏差变量进行拟合，并与原模型主要拟合指数对比，结果发现模型指标无明显变化，表明模型没有明显的共同方法偏差。

5.3.2 信度与效度检验

良好的信效度量表要求标准化的因子载荷应超过 0.5，超过 0.7 可达到理想值。因此，本书首先进行验证式因素分析（CFA），保留了因子载荷较高的题项。其次，应用 SPSS 进行模型的巴特利特球形系数、KMO 值计算，结果表明模型性质良好，适宜进行因子分析。对于 Cronbach's alpha 系数一般而言，该值以 0.7 以上为佳，但也有学者认为，社会科学研究的 α 系数不应低于 0.55。虽然两个因素的 AVE 未能达到 0.5 水平，但萃取变异数大致良好。因此总体来看，潜变量信效度良好，问卷稳定性较好。具体可靠性分析的结果详见表 5.5。

表 5.5 潜变量的信效度指标

构念	符号	标准化系数	Cronbach's alpha	CR	AVE	p 值
政策环境	GE7	0.871	0.957	0.957	0.763	***
	GE6	0.891				***
	GE5	0.898				***
	GE4	0.913				***
	GE3	0.89				***
	GE2	0.807				***
	GE1	0.84				***
经济环境	EE2	0.936	0.897	0.899	0.816	***
	EE1	0.87				***

续表

构　念	符　号	标准化系数	Cronbach's alpha	CR	AVE	p 值
社会环境	SE9	0.814	0.936	0.936	0.678	***
	SE8	0.909				***
	SE6	0.913				***
	SE5	0.892				***
	SE4	0.827				***
	SE3	0.665				***
	SE1	0.708				***
市场环境	ME3	0.857	0.868	0.875	0.700	***
	ME2	0.812				***
	ME1	0.841				***
金融环境	FE4	0.929	0.958	0.959	0.853	***
	FE3	0.92				***
	FE2	0.942				***
	FE1	0.902				***
市场资源	MR5	0.706	0.872	0.870	0.573	***
	MR4	0.777				***
	MR3	0.687				***
	MR2	0.787				***
	MR1	0.819				***
人力资源	HR1	0.711	0.886	0.894	0.590	***
	HR2	0.87				***
	HR3	0.864				***
	HR4	0.893				***
	HR5	0.586				***
	HR6	0.627				***
组织资源	OR5	0.647	0.846	0.850	0.533	***
	OR4	0.813				***
	OR3	0.708				***
	OR2	0.677				***
	OR1	0.791				***

续表

构 念	符 号	标准化系数	Cronbach's alpha	CR	AVE	p 值
技术资源	TR1	0.66	0.580	0.573	0.402	***
	TR2	0.607				***
财务资源	FR4	0.925	0.926	0.926	0.862	***
	FR3	0.932				***
创业资源整合度	ERI1	0.873	0.926	0.909	0.769	***
	ERI2	0.88				***
	ERI3	0.878				***
创业绩效	ESC1	0.86	0.911	0.903	0.652	***
	ESC2	0.851				***
	ESC3	0.864				***
	ESC4	0.682				***
	ESC5	0.766				***
创业机会支撑度	EOS5	0.731	0.89	0.898	0.641	***
	EOS4	0.817				***
	EOS3	0.889				***
	EOS2	0.883				***
	EOS1	0.659				***
创业生态系统外部环境	经济环境	0.795	0.957	0.957	0.818	***
	政策环境	0.908				***
	金融环境	0.938				***
	市场环境	0.932				***
	社会环境	0.941				***

注：*** 表示 $p<0.001$，** 表示 $p<0.01$，* 表示 $p<0.05$

构念效度分为收敛效度以及区别效度，本书采用因子分析法进行构念效度检验。由表5.6看出，各潜变量之间具有显著的相关性（$p<0.01$），且同一个构念的题项之间的皮尔森相关系数较高，其他潜变量之间的皮尔森相关系数基本低于所对应的AVE平方根。表明各个潜变量之间具有一定的相关性，且彼此之间有具有一定的区分度。因此，该模型区分及收敛效度达标，理论假设模型较为合理。

表 5.6 潜变量的区别效度

构念	AVE	组织资源	市场资源	财务资源	技术资源	人力资源	创业机会支撑度	创业资源整合度	创业绩效	社会环境	市场环境	金融环境	政策环境	经济环境
组织资源	0.533	0.730												
市场资源	0.573	0.776	0.757											
财务资源	0.862	0.555	0.462	0.929										
技术资源	0.402	0.681	0.747	0.449	0.634									
人力资源	0.590	0.766	0.856	0.393	0.735	0.768								
创业机会支撑度	0.641	0.791	0.896	0.508	0.672	0.791	0.801							
创业资源整合度	0.769	0.637	0.852	0.369	0.686	0.798	0.745	0.877						
创业绩效	0.652	0.658	0.714	0.486	0.650	0.724	0.709	0.659	0.808					
社会环境	0.678	0.661	0.59	0.791	0.521	0.489	0.644	0.464	0.475	0.823				
市场环境	0.700	0.663	0.571	0.752	0.524	0.505	0.612	0.466	0.509	0.854	0.837			
金融环境	0.853	0.587	0.476	0.938	0.468	0.424	0.536	0.377	0.509	0.818	0.789	0.923		
政策环境	0.763	0.621	0.532	0.819	0.482	0.469	0.556	0.456	0.498	0.811	0.776	0.83	0.874	
经济环境	0.816	0.599	0.506	0.603	0.469	0.491	0.555	0.394	0.396	0.79	0.752	0.639	0.648	0.904

注: **代表 p 值小于 0.01; 以上所有变量之间的相关性系数均显著,因此表中不继续展示**。对角线数据为方差变异萃取两 AVE 平方根。

5.3.3 正态性检验与 SEM 模型配适度

结构方程模型(SEM)分析的一个重要前提是所有变量满足正态性假设。本书运用 AMOS 21.0 数据软件采用"偏度、峰度检验法"进行多元正态性检验,得出每个单变量的偏度大体均小于 1,峰度均在 5 以内,表明单变量都遵循正态分布(Kline, 2005[159])。

绝对配适度卡方值对样本数量变化非常敏感,因此,当样本数量较大时卡方值容易达到显著性水平(p^0.05),此时无法判断该结果是由样本大造成还是模型与样本数据契合度低造成。在这种情形下有必要运用 Bollen-stine bootstrap 方法验证卡方值膨胀的真实原因。本书数据运用 Bootstrap 方法执行 2 000 次的结果下 p 值小于 0.05,表示在 95% 信心水准下,下一次出现较差模型的概率小于 0.05,证明了卡方值膨胀不是因为模型配适度不好,而是因为样本数较大造成,且修正后的模型配适度指标均在可接受的范围之内。

通过信效度检验良好的模型拟合结果如图 5.2 所示,通过以上分析我们得出创业绩效影响因素之间的相关路径系数,具体如表 5.7 所示。可以看出除财务资源对创业资源整合度的影响不显著,以及人力资源、技术资源、财务资源对创业机会的支撑度的不显著影响外,其

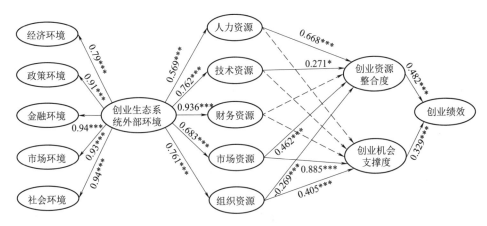

图 5.2 结构方程模型路径系数图

余变量之间均具有显著的影响关系。具体来看,创业外部环境对创业资源具有显著的正向影响作用,人力资源、技术资源、市场资源对创业资源整合度有正向促进作用,组织资源对创业资源整合度有负向影响,市场资源和组织资源是提升创业机会支撑度的重要促进因素,而创业资源整合度和创业机会支撑度均显著促进农村创业企业绩效。

表 5.7 影响路径效应检验结果汇总

影响路径检验	是否显著
创业生态系统外部环境→人力资源	0.569***
创业生态系统外部环境→技术资源	0.762***
创业生态系统外部环境→财务资源	0.936***
创业生态系统外部环境→市场资源	0.683***
创业生态系统外部环境→组织资源	0.761***
人力资源→创业资源整合度	0.668***
技术资源→创业资源整合度	0.271*
财务资源→创业资源整合度	不显著
市场资源→创业资源整合度	0.462***
组织资源→创业资源整合度	−0.269***
人力资源→创业机会支撑度	不显著
技术资源→创业机会支撑度	不显著
财务资源→创业机会支撑度	不显著
市场资源→创业机会支撑度	0.885***
组织资源→创业机会支撑度	0.405***
创业资源整合度→创业绩效	0.482***
创业机会支撑度→创业绩效	0.329***

5.4 结论与讨论

本书使用北京京郊地区 758 份抽样样本进行创业调查以及描述性统计分析,并对其中 293 份创业者进行创业发展具体实证分析。在实证分析过程中,基于"环境—资源—可持续发展"研究范式,将创业环境、创业资源、创业绩效等要素整合到同一个研究框架之内构建理论模型,得到以下结论:

第一,创业资源整合利用是支撑创业资源影响创业主体经营绩效的基石。创业农民的创业资源的整合对其创业绩效具有显著正向影响,这与资源基础观的创业研究观点一致(汪建成,等,2021[160])。即对于创业绩效,尤其是在创业成长与可持续经营方面,创业资源的整合利用不可或缺。对创业农民来说,创业资源构成了其资源整合的基础,在此基础上才能做目标规划、最大限度地利用手头有限的资源,创业资源的核心地位进一步凸显。农民创业者拥有或可获取的创业资源规模、种类很大程度上左右其创业资源的利用、分配,进而决定了农民创业的基础水平,是创业绩效的"天花板"。另一方面,创业资源的丰富程度往往直接关系到农民创业门槛的高低、抗风险能力的强弱以及经营开发的难度,如创业农民从起步阶段就普遍面临资金困境,不仅威胁到创业生存,还掣肘其创业成长,直接影响到农民创业绩效水平和可持续生计的实现。

第二,创业机会识别是创业资源影响创业绩效的必由之路。创业机会的识别与开发亦是创业资源转化为创业绩效的有效手段。对于农村创业者而言,创业机会识别就是其创业过程的起点,直接决定其经营开发的方向与模式。但是,受困于市场信息的匮乏、资源禀赋的同质性与经验素质的不足,大部分创业农民难以基于现有创业资源准确发现"商机",进而对"商机"的响应存在明显的滞后与迷茫。然而,创业机会的识别既是其短板,却又恰恰是其创业成功的关键。在现有资源下,如何发现"商机",怎样利用"商机",以及评估自身能否开发"商机",对农民创业具有先导性与全局性的意义,直接关系到农民创业活动能否进一步推进。更进一步来说,由于农民创业者创业资源大体处于同一水平,难以构成独特的竞争优势。因此,成功、高效的创业机会识别将使创业农民赢在"起跑线",既能"有的放矢",又可以"量力而行",为下一步经营开发找准方向并扫清诸多障碍,大大提升了创业成功的概率与水平,有效促进创业资源进行价值变现,助力其创业成长与可持续生计的实现。

第三,良好的创业环境是赋能农村创业资源的储备池。由于涉农创业特别是农业领域是农民创业的主流,因此很大程度代表了整个农民创业行业的特点。首先,就农民创业者而言,由于其禀赋特质的限制,农民创业具有知识水平低、技术能力弱、资金储备少、机会识别能力弱的特征,因此面临相对更高的创业风险。但是,近年来,农村创业领域表现出政策大力扶持、小额信贷的发展、人民对生态产品越来越重视、大众创业万众创新的社会文化、越来越便利的冷链物流、农村电子商务的发展、农业产业园区的建立、土地和劳动力等生产要素的流动集中的特征,为农村创业带来了巨大的推动力。通过赋能农村创业、积聚区域创业资源,有力地推动了创业的发展。

综上，一方面，农村创业具有脆弱性、风险性、市场发育不完全性；农业具有国有性、不易保鲜性，移动性弱；农民具有知识水平低、经济水平差、思想保守性。另一方面，农村创业具有天然性、生产要素丰富性以及国家战略支撑；农业具有基础性、不可或缺性；创业农民具有良好的创业视野和得天独厚的创业优势，使农村区域创业生态系统各要素之间相互影响、相互交织、相互促进。

5.5 本章小结

本章从微观角度对农村创业的创业主体进行了详细的走访调研，从创业环境感知、创业资源获取、创业资源整合、创业机会支撑、创业绩效等方面进行数据收集以及实证分析。结果发现，经济、政策、金融、市场、社会等五大创业环境对人力、技术、财务、市场、组织这五大资源有显著的正向影响，五大资源中人力资源、技术资源、市场资源的持有有利于促进创业主体的资源整合与运用，市场资源和组织资源有利于创业主体的机会把握与支撑。最后，创业机会支撑与创业资源整合均显著促进创业绩效，实现创业的生活质量和社会价值的良好效益。

第 6 章
农村区域创业生态系统动力学建模

农村创新创业可以充分调动亿万农村群众的积极性和创造力,促进农村和城市的城乡融合,拓宽农民增收渠道,解决农村留守儿童等一系列问题。创业主体类型多样,影响因素众多,需要对其影响路径与作用机理进行细致的分析。因此在农村区域创业生态系统建模时,注重将一个系统中各部分关联在一起,而不仅仅是各个部分的加和。

6.1 农村区域创业生态系统动力学的应用

6.1.1 系统动力学的应用

复杂系统似乎无处不在，政策、经济和商业变得越来越复杂。许多报告试图测量经济商业展示中日益增加的复杂性程度（Hausmann，等，2011[161]）。此外，随着互联网的发展，越来越多的互动涉及互联网，且互联网本身就是一个复杂系统。总结来说，研究人员似乎不可避免地去承认和学习复杂性。

当面临分析复杂社会系统的任务时，通常分析系统的模型比分析系统本身更有价值。一般来说，数学模型是从系统的详细组件中抽象出来的，或者认为系统作为一个整体可以通过分别研究各个部分的行为进而被研究（Lopez-Parede，等，2012[162]）。但是，复杂系统往往呈现出一些不容易用数学或封闭形式建模来分析的特征，并且这些特征涉及组件之间的相互作用，比如独立研究系统的分区没有价值（Edmonds，2005[163]）。计算机仿真是一个强大的工具，和其他方法相比，它往往以其独特的方式就能阐明一系列的研究问题（Harrison，等，2007[164]）。使我们更好地了解建模系统的因果机制，并且分析其解释机制和预测机制。计算机仿真使我们不需考虑分析的易处理性，去研究那些不容易用方程建模的系统。在复杂现象的研究中具有很强大的作用，这些复杂现象包括相互作用、动力学、反馈回路、临界点以及简单微观行为的复杂宏观模式的出现（Miller，等，2007[165]）。社会科学研究人员主要是在 20 世纪 90 年代才开始使用仿真方法。社会科学中著名的仿真研究有 Schelling（1971[166]）的分离模型；Forrester（1969[167]，1971[168]，1973[169]）的系统动力学模型；以及 March（1991[170]）关于在开发和利用之间作权衡的研究。

由于其具备强大的建模动力、有限理性、异质性、互动媒介以及不平衡现象，计算机仿真被预测为特别适合用于战略和创业研究的一种方法（Axtell，2007[171]）。然而，仿真作为理论构建的一种方法，很大程度上在创业研究的特定领域中被忽略（Yang，等，2013[172]）。随着研究的深入，学者们逐渐意识到创业是一个多维度交织和多要素并存的复杂现象。它的运作机制尚需我们进一步探索。因此，回答这样的问题就需要研究者引入时间维度以考虑创业主体与创业内外部环境的纵向发展和协同演进。农村区域创业是一个由多主体（创业者、创业平台运营商、政府、金融机构、第三方服务机构等）、多要素（信息流、资金流、物流、商流等客体）、复杂环境（政策环境、技术环境、监管环境、金融环境等）协同运行的生态系统。传统的回归方法假设现象或变量之间的线性、正态分布和独立性，这与真实创业实践的非线性、相互依赖和复杂性相悖。而采用目标优化过程的多主体博弈，并利用复杂系统理论构建的计算仿真模型，则为我们更好地理解大规模创业者涌现过程及创业企业与创业环境的协同演化提供了有力的分析工具。

6.1.2 农村区域创业生态系统的系统动力学思考

根据 Lichtenstein（2000[173]），以下四个假设描绘了复杂系统的基本特征：第一，动态性。复杂系统是动态的并且不断变化。第二，元素的不可约性。由于元素之间相互关联的性质，关注于单个元素的作用是不充分的，因为这样的系统不能够减少至单个元素。第三，相互依赖性。复杂系统中的因果关系不能被线性模型所描述，因为因果关系是相互依赖的。第四，非比例性。一个影响因素或者输入因素的影响与这个影响因素的强度不成比例。由于非比例性或者不成比例性，很小的输入可能会有一个很大的影响，大的输入或许并不能改变结果。综合以上复杂系统的基本特征，得到农村区域创业生态系统的系统仿真模拟过程的进一步思考如下：

思考1：农村区域创业生态系统是复杂性组织系统，它处于复杂环境之中，具有相对的不稳定性和不平衡性，任何微观和宏观的因素变动对农村创业企业的经营和管理都可能产生不同程度的影响。农村创业主体创新力、农村区域创业支撑度和农村区域创新力在形成、培育和提升过程中将会面临哪些具体的创业生态环境影响因素，以及不同因素的影响程度有多大是我们需要思考的问题。

思考2：农村区域创业生态系统是一个区域创新力的集合体，其区域创新力系统具有高度复杂性和多维度的特性，而农村创业生态环境的复杂性、资源竞争激烈性以及创业机会的稀缺性对提升农村区域创新力提出了更高的要求。那么，有效提升的途径和措施都有哪些？它们如何在区域创新力体系中发挥作用？值得我们思考。

思考3：农村区域创业生态系统是一个区域创新力体系，在体系中各种影响因素之间的关系是复杂的、相互关联的，既存在线性关系，又存在非线性关系。本书将重点分析影响因素之间应保持何种合理的动态适配状态和作用关系，从而实现区域各项创业资源要素投入达到区域创新力效果的最佳配比。

思考4：农村区域创业生态系统各项能力的提升是农村创业企业在复杂环境中，运用相关知识吸收和组织学习等技能和方式，对优势竞争资源要素进行聚合和产生耦合的过程。在能力提升过程中，它将表现出非线性的复杂特征。

思考5：农村区域创业生态系统拥有市场资源、自然资源、组织资源、财务资源、技术资源、人力资源等要素，并且不同系统的资源要素整合能力有较大差异。如何充分运用这种整合能力从而使效用最大化，对农村创业生态系统区域创新力的形成有重要影响。此外，优势竞争资源的整合能力存在于宏观社会经济政治环境层次、中观区域企业成长赋能层次、微观企业资源使用整合层次，并由下至上形成层进关系。

思考6：通过研究农村区域创业生态系统的提升过程和变化过程，可以发现农村创业企业在当前经营和管理中、区域创新力培育和提升中所存在的问题，并且观察和分析区域创业竞争力的变化趋势和规律。

通过以上分析可知，有关农村区域创业生态系统区域创新力提升路径的探寻，完全可以使用系统动力学方法来进行系统性思考和深入研究。

6.2 农村区域创业生态系统动力学仿真建模原理及过程

系统动力学（System Dynamics，SD）是由麻省理工学院的 Forrester 教授创立的，非常适合研究社会、经济、生态等非线性复杂大系统的问题，可视为实际系统的"实验室"（王其藩，2009[174]）。SD 是系统科学和管理科学的一个分支，是一门认识系统问题和解决系统问题的交叉综合学科。SD 主要研究信息反馈系统，它从系统内部的组织结构、信息流动、物质流动以及由此形成的反馈结构出发，构建系统的动态模型，将定量方法和定性方法结合，运用综合推理的方法，借助计算机模拟进行调查研究与政策分析。SD 被视为研究社会、经济及生态等复杂大系统规律的实验室。通过对农村创业生态系统的组成要素以及变量之间的关系进行建模仿真分析，以探究农村区域创业生态系统的动力机制。

6.2.1 系统动力学建模流程

如图 6.1 所示，根据系统动力学建模框架结构图，将农村区域创业生态系统建模过程分为两个阶段，即定性分析阶段和定量分析阶段。具体描述如下：

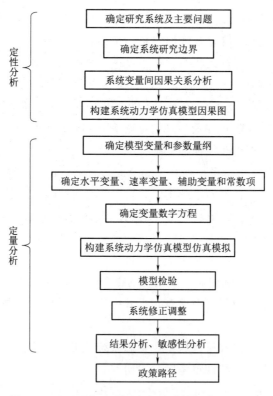

图 6.1 基于系统动力学方法的计算仿真操作流程

第一阶段：定性分析阶段

（1）问题识别

确定我们研究的问题即农村创业生态系统发展水平在各个时期所达到的规模和程度、影响因素及培育路径。

（2）系统边界设定

农村创业生态系统设定为根植于农业农村，以县域为地理空间，所形成的能够支持和促进创业主体获取创业资源、提供完善创业配套的硬件设施（物流运输、孵化平台等）和软件服务（政策资源、环境文化等）的系统集合。它由多种参与主体（包括创业者、创业企业及相关组织和机构）及其所处的制度、市场、文化和自然环境通过交互作用形成的有机整体，致力于提高区域创业活动水平（创业企业数量和创业成功率等）。其在各个时期所达到的规模和程度称为农村创业生态系统发展水平。

（3）变量及因果关系分析

系统结构是系统内各组成部分的相互作用、相互联系的骨架，是实现系统整体性功能的基础。农村区域创业生态系统是一个开放的系统，由农村区域创业经济、金融发展、创业政策、市场发展、社会运行五个子系统组成。包含众多的影响要素和控制变量，是一个多输入、多输出的可控制系统。任何一个子系统的变化都会带来整个系统的改变。因此，为实现创业生态系统的可持续发展，必须科学、合理地对各构成要素的相互关系进行分析。

通过前面的分析，我们发现影响农村区域创业生态系统发展水平的因素主要包括环境层、资源层、能力层。客体和主体通过商流、资金流、物流、技术流形成一个循环发展的系统。良好的环境为区域创造丰富的资源，进而这些资源为企业所用。企业能力越好，越容易吸收区域潜在的创业资源，为己所用，以提高区域创业活力和创业成功率。最后，区域创业企业越多，创业成功率越高，产业发展越好，进一步促进经济水平的提高、各项基础设施的完善以及创业文化的提升，带来居民收入水平的提升以促进企业的创业热情，形成良好的正向循环。

第二阶段：定量分析阶段

（4）仿真模型因果回路图建立

系统动力学可视为实际系统的"实验室"，特别适合于解决社会、经济、生态等一类非线性复杂大系统的问题。其强调系统的、整体的、联系的、发展的、运动的观点。因果图即一种定性描述变量间因果关系的图示模型。一个系统因果图中包含多条因果回路。因果回路即由两个或两个以上的因果链组成的闭合回路，分为正因果链和负因果链。因果回路中负因果链的总数为偶数时，为正因果回路，具有加强自身变化效果的作用；负因果链的总数为奇数时，为负因果回路，具有抑制变量变化进行调节的作用。

（5）确定模型变量值和参数量纲

利用可获得的统计数据和调研数据，尽可能准确地为每一种指标定量，对没有做全国量度的变量关系，用有代表性的局部数据。

（6）流图构建

首先，在因果关系图及指标赋值的基础上进一步区分变量的性质，用更加直观的符号刻画系统要素之间的逻辑关系,明确系统的反馈形式和控制规律。其次,确定系统的变量、速率变量、速率变量和常数等以及变量之间的数量关系,这些数量关系可分别由状态方程、速率方程和辅助方程来表示。它们与其他一些变量方程、数学函数、逻辑函数、延迟函数和常数一起描述客观世界的各类系统。

(7) 系统动力学模型仿真模拟

借助专业软件工具,用计算机计算所有这些变量关系在时间上的作用。检验基本假定中数字变化的结果,找出系统运行的关键因素。

(8) 模型检验与修正

基于建立好的系统流程图,对模型的有效性进行检验。具体包括模型结构检验、模型稳定性检验、拟合值与实际值之间的差异比较等,以验证系统模型运算的稳健性与正确性。并且通过系统运行过程中发现的问题,不断对模型进行评估与修正,保证其能最大限度地模拟真实世界系统的运转状况,为后续模型结果分析做准备。

第三阶段:结论与讨论

(9) 结果分析及敏感性分析

一方面,根据模型运行结果对区域生态系统运行情况进行简单总结,模拟系统的运行情况。另一方面,通过模型灵敏度分析找出影响系统良好发展的关键因素,检验各种政策对农村区域创业生态系统的影响,为政策制定提供理论依据。

6.2.2 仿真建模语言及工具

SD 是一种以反馈控制理论为基础,以计算机仿真技术为手段,通常用以研究复杂的社会经济系统的定量方法。SD 适用于处理长期性和周期性的问题,通过模拟真实世界系统,并使用计算机系统进行跟踪、模拟世界系统随时间变化的动态行为;它将现实生活中的复杂系统映射成 SD 流图,使用 DYNAMO 语言将流程图输入计算机并计算出运行结果。使用 DYNAMO 写成的反馈系统模型经计算机模拟,可以得到随时间连续变化的系统图像。

SD 仿真工具主要使用 Vensim 仿真软件进行计算。Vensim 是由美国 Ventana Systems 公司开发的,一种可概念化、文件化的、可与最佳化动态系统模型图形结合的接口软件;它可提供一种简易而具有弹性的方式,以建立包括因果循环、流程等的模型。使用 Vensim 建立动态模型,只需将图形化的各式箭头符号连接各式变量符号,并将各变量之间的关系以方程式形式写入模型,各变量之间的因果关系便随之完成。

6.2.3 系统动力学模型假设

在建立系统动力学模型时,为了更好地模拟系统实际的发展情况,有必要对模型做出一些合理的前提假设,把研究精力放在解决关键问题上。考虑到农村区域创业生态系统是由许多子系统搭建的庞大系统,而且各个子系统中的彼此关联错综复杂,本书做出以下前提假设:

1) 农村创业生态系统的演化是连续、渐进的发展演变过程。

2) 农村创业生态系统的模型建立目前考虑状态变量的流入和流出的实际情况,不考虑详细的实施流程。

3) 农村区域创业生态系统模型由与农村创业生态系统演化有关的主要构成因素组成,不考虑其他因素带来的影响。

4) 因非正常性原因所引起的农村区域创业生态系统结构突变不在考虑范围内,如自然灾害、暴雨台风等。

6.2.4 农村创业系统生态位因子

自然生物的生存竞争旨在寻求最适合自身发展的生态空间,而区域创新创业生态群落不仅要找到适合创业企业发展的生态空间,而且要进行不断地扩大和拓展。区域创业生态群落是一个多要素构成的子系统,而对创业企业发挥主要作用的资源有人才、资金、技术、服务以及政策,它们构成创业生态群落的核心资源,对创业生态群落的发展起着关键的影响作用。相应地,创业企业种群存在着人才生态位、资本生态位、技术生态位、服务生态位以及政策生态位。

一是人才生态位。创业活动需要依靠人来完成,是区域创业企业必不可少的重要资源。区域只有增强人才的吸引力和人才和培养能力,才能使各类创业人才在区域内聚集。创业的人才生态位是企业发展的不同时期占有的人才资源数量以及人才资源需求的满足程度。企业一般只能占一定的人才生态位,这取决于区域在这一特定时期内能提供需要的人才类型与数量。因此,为创业企业提供最适宜的人力资源,区域应积极创造培育、吸引和留住人才的条件。

二是资金生态位。创业离不开资金的支持,资金一直是制约区域创业的主要因素之一。区域创业资金生态位是创业能够获得的资金空间。它取决于区域内企业、社会机构、政府及个人等对创业的总资金投入。因此,只有形成企业、政府、金融机构、社会等共同参与和支持创业的多元化融资态势,才能获得充足的创业资本,推动区域创业的快速健康发展。

三是技术生态位。创业中技术的先进性与适应性是决定创业成败的关键。创业不仅涉及现有技术的产业化,还包括持续的技术创新和不断地引进新技术。因此,需要与外部开展围绕技术资源的交换。区域创业技术生态位取决于区域技术人才的储备、科研资金的投入、技术创新的基础和科技服务水平。

四是服务生态位。创业服务供给在创业系统中的作用也是很关键的。区域创业服务生态位是指创业可利用的创业相关服务的空间,相关的服务包括法律中介服务、市场中介服务、人才中介服务和管理咨询服务等。

五是政策生态位。区域与企业创业有关的支持政策和制度,可以促进和催化创业生态群落整合资源的能力,引领和调节区域创业的方向,从而使创业生态系统的发展更适合区域经济发展战略的要求。区域创业政策生态位是指创业可利用的政策空间。上述生态位构成了创业企业种群的主体生态位,这些生态位容量决定了创业企业种群的主体生态位容量。

六是自然资源生态位。对于农村创业来说,区别于城市创业的最大因素是要基于当地农村、农业、农民的特点来发展产业。比如山东聊城的创意葫芦产业。其葫芦工艺历史悠久、用料考究,通过削花、雕刻、粘接、刺孔等传统工艺对葫芦进行加工,开发了包括葫芦符、葫芦丝、葫芦花瓶、特色餐具、葫芦茶具、提篮、香水瓶等多样化产品,带来产业积聚效应，形成葫芦生产、加工、制作、销售、休闲观光等一系列经营企业，是因地制宜发展乡村产业的样例，是充分利用区域得天独厚自然资源的结果。

6.3 系统动力学仿真模型因果回路图构建

农业是我国基础产业，关系着国计民生，关系着农民的生活，保障农业基础地位，保障农村发展，建设农业强、农民富、农村美的新面貌势在必行。农村区域创业作为乡村产业振兴的重要抓手，对农村经济的发展影响重大。农村区域创业生态系统是一种动态的系统，其演化与产业结构调整及区域经济发展有着十分密切的联系。受就业情况、经济环境形势以及农村自身抗风险能力弱、基础设施发展水平低、农民专业知识不足的影响，农村区域创新创业发展仍面临着很多问题。在政府大力支持下，如何实现农村区域创业生态可持续发展需要进一步的分析。因此，本书运用系统动力学方法分析农村区域包括创业参与主体、创业资源、创业环境等的创业生态系统中的动态反馈，共分为经济、金融、政策、市场、社会五个子系统来逐一分析，以便于梳理农村区域创业生态系统要素之间的关系及影响。

6.3.1 农村区域创业经济子系统

农村区域创业经济子系统因果回路主要描绘在区域经济发展水平的推动下，农村创业生态系统发展的具体反馈路径。农村区域经济的发展一方面通过提高人民收入，提高群众的消费水平，扩大市场需求。另一方面增加区域财政收入，提升政府对双创主体的支持力度，为其资源转化和能力提升保驾护航。具体如图 6.2 所示。

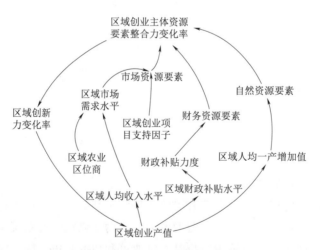

图 6.2 经济子系统因果回路图

正反馈回路 1：区域人均收入水平→+区域市场需求水平→+市场资源要素→+区域创业主体资源要素整合力变化率→+区域创新力变化率→+区域创业产值→+区域人均收入水平。

正反馈回路 2：区域财政补贴水平→+财政补贴力度→+财务资源要素→+区域创业主

体资源要素整合力变化率→+区域创新力变化率→+区域创业产值→+区域财政补贴力度。

正反馈回路3：区域人均一产增加值→+自然资源要素→+区域创业主体资源要素整合力变化率→+区域创新力变化率→+区域创业产值→+区域人均一产增加值。

以上正反馈回路图表明：在农村区域创业生态系统中，农村人均收入水平、人均一产增加值通过赋能于区域的市场资源、财务资源、自然资源，进一步促进区域创业主体及区域整体的创新力，从而促进创业绩效提升以及提高区域经济发展水平。一般来说，农村区域可支配水平越高，其消费水平越高，进而促进市场需求，市场需求增加促进市场供给发展，从而提高创业成功率及区域创新力。而创新力进一步促进当地的经济发展及收入水平的提高，形成良好的正反馈回路。

6.3.2 农村区域创业金融发展子系统

在农村区域创业生态系统演化的过程中，一方面，金融市场的发展能保障农村创业企业发展所需的资金流量，对于增加企业产值、扩大企业规模有着关键作用，激发涉农金融机构对创业生态系统产业的金融供给创新动力，满足创业者加入创业产业的资金需求。另一方面，随着农村创业企业的增加，区域对外来资金的吸引力也随之提高，引导资金不断流入生态系统发展，从而创造更大的产值。在这种动态的演进过程中，从系统动力学的角度入手来分析创业生态系统演进过程中的金融市场发展状况就很有必要。因此，构建金融发展子系统描绘金融服务对于农村区域创业生态系统演化的具体反馈路径。具体如图6.3所示。

图6.3 金融发展子系统因果回路图

正反馈回路1：商业银行金融服务水平→+区域金融支持水平→+财务资源要素→+区域创业主体资源要素整合力变化率→+区域创新力变化率→+区域创业产值→+商业银行金融服务水平。

正反馈回路2：数字普惠金融服务水平→+区域金融支持水平→+财务资源要素→+区域创业主体资源要素整合力变化率→+区域创新力变化率→+区域创业产值→+数字普惠金融服务水平。

正反馈回路强调了农村区域创业生态系统的发展对金融服务的需求以及与创业发展的相互作用机制。对于生态系统发展来说，良好的金融服务保证有潜力的创业企业有着足够的启动和运营资金，保证了企业内部财务资源的升级与完善，从而扩大企业的创新创业能力，获得盈利，从而进一步提高本地的金融服务水平，引入外部金融资本的投入，吸引资金的投入规模，提高本地企业发展速度，形成良性循环，促进返乡创业生态系统的发展。

6.3.3 农村区域创业政策子系统

政策是指导、支持、保障乡村创业的重要外部条件。政府根据区域农业产业发展状况，通过制定一系列创业补贴、战略合作条款、园区建设、专项补贴、创业培训、人才引进等政策，对区域创新创业发展提质增效。因此，构建了政策子系统描绘了在政府政策支持和推动下，农村区域创业生态系统演化的具体反馈路径。具体如图 6.4 所示。

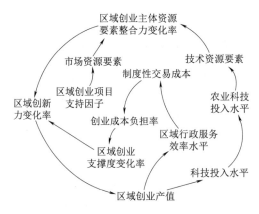

图 6.4 政策子系统因果回路图

正反馈回路 1：区域创业项目支持因子→ + 市场资源要素→ + 区域创业主体资源要素整合力变化率→ + 区域创新力变化率→ + 区域创业产值。

正反馈回路 2：科技投入水平→ + 农业科技投入力度→ + 技术资源要素→ + 区域创业主体资源要素整合力变化率→ + 区域创新力变化率→ + 区域创业产值→ + 科技投入水平。

正反馈回路 3：区域行政服务效率水平→ − 制度性交易成本→ + 创业成本负担率→ − 区域创业支撑度变化率→ + 区域创新力变化率→ + 区域创业产值。

该回路图表明：在农村区域创业生态系统中，一个重要的因素是政府支持。政府支持可以从创业直接补贴、农业科技投入、创业培训、创业项目支持四个方面通过增加创业企业的财务资源、技术资源、市场资源等来支持农创企业发展。一般来说，区域政府支持力度越大，赋予创业企业的资源就越多，其创新创业能力也会随之增强，提高区域的企业创业成功率。创业成功率的增加进一步提升当地的经济发展水平，提高政府税收，进一步激励政府的政策文件倾向于对创业产业的投资，促进返乡创业者数量的提升。因此，农村创业财政支持对于农村区域创业生态系统演化的作用表现为螺旋上升的特征。

6.3.4 农村区域创业市场发展子系统

一个良好的市场运转体系一方面能够促进市场主体资源合理配置、鼓励竞争、提高效率。另一方面能够营造良好的营商环境和鼓励创业的区域文化，吸引返乡入乡创业人才流入，破除市场进入壁垒等。因此，构建了市场发育水平对农村区域创业生态系统演化的影响路径，具体如图 6.5 所示。

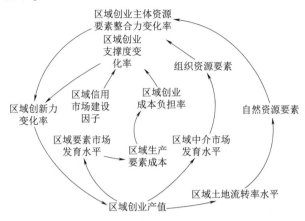

图 6.5 市场发展子系统因果回路图

正反馈回路 1：区域土地流转率水平→＋自然资源要素→＋区域创业主体资源要素整合力变化率→＋区域创新力变化率→＋区域创业产值→＋区域土地流转率水平。

正反馈回路 2：区域中介市场发育水平→＋组织资源要素→＋区域创业主体资源要素整合力变化率→＋区域创新力变化率→＋区域创业产值→＋区域中介市场发育水平。

正反馈回路 3：区域要素市场发育水平→－区域生产要素成本→＋区域创业成本负担率→－区域创业支撑度变化率→＋区域创新力变化率→＋区域创业产值→＋区域要素市场发育水平。

该回路凸显出市场发展对创业生态系统的发展演化过程。市场发展包括要素市场、组织中介市场的发育以及土地交易市场的发育，有利于提高创业主体的自然资源、组织资源，降低其创业成本，从而提高其创新力，扩大创业产值，进一步促进市场发育，形成良好的正向循环。

6.3.5 农村区域创业社会子系统

农村区域创业小而弱性和新生弱性的表现之一为交通物流以及互联网水平弱于城市。农村区域作为主要生产基地，与加工销售主体之间有着密切的联系，包括材料运输、产品物流、互联网电商运营，受基础设施建设的影响较大。因此本书描绘了社会发展子系统的具体反馈方式及途径，具体如图 6.6 所示。

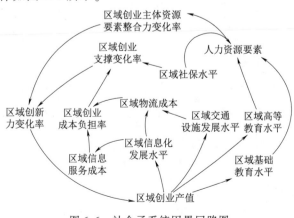

图 6.6 社会子系统因果回路图

正反馈回路1：区域基础教育水平→＋人力资源要素→＋区域创业主体资源要素整合力变化率→＋区域创新力变化率→＋区域创业产值→＋区域基础教育水平。

正反馈回路2：区域高等教育水平→＋人力资源要素→＋区域创业主体资源要素整合力变化率→＋区域创新力变化率→＋区域创业产值→＋区域高等教育水平。

正反馈回路3：区域交通设施发展水平→－区域物流成本→＋区域创业成本负担率→－区域创业支撑度变化率→＋区域创新力变化率→＋区域创业产值→＋区域交通设施发展水平。

正反馈回路4：区域信息化发展水平→－区域信息服务成本→＋区域创业成本负担率→－区域创业支撑度变化率→＋区域创新力变化率→＋区域创业产值→＋区域信息化发展水平。

正反馈回路说明农村区域创业的发展离不开包括社会文化教育、社会基础设施的发展，它通过降低企业的物流成本和信息服务成本，为企业减负。同时社会创业文化和社会教育水平通过促进创业企业的人力资源，提高企业竞争力，促进区域创业企业的发展。

通过以上分析，结合农村创业生态系统各子系统因果回路情况及系统实际情况，将农村区域创业生态系统的经济环境、政策环境、金融环境、市场环境、社会环境五大宏观环境影响因素总结如下，具体详见表6.1。

表6.1 农村区域创业生态系统宏观环境影响因素分析

农村区域生态系统环境	影响因素	农村区域生态系统环境	影响因素
经济	区域人均收入水平	金融	商业银行金融服务水平
	全国人均收入水平	市场	区域中介市场发育水平
	区域农业区位商		全国中介市场发育水平
	区域人均一产增加值		要素市场发育水平
	全国人均一产增加值		区域信用市场建设因子
	全国财政补贴水平		区域土地流转率水平
	区域财政补贴水平		全国平均土地流转率水平
政策	区域创业项目支持因子	社会	区域基础教育水平
	区域科技投入水平		区域高等教育水平
	全国农业科技投入水平		区域交通设施水平
	区域行政服务效率水平		区域信息化发展水平
金融	数字普惠金融服务水平		区域社保水平

6.4 农村区域创业生态系统流程图构建

6.4.1 模型流图的建立

农村区域创业生态系统模型具有非线性的特点，系统内部各个组成要素之间存在着复杂的定量关系和定性关系。依据各子系统中的因果关系图及所建立的模型，构建农村区域创业生态系统动力学流程图，如图6.7所示。

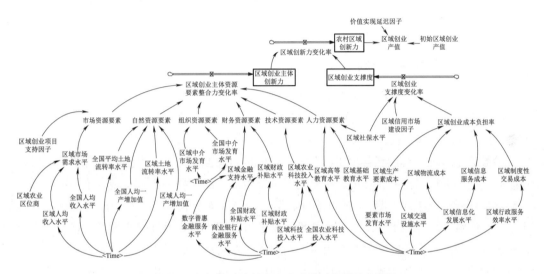

图6.7 农村区域创业生态系统动力学流程图

6.4.2 模型参数估计方法

由于农村区域创业生态系统动力学模型中所涉及的参数较多，对参数的设计需要用一种规范的方法。对于模型中存量和流量的设置，可根据前文中对存量变量和流量变量的描述来制定方程式。对于创业生态系统模型中一些参数无法确定其具体数值的状况，通过调整参数在有效取值范围内的变化来观察模型的测试结果。在这一过程中，如果模型不再出现明显变化，此时所选择的数值就可以用来为该参数赋值。在构建相关模型参数的过程中，主要采用了线性回归法、数据统计、指标评价法以及趋势法。

（1）线性回归法

系统方程式中的一些辅助变量缺乏具体的数值，此时就需要找出整个系统中同此变量具有相关关系的其他变量，运用计量软件对两个变量进行回归，从而确定该变量的具体数值。如本书模型中的土地流转率水平、农业区位商、创业项目支持因子等。

（2）数据统计

当模型参数所用数据能够通过相关统计报告得到时，常采用此方法。通过《中国统计年鉴》《金堂统计年报》等官方统计数据。如本书中的地区生产总值、区域人均收入水平、科技投入水平、财政补贴水平等。

(3) 指标评价法

模型中一些指标不存在直接的官方统计数据，但是可以通过构建评价指标体系，比如一些官方智库报告的做法，以官方统计数据为基础进行指标数值计算。如本书中数字普惠金融服务水平、区域高等教育水平、要素市场发育水平、区域信息化发展水平、区域行政服务效率水平等。

(4) 趋势法

由于模型中的一些变量无法依据前几种方法赋值，因此就需要依据现实情况在现有的取值范围内调整参数并观察模型的输出结果，以此确定参数值的大小。如变量之间的平滑函数、延迟函数的运用等。

6.4.3 模型参数确定原则

运用 Vensim 软件对演化模型参数赋值主要运用到系统动力学方法中的水平变量方程（L）、辅助变量方程（A）、速率变量方程、常量方程和初始值方程。所列方程表示该变量同其他变量之间的数量关系。

在参数确定过程中要注意各项指标公式左右的量纲应保持统一，本书研究对象为农村区域创业生态系统的运行，主要有环境层—赋能层—资源层—能力层—创业实现五个层次的动态运行。环境指标通常用统计年鉴/年报中报告数据、人均可支配收入、人均一产增加值、土地流转率水平、区域财政补贴水平、区域科技投入水平等量纲，需要通过赋能层将其统一为无量纲的指标表示，通过每个研究区域与全国平均相应指标发展水平的对比，将其无量纲化。把不同计量单位的指标数值，改造成可以直接汇总的同度量化值。无量纲化函数的选取，一般要求严格单调、取值区间明确、结果直观、意义明确，尽量不受指标正向或逆向形式的影响。

6.4.4 数据来源及指标说明

本书所建立的农村创业生态系统系统动力学模型通过定量描述与定性分析相结合，在模型的建立过程中，设立模拟区间为 2010—2030 年，模拟步长设置为一年，其中 2010—2020 年的数据均来自各省市县统计公报、《金堂县统计年鉴》、《嘉鱼统计年鉴》、《樟树统计年鉴》、《中国统计年鉴》、《中国教育统计年鉴》、《中国劳动统计年鉴》等各类统计年鉴，《中国省份营商环境研究报告 2020》《中国分省企业经营环境指数报告》《北大数字普惠金融指数》《中国分省份市场化指数报告》等各类智库报告，以及 EPS 数据库、中国前瞻产业数据库等各类数据库，剩余时间为所设立模型的预测时间。此外本书以农村创业生态系统的演化为对象，因此所建立的模型中具体参数的设计主要来源于前人的研究成果。

区域人均收入水平：2010—2020 年金堂县国民经济和社会发展统计公报中人均收入指标数据。

全国人均收入水平：2010—2020 年《中国统计年鉴》数据。

区域农业区位商：哈盖特首先提出区位商概念并将其运用在区位分析中，具体运用于衡量某一区域要素的空间分布情况，并同时反映某一产业部门的优劣势，以及某一区域在高层次区域的地位和作用等方面。农业区位理论是由德国经济学家约翰·冯·杜能首先提出的。农业区位理论的核心是以城市为中心，由内向外形成圈带分布，产生的利润收入存在差异。因此，通过计算各区域农业产业的区位商（陈萌萌，等，2021[175]），可以找出该区域在我国具有一定地位的优势产业。计算原始数据来源于《中国统计年鉴》全国及31个省（自治区、直辖市）农林牧渔业各产值。

区域创业项目支持因子：现代农业产业园区是指现代农业在空间地域上的聚集区。它是在具有一定资源、产业和区位等优势的农区内划定相对较大的地域范围优先发展现代农业，由政府引导、企业运作，用工业园区的理念来建设和管理，以推进农业现代化进程、增加农民收入为目标，以现代科技和物质装备为基础，实施集约化生产和企业化经管，集农业生产、科技、生态、观光等多种功能为一体的综合性示范园区，是农业示范区的高级形态。通过中国产业园区数据库平台，收集汇总各省现代农业、食品、农产品、生态农业、冷链物流、丝绸等农业相关产业园区数量，通过计算各省农业园区数量水平占全国平均农业园区数量水平的比例即为各区域创业项目支持因子。

区域土地流转率水平：根据相应年份《全国农村经济情况统计资料》《中国农村经营管理统计年报》《2019年中国农村政策与改革统计年报》摘录，通过计算区域家庭承包耕地流转面积/区域经营耕地面积得出各区域的土地流转率。

全国平均土地流转率水平：各省家庭承包耕地流转面积总和/各省经营耕地总面积。

区域人均一产增加值：根据相应年份《县域统计年鉴》相关指标，计算区域第一产业增加值/区域人口数量。

全国人均一产增加值：根据相应年份《中国统计年鉴》相关指标，计算我国第一产业增加值/全国人口数量。

区域中介市场发育水平：市场中介组织的发育是市场完善程度的重要内容。任何一个比较完善的市场都不能仅由生产型企业和消费者组成，还必须有为企业提供财务、法律、技术等各种服务的中介组织。因此本书参考《中国分省份市场化指数报告》中市场中介组织发育和法律分指标作为中介市场发育水平指数。

全国中介市场发育水平：在计算各省中介市场发育水平的基础上，求得全国平均中介市场发育水平。

数字普惠金融服务水平：参考郭峰等（2020[176]）的研究，互联网金融（ITFIN）就是互联网技术和金融功能的有机结合，依托大数据和云计算在开放的互联网平台上形成的功能化金融业态及其服务体系，包括基于网络平台的金融市场体系、金融服务体系、金融组织体系、金融产品体系以及互联网金融监管体系等，并具有普惠金融、平台金融、信息金融和碎片金融等相异于传统金融的金融模式。本书基于北大省级数字普惠金融指数，并利用效用值法进行降维，来表示区域数字金融普惠水平。历年普惠金融指数趋势下降不代表数字普惠金融水平在下降，而是代表在全国相对水平下降。

商业银行金融服务水平：参考王澎波等（2017[177]）的研究，利用FIR指标，通过计算各区域银行业金融机构各项存款余额与银行业金融机构各项贷款余额之和占区域国内生产总值的比例，以及全国总的银行业金融机构各项存贷款余额占国内生产总值的比例，以相应年份各区域相对于全国平均水平的相对值作为衡量区域商业银行金融服务水平的指标。

区域财政补贴水平：根据相应年份《中国统计年鉴》，计算历年区域农林水事务支出占区域一般预算支出的比例作为衡量依据。

全国财政补贴水平：根据相应年份《中国统计年鉴》，全国农林水事务占一般预算支出的比例作为衡量依据。

区域科技投入水平：根据相应年份《中国统计年鉴》，区域科技投入水平占区域一般预算支出的比例作为衡量依据。

全国农业科技投入水平：根据相应年份《中国统计年鉴》，全国科技投入水平占全国一般预算支出的比例作为衡量依据。

区域基础教育水平：使用各省乡村平均教育年限来衡量。

区域高等教育水平：借鉴潘兴侠等（2020[178]）的研究，综合现有研究成果从教育资源、教育收益两个方面选取高等教育人才培养、科研产出、科研社会服务、高等教育师生规模、教育基础设施5个二级指标对我国各省域高等教育发展水平进行评价，以此来衡量我国区域高等教育水平。

要素市场发育水平：企业的生产离不开各项生产要素的最优资源配置安排，要素例如劳动力的获取成本对创业企业的成功影响重大。本书参考《中国分省份市场化指数报告》中要素市场分指标得分作为区域要素市场发育水平指数。

区域交通设施水平：以各省2020年的公路、铁路、内河航道总里程数为基准，通过计算历年公路、铁路、内河航道总里程占2020年公路、铁路、内河航道总里程的比例作为各区域交通设施发展水平。

区域信息化发展水平：借鉴黄群慧等（2019[179]）的做法，综合现有对互联网发展的测评研究以及数据的可获得性，从应用和产出角度，选取了互联网接入情况、互联网连接设备情况、互联网资源情况、互联网站点数、互联网普及率、互联网相关基础设施、互联网相关从业人员和移动互联网用户数8个维度的指标。其中，互联网接入情况采用每百人宽带接入端口数代理，互联网连接设备情况采用每百人计算机拥有数代理，互联网资源情况采用每万人CN域名数代理，互联网站点数采用每万人网站数代理，互联网普及率采用每百人互联网用户数代理，互联网相关基础设施采用单位面积长途光缆线路长度代理，互联网相关从业人员采用信息传输、计算机服务和软件业从业人员占总单位从业人员比重代理，移动互联网用户数采用每百人拥有移动电话部数代理。通过客观性较强的熵权法赋予不同指标权重，经过计算综合成一个指标代理互联网综合发展指数。并在各省指数的基础上，通过计算区域信息化发展指数得分/全国各省平均信息化发展指数得分，得出相对的区域信息化发展水平。

区域行政服务效率水平：参考卢现祥、朱迪的制度性交易成本方法指标，利用《中国统计年鉴》《中国财政税收统计年鉴》《中国区域经济统计年鉴》中的相关指标，通过对原始数据进行归一化处理，运用算术平均法进行赋权，计算区域行政服务效率水平。行政服务效率水平越高，表明我国正在积极推进商事制度、行政审批制度等相关改革，降低制度性交易成本，为营造一个好的营商环境而努力。

区域信用市场建设因子：采用北大光华发布的《中国省份营商环境报告》中人文环境分指标

得分水平作为信用市场建设因子。这份报告中人文环境水平包含社会信用指标和对外开放指标。其中社会信用指标采用国家信息中心中经网信用状况简报数据；对外开放采用 EPS 数据库从贸易依存度、外资企业比、对外投资度来衡量。本书用此项指数来代表区域信用市场水平。

区域社保水平：《中国劳动统计年鉴 1991—2020》，使用区域社保缴纳水平来表示。

制度性交易成本：制度性交易成本是企业因制度性交易因素，产生的不合理成本（卢现祥，等，2019[180]）。宏观层面是经济体制改革中，政府与市场的关系没有理顺造成各环节体制性障碍带来的成本；微观层面是规制实施过程中规制对企业等微观经济主体活动形成的障碍成本。即政府的行政效率越高，制度性交易成本越低。我们可以从投资增加、企业利润增加等结果角度测算区域的行政服务效率。

物流成本：所谓企业的物流成本，就是指以企业的物流活动作为对象，将企业的产品进行空间上的移动或者时间上的占有，在这个过程中所耗费的各类人力及物力等成本的货币表现方式。根据交通运输部数据，2019 年社会物流总费用为 14.6 万亿元，同比增长 7.3%，社会物流总费用与 GDP 的比率为 14.7%，与欧美发达国家 10% 以下的占比水平相比，还有进一步发展空间。中国全社会物流费用占 GDP 比值高于发达国家近一倍，物流成本占产品成本比重达 30%~40%，社会物流成本高的问题已为各界关注。降本增效是实现国内供给侧结构性改革的主要途径之一，物流行业降本增效是交通运输实现高质量发展、加快建设交通强国的必由之路。

基础设施水平对物流成本的影响。国内社会物流总费用偏高主要是受到综合交通运输体系、物流服务体系、流通体系、供应链管理体系、物流信息服务体系、物流标准体系、国际物流体系、应急物流体系不完善等因素的影响。何美玲等（2021[181]）运用系统动力学的方法分析了公路供应水平对物流成本的作用。

信息化对物流成本的影响。企业的运输管理中，通过大数据可以共享信息，为企业跟踪和管理物流车辆运行情况提供了技术支持。企业内部物流运输主要是通过将 GIS 技术、射频技术等先进技术融合在一起，建立完整的企业产品、半成品、运输车辆信息以及工作状态指标数据，这样企业就可以对车辆和产品信息进行实时跟踪管理。借助大数据技术，在进行物流企业成本推广中，需要企业依据物流供应链的相关信息，对企业生产需要的原料、库存信息、订单需求、采购计划等，可以实时掌控，有效监督，然后通过在企业的物资模块管理中设置相应的原材料位置信息，减少产品装车、销售等不同环节需要的时间和距离，避免出现二次倒车的问题。减少仓储成本和运输装卸成本（刘俊峰，2021[182]）。

通过以上分析，总结出农村区域创业生态系统各要素之间的数量方程式，详见表 6.2。

表 6.2　逻辑关系说明表

变量名		数学逻辑关系表达式
评估模块	L：区域创业主体创新力	= INTEG（区域创业主体资源要素整合力变化率，1）
	L：区域创业支撑度	= INTEG（区域创业支撑度变化率，1）
	L：农村区域创新力	= INTEG（区域创新力变化率，1）

续表

	变量名	数学逻辑关系表达式
速率模块	R：区域创新力变化率	DELAY1（区域创业主体创新力×区域创业支撑度/10000, 2）
	R：区域创业主体资源要素整合力变化率	DELAY3（8×市场资源要素+3×自然资源要素+3×组织资源要素+3×财务资源要素+8×技术资源要素+8×人力资源要素, 3）
	R：区域创业支撑度变化率	区域信用市场建设因子/区域创业成本负担率×区域社保水平
辅助模块	A：市场资源要素	区域创业项目支持因子×区域市场需求水平
	A：自然资源要素	区域人均一产增加值/全国人均一产增加值×区域土地流转率水平/全国平均土地流转率水平
	A：组织资源要素	区域中介市场发育水平/全国中介市场发育水平
	A：财务资源要素	（区域财政补贴力度+区域金融支持水平）/2
	A：技术资源要素	DELAY3（区域农业科技投入水平, 2）
	A：人力资源要素	SMOOTH（区域基础教育水平×区域高等教育水平×区域社保水平, 3）
	A：区域创业成本负担率	区域生产要素成本×区域制度性交易成本×区域物流成本×区域信息服务成本
	A：区域市场需求水平	SMOOTH（区域农业区位商×区域人均收入水平/全国人均收入水平, 2）
	A：区域金融支持水平	1/2×商业银行金融服务水平+1/2×数字普惠金融服务水平
	A：区域财政补贴力度	区域财政补贴水平/全国财政补贴水平
	A：区域农业科技投入水平	区域科技投入水平/全国农业科技投入水平
	A：区域生产要素成本	1/要素市场发育水平
	A：区域物流成本	DELAY3（1/区域交通设施水平/区域信息化发展水平, 2）
	A：区域信息服务成本	1/区域信息化发展水平
	A：区域制度性交易成本	SMOOTH（1/区域行政服务效率水平, 2）
	A：区域人均收入水平	金堂：1 661.28×Time−3 332 974.32 嘉鱼：1 134.48×Time−2 272 300.74 樟树：1 309.42×Time−2 625 279.64
	A：全国人均收入水平	1 101.27×Time−2.20765e+06
	A：区域土地流转率水平	金堂：0.017 3×Time−34.595 嘉鱼：0.033 2×Time−66.696 樟树：0.024 2×Time−48.611
	A：全国平均土地流转率水平	0.026 1×Time−52.343
	A：区域人均一产增加值	金堂：Time×336.55−673 276 嘉鱼：Time×1 264.17−2 535 120.54 樟树：Time×295.65−590 505

续表

变量名		数学逻辑关系表达式
辅助模块	A：全国人均一产增加值	209.24×Time－417 407
	A：区域中介市场发育水平	金堂：0.540 2×Time－1 082 嘉鱼：0.380 1×Time－760.91 樟树：0.887 5×Time－1 783
	A：全国中介市场发育水平	0.610 4×Time－1 223.2
	A：数字普惠金融服务水平	金堂：Time×－0.015 5＋31.633 嘉鱼：Time×0.006 7－13.118 樟树：IF THENELSE（Time≤2014，0.031 2×Time－62.46，Time×0.012 5－24.991 5）
	A：商业银行金融服务水平	金堂：－0.010 1×Time＋21.379 嘉鱼：－0.005 4×Time＋11.76 樟树：0.015 3×Time－29.936
	A：区域财政补贴水平	金堂：0.001 2×Time－2.377 2 嘉鱼：－0.000 9×Time＋1.892 6 樟树：－0.002 5×Time＋5.130 7
	A：全国财政补贴水平	0.000 6×Time－1.131 5
	A：全国农业科技投入水平	0.090 4×Time－179.68
	A：区域科技投入水平	金堂：0.083 4×Time－166.83 嘉鱼：0.332 79×Time－667.89 樟树：0.232 06×Time－465.8
	A：区域基础教育水平	金堂：－0.003 1×Time＋7.093 6 嘉鱼：－0.003 6×Time＋8.213 1 樟树：－0.002 9×Time＋6.957 9
	A：区域高等教育水平	金堂：0.010 1×Time－20.127 嘉鱼：0.013 8×Time－27.524 樟树：0.004 8×Time－9.489 5
	A：要素市场发育水平	金堂：0.035 21×Time－70.359 嘉鱼：0.111 8×Time－224.29 樟树：0.020 8×Time－41.418
	A：区域交通设施水平	金堂：0.007 7×Time－14.566 嘉鱼：0.005 4×Time－9.886 3 樟树：－0.002 6×Time＋6.157 5
	A：区域信息化发展水平	金堂：Time×0.002 2－3.404 9 嘉鱼：－Time×0.001 5＋3.91 樟树：IF THENELSE（Time＜＝2014，－0.002 39×Time＋5.73，RANDOM UNIFORM（0.926，0.94，2 000））

续表

	变量名	数学逻辑关系表达式
辅助模块	A：区域行政服务效率水平	金堂：0.005 3 × Time − 9.449 5 嘉鱼：0.003 × Time − 4.891 樟树：0.011 1 × Time − 21.138
常量模块	C：区域社保水平因子	金堂 1　嘉鱼 1　樟树 1
	C：区域信用市场建设因子	金堂 0.691 8　嘉鱼 0.654 8　樟树 0.607 8
	C：区域创业项目支持因子	金堂 1.62　嘉鱼 0.95　樟树 0.92
	C：区域农业区位商	金堂 0.86　嘉鱼 0.997　樟树 1.36

6.4.5　模型有效性检验

为了使模型能够真实准确地模拟农村区域创业生态系统演化的情况，本书需要对所构建的系统动力学模型进行检验，以确保模拟结果的有效性和政策建议的有效性。根据系统动力学理论，对于模型的检验通常采用结构检验、稳定性检验和历史数据检验三种方式。

6.4.5.1　结构检验

在系统动力学方法中，仔细检查建立农村区域创业生态系统演化模型中，所用资料的完整性、变量设置的合理性、存流量图的准确性是进行模型结构查验的重要内容。本书在构建农村区域创业生态系统动力学模型之前，针对农村创业企业数量、农村创业企业总产值、具体状况进行了全面分析，建立了系统反馈结构与因果回路图和存量流量图，将真实值和拟合值进行对比分析。建模过程符合农村区域创业生态系统的实际发展规律，相关指标体系的建立也符合系统动力学对建模的要求。

6.4.5.2　稳定性检验

由于本书所建立的创业生态系统动力学模型是一类稳定性的结构，农村区域创业生态系统内部任何一个参数值的细微变化都不会影响系统内整体行为的走势。基于此，从模型中任意选择一个变量，设立不同的仿真时间间隔，通过观察这一变量在时间间隔发生变化时运行情况来检验模型的有效性，并通过检验发现模型较为稳定。

6.5　本章小结

本章通过构建系统边界，确立农村区域创业经济子系统、金融子系统、政策子系统、市场子系统、社会子系统的因果图并建立了系统流图，对其内部的联系及作用关系进行了梳理分析，详细阐述农村区域创业生态系统发展、演化之间的关系。

第 7 章
农村区域创业生态系统动力学仿真分析

上一章构建了农村区域创业生态系统动力学模型,分别对四川金堂、湖北嘉鱼、江西樟树三地进行仿真模拟,初步探究了农村区域创业生态系统因素之间的影响关系及运行机制。本章将结合仿真模型对其进行结果分析及敏感性分析,深度探寻农村创业生态系统的动力学机理。

7.1 农村区域创业生态系统模型结果分析

7.1.1 农村区域创新力

通过系统动力学仿真建模,我们总结了农村创业产值的主要增长来源,即农村区域创新力,并从我国东中西部各选一典型县,以四川金堂、江西樟树、湖北嘉鱼为例进行了具体数值的模拟仿真测算。由图7.1a、图7.1b可以看出我国三地农村区域创新力及其区域创新力变化率情况。首先,三地区域创新力变化率均逐年增加,且呈指数形势变化,表明随着我国农村的不断发展,我国农村区域创新力的增长速率也在不断扩大,由此带来我国农村区域创新力水平不断提高。其次,通过图示我们可以看出2010—2020年我国农村区域创新力变化率幅度较小,2024年相比2020年预计创新力变化率将会翻一翻,其后的增长速率将会大大增加。相应的农村区域创新力水平2024年后出现较快增长,在此之前仍处于缓慢增长阶段。表明我国农村区域创新力发展空间巨大,目前仍处于发展初级阶段。最后,通过区域异质性分析我们可以看出,湖北嘉鱼、四川金堂的农村区域创新力发展水平在2026年之前基本处于同一水平。在此之后,湖北嘉鱼呈现较快增长。江西樟树增长相对较低。

由模型指标之间的关系可知,农村区域创新力变化率主要受区域创业主体创新力和区域创业支撑度的共同作用。由图7.1c、图7.1d可以看出四川金堂、江西樟树、湖北嘉鱼的区域创业主体创新力及区域创业支撑度的变化情况。首先,可以看出区域创业主体创新力及区域创业支撑度均处于逐年增长阶段。其中区域创业主体创新力呈平稳增加趋势,区域创业支撑度随着时间的推移增长速率略有提升,在2024年后增长速率明显加快。其次,从区域异质性角度来说,2010—2020年,湖北嘉鱼、四川金堂的区域创业主体创新力及区域创业支撑度均处于较高水平,且四川金堂略高于湖北嘉鱼,2020年之后,湖北嘉鱼逐渐超过四川金堂处于三地领先水平,江西樟树整体处于相对较低水平。

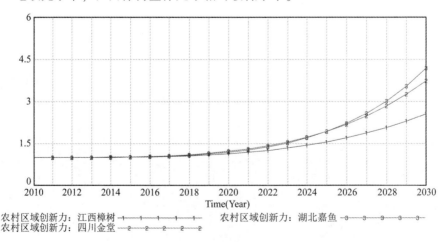

图7.1a 三地农村区域创新力时间趋势图

第 7 章　农村区域创业生态系统动力学仿真分析

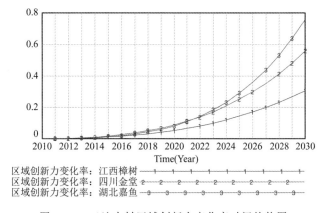

图 7.1b　三地农村区域创新力变化率时间趋势图

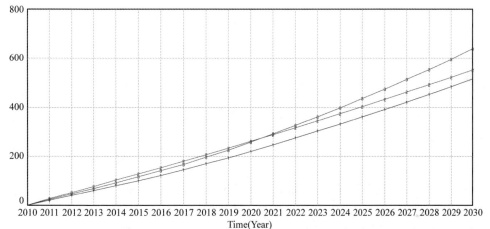

图 7.1c　三地农村区域创业主体创新力变化率时间趋势图

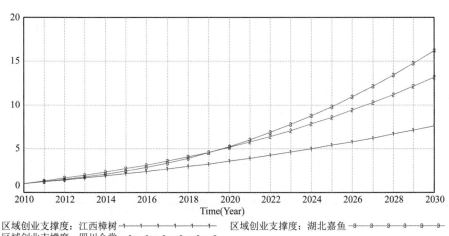

图 7.1d　三地农村区域创业支撑度时间趋势图

· 95 ·

7.1.2 区域创业主体资源要素整合力变化率

由系统动力学前设条件可知,区域创业主体的创新力主要受区域创业主体资源要素整合力变化率的影响,这由六大资源要素组成,分别是市场资源要素、自然资源要素、组织资源要素、财务资源要素、技术资源要素、人力资源要素。下面将依次进行分析:

7.1.2.1 区域创业主体资源要素整合力变化率

由图 7.2 可知,首先,区域创业主体资源要素整合力变化率随时间的变化逐年增加,但增长缓慢。且增长率变化区间在 20~40,与三地年企业增长速率基本一致,拟合结果较为贴合实际情况。其次,从农村区域异质性的角度分析,湖北嘉鱼变化速率增长较快,江西樟树次之,四川金堂变化速率增长较慢。虽然前期四川金堂领先,但是 2015—2020 年速率相对下降而被其他区域迎头赶上,相对缓慢的发展速率使未来的发展可能落后于其他区域。

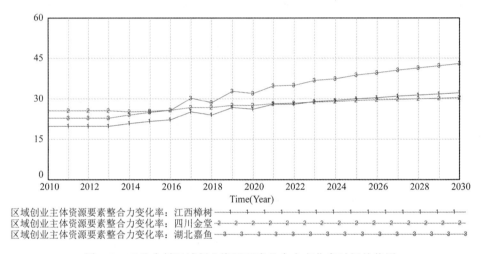

图 7.2 三地农村区域创业资源要素整合力变化率时间趋势图

7.1.2.2 市场资源要素

区域的市场资源要素主要受区域市场需求水平和区域项目支持因子的影响,其中区域市场需求水平由区域相对人均收入水平和区域农业区位商来表示。相对人均收入水平即区域农村人均可支配收入相对于全国农村人均可支配收入的变化水平。

关于区域农村人均收入情况,由图 7.3a 可以看出,三地均呈逐年增加状态。且四川金堂增长速率较快,江西樟树次之,湖北嘉鱼增长速率最小。2010 年,湖北嘉鱼人均收入水平最高,其余两地相差不大。2020 年,四川金堂以较快增长速率超过其余两地,其农村人均可支配收入率先超过 2 万元/年。预测至 2030 年,四川金堂农村人均可支配收入率先达 4 万元。

关于农业区位商,在本书中是用一个历年农林牧渔固定综合因子来表示。历年湖北第一产业各行业区位商均值分别为农业 0.995、林业 0.608、牧业 0.896、渔业 1.488,因此以其均值 0.997 来代表湖北嘉鱼的农业区位商。历年四川第一产业各行业区位商均值分别为农业

0.945、林业 0.801、牧业 1.394、渔业 0.313，因此以其均值 0.860 来代表四川金堂的农业区位商。历年江西第一产业各行业区位商均值分别为农业 0.870、林业 2.244、牧业 0.930、渔业 1.410，因此以其均值 1.363 来代表江西樟树的农业区位商。可以看出，江西在农业产业方面具有较大的聚集性优势。

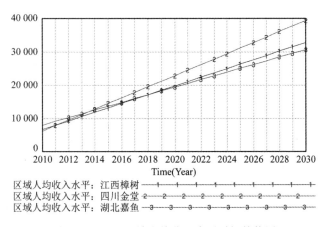

图 7.3a 三地区域人均收入水平时间趋势图

通过以上分析可以解释图 7.3b 区域市场需求水平的变化情况及其原因。江西樟树的农村区位商大于 1，处于较高水平，表明江西的农业作为主导产业具有虹吸效应以及资源聚集优势，这解释了江西樟树的区域市场需求水平远高于其他两地的结果。而三地的趋势变化主要受相对农村平均可支配收入的影响。湖北嘉鱼逐年下降主要是因为，虽然其农村人均可支配收入增长逐年增加，但是相对于全国平均水平较低，因此呈现逐年减少趋势。表明较低的农村人均可支配收入增长水平，造成市场份额被其他区域掠夺的风险。而农村人均可支配收入增长较快的四川金堂相对全国平均水平增长更快，因此处于逐年增加趋势。

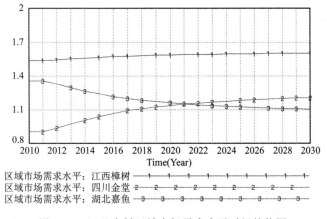

图 7.3b 三地农村区域市场需求水平时间趋势图

关于创业项目支持因子，本书用各地农业产业园区的发展水平来表示。产业园区是在具有一定资源、产业和区位等优势的农区内，由政府引导、企业运作，用工业园区的理念来建设和管理,集农业生产、科技、生态、观光等多种功能为一体,以推进农业现代化进程、增加农民收入的现代农业生产发展集合地。产业园区带来规模聚集性优势,对于扩大就业、发掘人民需求、聚集资源有着巨大的作用。通过对各地农业创业园区数量占总数量的比例水平,可以看出四川省各类农业产业园区数量较多,远超全国平均水平,创业项目支持因子达1.62,相比之下,湖北省、江西省的农业产业园区数量较少,创业项目支持因子分别为0.95、0.92。

通过以上分析我们可以得到各区域市场资源要素的变化情况。由图7.3c可以看出,首先,三地整体市场资源要素水平均高于1,表明三地市场资源要素均在全国平均水平之上。其次,从区域异质性分析的角度来看,三地整体水平分为高、中、低三档,且随时间变化速率不一。其中,四川金堂处于较高水平,且以较快增长趋势逐年增加。江西樟树市场资源要素处于中间水平,但是增长速率较低,处于缓慢增长状态。而湖北嘉鱼市场资源要素市场资源要素较低,且随时间变化不断降低。正是创业产业园区的繁荣发展以及国家大力支持,使四川金堂成为农村创业市场要素水平较为丰富的地区。而湖北嘉鱼的创业产业园区发展水平和农业区位商均处于较弱地位,以及农村人均可支配收入水平的降低,使湖北嘉鱼的市场资源要素在三地处于较低水平,并呈现下降趋势。

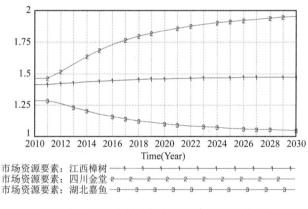

图7.3c 三地农村市场资源要素时间趋势图

7.1.2.3 自然资源要素

区域农村创业的自然资源要素主要受区域农业规模大小和区域农业规模聚集的影响。农业规模代表了这个区域的农业体量水平,本书用第一产业增加值来表示。农业资源规模聚集是农村创业的先决条件。土地的所有权、承包权、经营权的分离带来的农地流转使土地既可以作为一项资产在市场上交换,又可以带来规模效应。农地流转是在国家土地三权分置政策下的土地资源盘活的结果,因此本书以土地流转率来表示。此外,由于随时间发展和社会进步,全国各区域均处于不断发展阶段,区域的绝对值不能表示区域在全国层面的发展水平,因此本书用相对的概念来诠释,即在计算自然资源要素时用相对区域第一产业增加值和相对土地流转率水平的乘积来表示。

由图7.4a可以看出三地人均一产增加值的变化情况。首先,三地的人均一产增加值均处于逐年上升状态。其次，从区域差异性角度来看，湖北嘉鱼的农业人均一产增加值处于较高水平，且以较快速率增长，表明湖北嘉鱼的农业经济较好。而四川金堂、江西樟树两地第一产业增加值基本相同，且增长率均较为缓慢，表明随着时间的推移，这两地较湖北嘉鱼农业自然资源优势较低且差距逐渐增大。

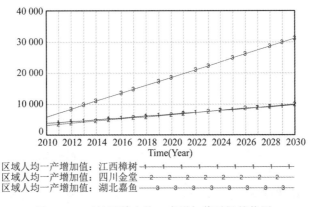

图 7.4a　三地区域人均一产增加值时间趋势图

由图 7.4b 可以看出三地的土地流转变化情况。三地的土地流转面积保持不断增加，其中湖北嘉鱼的土地流转面积变化率较四川金堂、江西樟树最快，这可能与湖北嘉鱼较高的农业产值有关。农业资源越丰富，农民创业热情越高，促使土地流转速率加快。江西樟树的土地流转水平在 2010 年略低于四川金堂，但其流转面积增加较快，预估于 2030 年达到并超过江西樟树的流转率水平。

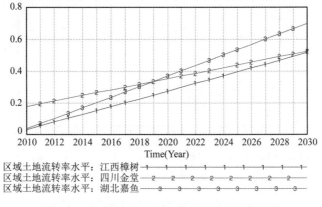

图 7.4b　三地区域土地流转率水平时间趋势图

通过以上分析我们可以进一步得出三地自然资源要素变化情况，如图 7.4c 所示。首先，湖北嘉鱼由于其较高的区域人均一产增加值和土地流转率水平，其自然资源要素相对其他两地处于较高水平，且随时间变化不断增加。其次，较低的区域人均一产增加值和土地流转率水平使江西樟树和四川金堂的自然资源要素较低。最后，四川金堂的自然资源要素呈下降趋势。主要是因为其土地流转率水平较低而造成的农地不能充分发挥资源效益，导致其相对全国平均水平份额不断减少。

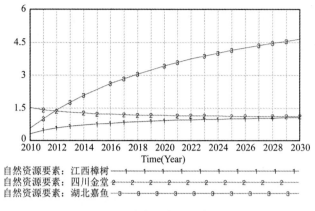

图 7.4c　三地区域自然资源要素时间趋势图

7.1.2.4　组织资源要素

组织资源要素主要由相对中介市场发育水平来表示。任何一个比较完善的市场都不能仅由生产型企业和消费者组成，还必须有为企业提供财务、法律、技术等各种服务的中介组织，辅助企业降低管理成本和提高管理效率。由图 7.5a 可以看出，首先，三地中介市场发育水平均处于增长趋势。其次，江西樟树的中介市场发育增长速率较快，其中介市场发育综合指数由 2010 年的较低水平逐年超过其余两地而达到一个较高水平。而四川金堂和湖北嘉鱼的增长速率相对较慢。

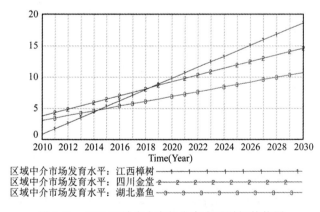

图 7.5a　三地区域中介市场发育水平时间趋势图

由于区域组织资源要素仍是由相对的概念来表示，因此可以得出如图 7.5b 所示的区域组织资源要素的发展情况。江西樟树的中介市场发育增长速率高于全国增长水平，使本区域的组织资源要素随时间不断增加。而四川金堂、湖北嘉鱼的中介市场发育增长速率低于全国增长水平，使两地组织资源要素呈缓慢下降趋势，不能更好地服务于本区域创业企业。

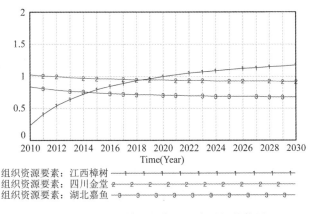

图 7.5b 三地区域组织资源要素时间趋势图

7.1.2.5 财务资源要素

区域财务资源要素主要由区域金融支持水平和区域财政补贴力度来表示。其中区域金融支持水平主要包括数字普惠金融服务水平和商业银行金融服务水平。

数字普惠金融是指依托大数据和云计算在开放的互联网平台上形成的功能化金融业态及其服务体系,包括基于网络平台的金融市场体系、金融服务体系、金融组织体系、金融产品体系以及互联网金融监管体系等,并具有普惠金融、平台金融、信息金融和碎片金融等相异于传统金融的金融模式。数字普惠金融水平由各省历年数字普惠金融指数来表示。虽然中国的数字普惠金融业务在 2010—2020 年实现了跨越式发展,评价指数从 2010 年的 40 左右增长到 2020 年的 340 左右,经历了快速迅猛的发展。但是,为保证评价维度一致,以"1"为衡量金融发展水平的尺度更直观地表示各区域数字普惠金融水平相对变化情况,本书采用效用值法,对金融服务水平作了处理,即 $y_{ab} = (x_{ab} - x_{a\min}) / (x_{a\max} - x_{a\min})$,其中 a 代表年份,b 表示省份,x_{ab} 表示 a 年 b 省的数字金融普惠指数,$x_{a\min}$ 表示 a 年各省最低金融指数,$x_{a\max}$ 表示 a 年各省最高金融指数,y_{ab} 即各区域数字普惠金融服务水平,通过上述处理,将区域数字普惠金融水平化作小于 1 的可比数据。

由图 7.6a 可以看出,首先,数字普惠金融最高水平为 1,而三地数字普惠均处于小于 0.5 的较低水平。其次,从发展趋势看,湖北嘉鱼数字普惠金融服务水平在全国处于不断上升趋势。江西樟树在 2015 年略有回落外,也处于不断上升趋势。而四川金堂由于较低的发展速度而在全国数字普惠金融发展过程中处于不断下降地位。

通过计算各区域银行业金融机构各项存贷款余额之和占区域生产总值的比例,即区域 FIR 指标。利用区域 FIR/全国 FIR 来代表区域商业银行金融服务水平,即构建一个相对的概念。由图 7.6b 可以看出各区域商业银行金融服务水平变化情况。首先,江西樟树的商业银行金融服务水平随时间呈不断上升趋势,且增长速率较快。由 2010 年的 0.8 逐渐增长到全国平均水平,预计 2030 年其商业银行金融服务水平会超过全国平均水平。其次,四川金堂的商业银行金融服务水平随时间呈下降趋势。主要是由于区域 FIR 的相对下降和全国 FIR 指标的相对上升,使四川金堂的商业银行金融服务水平不断下降,从 2010 年的全国平均水平之上，预测至 2030 年将会低于全国平均水平。最后，湖北嘉鱼的商业银行金融服务水平整体处于平均水平之下，且与四川金堂一样呈逐年下降趋势。

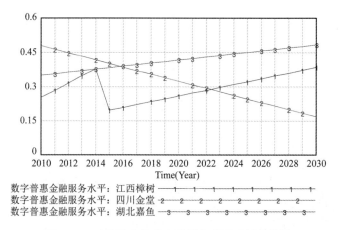

图 7.6a　三地数字普惠金融服务水平时间趋势图

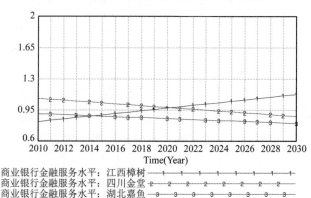

图 7.6b　三地商业银行金融服务水平时间趋势图

通过以上分析我们可以得到区域金融支持水平，如图 7.6c 所示，首先，四川金堂由于其不断下降的数字普惠金融水平和商业银行金融服务水平，使其区域金融支持水平也不断下降。从 2010 年相对较高的金融服务水平逐步下降到 2020 年与其余两地一致，若保持这个趋势预测至 2030 年将继续下降，使其金融服务水平低于其余两地。其次，湖北嘉鱼数字普惠金融水平的不断上升和商业银行金融服务水平不断下降造成其区域整体金融服务水平的平稳趋势，保持基本恒定水平。最后，江西樟树由于其数字普惠金融水平和商业银行金融服务水平的不断提高而呈上升趋势，预计从 2010 年的较低水平逐渐超过其余两地。

区域财政补贴水平为区域农林水事务支出占区域一般预算支出的比例，由图 7.6d 可以看出，除四川金堂的财政补贴水平呈不断上升趋势外，其余两地均呈下降趋势，且江西樟树下降趋势更快。此外，可以看出，2010 年江西樟树的初始财政补贴水平较高，湖北嘉鱼次之，四川金堂最低。经过不断发展至 2030 年，预测四川金堂的财政补贴水平将超过其余两地，表明四川作为农业大省，政府对农业的补贴力度在不断加大。

通过以上分析我们可以得到如图 7.6e 所示的财务资源要素的变化趋势。首先，通过对比我们发现，湖北嘉鱼和江西樟树的区域金融支持水平均保持不断上升趋势，而其区域财政补贴水平保持不断下降趋势，总体财务资源要素也呈缓慢下降趋势。表明随着政府对农林水事务支出不断降低的同时，其金融市场也在不断发展壮大。其次，四川金堂区域财政补贴水平保持不断升高，但是其区域金融水平相对全国呈下降趋势。在三地政府补贴和金融服务均呈现互补性特征。

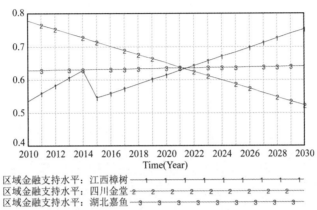

图 7.6c 三地区域金融支持水平时间趋势图

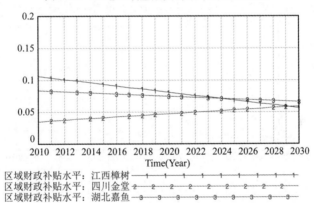

图 7.6d 三地区域财政补贴水平时间趋势图

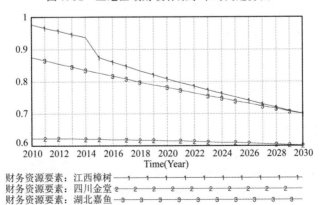

图 7.6e 三地财务资源要素时间趋势图

7.1.2.6 技术资源要素

区域技术资源要素主要由各地相对全国平均科技投入水平的高低来表示。由图 7.7a、7.7b 可以看出，首先，从科技投入水平相对值来看，2020 年湖北嘉鱼的技术资源要素在全国平均水平之上，江西樟树基本接近全国平均水平，而四川金堂在全国平均水平之下。其次，区域技术资源要素均呈现波动上升趋势，其中湖北嘉鱼的增长速率最高，江西樟树次之，四川金堂最小。

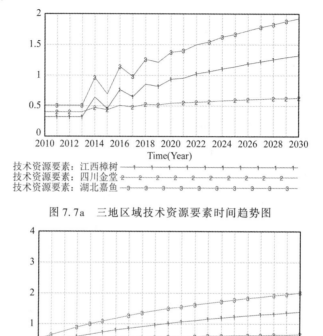

图 7.7a 三地区域技术资源要素时间趋势图

图 7.7b 三地区域农业科技投入水平时间趋势图

7.1.2.7 人力资源要素

人力资源要素主要受区域基础教育水平和区域高等教育水平的影响。区域基础水平由各省农村平均受教育年限与全国农村平均教育年限的比值来表示。如图 7.8a 所示，整体来看，三地农村教育水平在全国范围内呈缓慢下降趋势，且三地区域基础教育水平差异较大。其中江西樟树超过全国平均水平，湖北嘉鱼基本代表平均水平，四川金堂的基础教育略低于全国平均水平。

对于创业者来者，需要做好计划、组织、控制、激励、领导的五大管理职能。因此，对于农村创业重要的不仅仅是基础教育，还包括高等教育。本书中的高等教育水平采用包括教育资源、教育收益两个一级指标，高等教育人才培养、科研产出、科研社会服务、高等教育师生规模、教育基础设施 5 个二级指标测算出的综合指数来表示。由图 7.8b 可以看出各区域高等教育水平发展状况均呈逐渐上升趋势。其中湖北嘉鱼增长速度较快，四川金堂次之，江西樟树最小。总体上，三地高等教育水平均有较大增长空间。

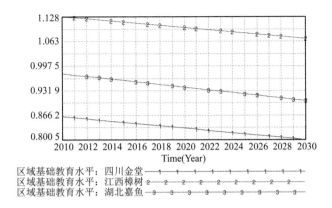

图7.8a　三地区域基础教育水平时间趋势图

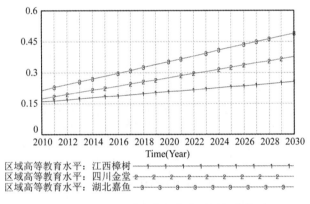

图7.8b　三地区域高等教育水平时间趋势图

通过以上对各地基础教育和高等教育水平的分析我们可以得到如图7.8c所示的区域人力资源要素变化情况。首先，湖北嘉鱼高等教育水平较快增长的优势，使其人力资源要素也不断增长，相较其他两地处于较高水平。而江西樟树和四川金堂的人力资源要素以相对较低的速率不断增长。

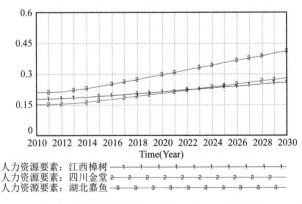

图7.8c　三地区域人力资源要素时间趋势图

综上，三地六大资源要素呈现不同的变化趋势。其中，各区域人力资源、技术资源均呈现不断上涨趋势，财务资源要素基本呈现不断下降趋势。市场资源、组织资源、自然资源则各有不同，最后使资源整合力变化率也呈不同的变化趋势。

7.1.3 区域创业支撑度变化率

区域创新力变化率除受区域创业主体创新力影响外，还受到区域创业支撑度的影响。区域创业支撑度代表获取创业资源所需要的成本以及便利程度。区域创业支撑度主要受区域社保水平、区域信用市场建设水平、区域创业成本负担率的影响。

由图7.9a可以看出三地创业支撑度变化率情况。首先，从具体支撑度变化率水平来看，2010年三地创业支撑度均处于较低水平。随着时间发展三地创业支撑度变化率均呈逐年增长趋势，且湖北嘉鱼的增长最快，四川金堂次之，江西樟树最低。

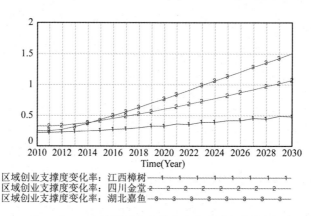

图7.9a 三地区域创业支撑度变化率时间趋势图

区域创业成本负担率主要由生产要素成本、物流成本、信息服务成本、制度性交易成本四大部分构成。首先是区域的生产要素成本，生产要素成本代表了企业经营所需的生产资料所消耗的成本。本书中的生产要素成本主要以区域要素市场发育水平的高低来表示，区域要素市场发育水平越高，生产要素成本越低，反之，则越高。如图7.9b所示，首先，三地的生产要素成本均呈逐年下降趋势。其中湖北嘉鱼下降速率最快，四川金堂次之，江西樟树最慢，表明湖北嘉鱼的生产要素市场发育水平最高。其次，从生产要素成本水平来看，三地从2010年生产成本负担2~3倍高效率水平，逐渐降低到2020年的1~2倍，表明三地要素市场不断发育成熟，生产要素成本不断降低。预计2030年三地生产要素成本水平将在1左右浮动，表明生产要素市场逐渐发育成熟。

区域物流成本情况主要由区域交通设施水平和区域信息化水平来表示。由图7.9c可以看出，首先，从物流发展水平来看，2010—2020年，三地物流成本均大于1，四川金堂的物流成本最低，湖北嘉鱼次之，江西樟树最高。表明各区域基础设施水平和信息化水平尚有一定的发展空间。预计至2030年，四川金堂的物流成本将率先达到高效率现代化水平。其次，从变化趋势来看，江西樟树的区域物流成本不断平稳波动，而四川金堂、湖北嘉鱼的区域物流成本不断下降，表明两地基础设施和信息化水平在不断优化中。

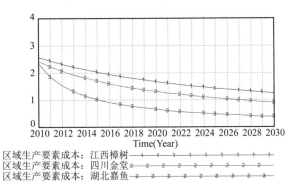

图 7.9b 三地区域生产要素成本时间趋势图

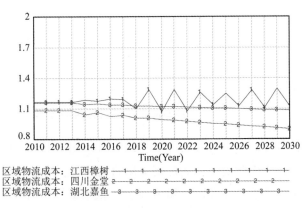

图 7.9c 三地区域物流成本时间趋势图

区域信息服务成本主要由区域信息化水平来表示。由图 7.9d 可以看出,三地信息服务成本均呈平稳趋势。具体来看,四川金堂的信息服务成本最低,江西樟树次之,湖北嘉鱼的信息成本最高。表明湖北嘉鱼、江西樟树的信息化服务效率仍需提高。

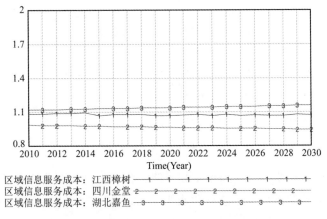

图 7.9d 三地区域信息服务成本时间趋势图

制度性交易成本主要受区域行政服务效率的影响。微观层面主要体现在企业投资减少、资源错配、技术进步缓慢等方面。宏观层面体现在诸如政府行政支出偏大、非税负担较重等相关影响。由图7.9e可以看出，首先，各区域制度性交易成本均呈不断降低趋势，表明各地行政服务效率在不断提升。其次，从区域异质性角度看，江西樟树的区域制度性交易成本下降速率最快，四川金堂次之，湖北嘉鱼最小。

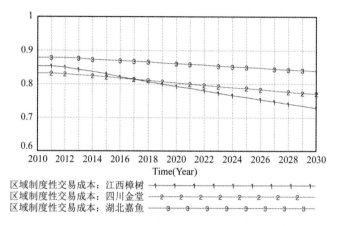

图7.9e 三地区域制度性交易成本时间趋势图

通过上述分析，可以得到区域创业成本负担率水平。如图7.9f所示，总体上，湖北嘉鱼的成本负担率最低，四川金堂次之，而江西樟树的成本负担率相对较高。此外，三地创业成本负担率均处于不断下降水平，2010—2020年创业成本由2~3倍正常负担水平，下降到1~2倍，表明各地创业成本依托的软、硬环境总体处于不断提升水平。

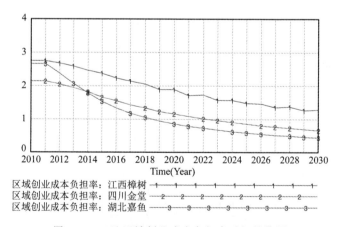

图7.9f 三地区域创业成本负担率时间趋势图

综上所述，三地的创业成本负担率不断下降，创业支撑度变化率不断提升。表明三地整体要素市场发育、基础设施水平、信息化水平、行政服务效率均不断发展，预测至2030年将达到高效率、现代化创业发展水平。

7.2 农村区域创业生态系统模型相关性分析

农村区域创业生态系统表现为其构成要素间的相互作用与相互制约的关系，在仿真模型中体现为变量的相关性。通过对仿真模型中主要变量相关性的分析研究，可以验证农村区域创业生态系统的有关论述。

7.2.1 相关性分析测度思路

本次仿真模型采用了四川金堂、江西樟树、湖北嘉鱼的实际统计数据进行分析，以各区域农业区位商、区域人均收入水平、区域土地流转率水平、区域中介市场发育水平、商业银行金融服务水平、数字普惠金融服务水平、区域科技投入水平、区域交通设施水平、区域信息化发展水平、区域行政服务效率水平等变量 2010 年的数据作为仿真模型的初始值，并设置随时间变化的时间函数。通过运行仿真模型可得到各变量的仿真输出曲线。通过对主要变量输出曲线进行相关性分析，来验证农村区域创业生态系统中各要素的作用关系。

7.2.2 区域创业主体创新力及支撑度相关性分析

在农村区域创生态系统中，本书构造了区域创业主体创新力以及区域创业支撑度两大核心变量。通过研究得出结论：区域主体的创新力以及区域对创业的支撑度两个变量共同影响最终变量农村区域创新力，区域创业主体创新力与区域创业支撑度的提升最终体现在农村区域创新力的提升。将模型中"区域创业主体创新力""区域创业支撑度"以及"农村区域创新力"的输出曲线簇集成，具体如图 7.10～图 7.12 所示。

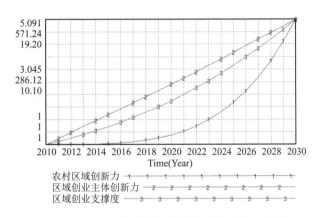

图 7.10 四川金堂农村区域创新力仿真输出分析

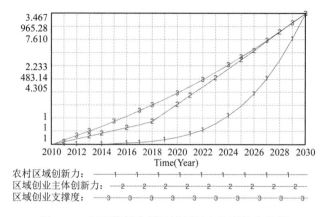

图 7.11 江西樟树农村区域创新力仿真输出分析

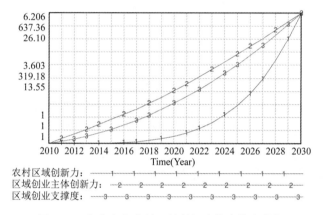

图 7.12 湖北嘉鱼农村区域创新力仿真输出分析

从以上四川金堂、江西樟树、湖北嘉鱼农村区域创新力和区域创业主体创新力、创业支撑度模型输出图可知：

第一，"区域创业主体创新力""区域创业支撑度"以及"农村区域创新力"曲线变动趋势相同，即随着区域创业主体创新力、区域创业支撑度的上升，农村区域创新力也随之上升。说明农村区域创新力的提升要依靠创业主体增加其自身的创新力，同时区域支撑创业企业进行创业活动，两者相辅相成。

第二，农村区域创新力在2010—2020单位时间段上升幅度较慢，随后上升速度不断提高。表明农村区域创新力的提高首先需要提高创业主体的创新力，并加大该区域创业的支撑度，两者均达到一定水平后，农村区域的整体创新力的提升才更明显。

7.2.3 区域创业主体资源要素整合力变化率

区域创业主体资源要素整合力变化率受到市场资源要素、自然资源要素、组织资源要素、财务资源要素、技术资源要素、人力资源要素的共同作用影响，不同资源要素的变化取决于四川金堂、江西樟树、湖北嘉鱼的具体变化情况，区域创业资源要素整合力变化率通过对六个资源要素获取、吸收、转化，最终对区域创业主体创新力产生深层次的影响。故将模型中"区域创业资源要素整合力变化率"以及影响其变化的六个资源要素曲线簇集成，具体如图7.13～图7.15所示。

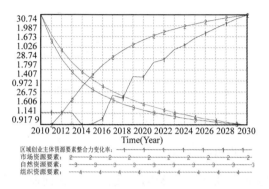
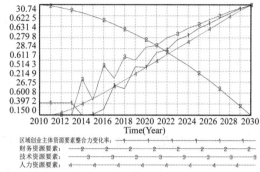

（a）市场资源要素、自然资源要素、组织资源要素　　（b）财务资源要素、技术资源要素、人力资源要素

图7.13　四川金堂区域创业资源要素整合力变化率仿真输出分析

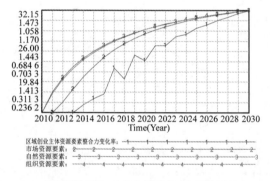
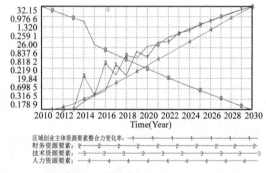

（a）市场资源要素、自然资源要素、组织资源要素　　（b）财务资源要素、技术资源要素、人力资源要素

图7.14　江西樟树区域创业资源要素整合力变化率仿真输出分析

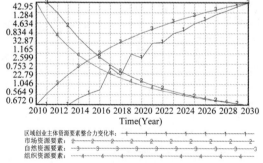
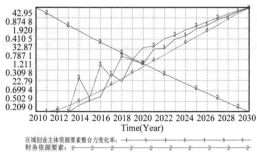

（a）市场资源要素、自然资源要素、组织资源要素　　（b）财务资源要素、技术资源要素、人力资源要素

图7.15　湖北嘉鱼区域创业资源要素整合力变化率仿真输出分析

从以上四川金堂、江西樟树、湖北嘉鱼创业资源要素整合力变化率以及其影响的六大因素模型输出图可知：

第一，区域创业资源要素整合力变化率整体呈上升趋势。根据分析其当地数字普惠金融服务水平对财务资源要素起到了较强的支撑作用，科研资金的投入促进技术资源的积累，这类资源的投入需要经过一定时间的吸收和转化，才能促进区域创业资源要素整合力变化率的提升。

第二，在六大资源要素中，江西樟树当地发展情况较好，除财务资源要素外，其每年的资源要素均处于上升趋势。四川金堂的自然、组织、财务资源要素呈一定的下降趋势，市场、技术、人力资源要素均呈现上升趋势。湖北嘉鱼的市场、组织、财务资源要素呈一定的下降趋势，自然、技术、人力资源要素均呈现上升趋势。六大要素共同影响的四川金堂、江西樟树和湖北嘉鱼三地的区域创业资源要素整合力变化率最终呈上升趋势。

7.2.4 区域创业支撑度及影响因素的相关性分析

区域创业支撑度对农村区域创新力的提升起到非常重要的影响。故将"区域创业支撑度""区域创业支撑度变化率""区域社保水平""区域信用市场建设因子""区域创业成本负担率"曲线簇集成，具体详见图 7.16 ~ 图 7.18，可以得到以下变动趋势：

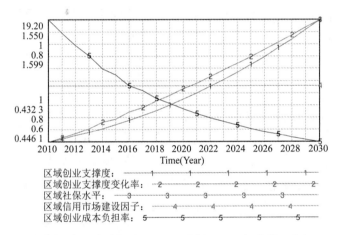

图 7.16 四川金堂区域创业支撑度相关性仿真输出分析

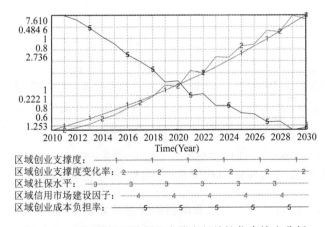

图 7.17 江西樟树区域创业支撑度相关性仿真输出分析

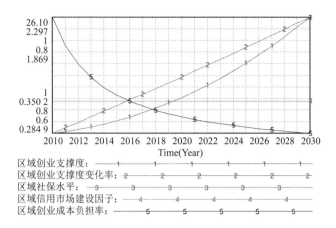

图 7.18 湖北嘉鱼区域创业支撑度相关性仿真输出分析

从以上四川金堂、江西樟树、湖北嘉鱼创业支撑度以及其变化率的模型输出图可知：

第一，在区域社保水平、信用市场建设因子保持不变的情况下，三个区域的区域创业支撑度均呈现上升趋势，与此同时，各地区创业支撑度变化率也呈现上升趋势，这说明三个地区对创业企业的支撑力度随着年份的增加在不断增强。

第二，区域创业支撑度的提高与创业成本率的下降具有高度的相关性。由图 7.16～图 7.18 可以看出，创业成本率逐年下降，到 2030 年附近下降逐渐减缓，这说明降低当地企业的创业成本可以有效地提高创业支撑度，提高区域创业水平。

综上所述，六大资源要素水平的聚合过程可以实现区域创业资源要素整合力的提升，而创业成本率的降低以及相关支持因子的应用和有效耦合则可以促使和提升区域创业支撑度。该结果验证了区域资源要素整合力提升了区域创业主体的创新力，结合创业支撑度共同作用影响农村区域创新力的论述。

7.3 农村区域创业生态系统仿真数据分析

将各项影响因素的指标初始值输入仿真模型，经过仿真计算可以得到未来 10 年（即 2021—2030 年）的各因素提升情况。本书选取"区域创业主体创新力""区域创业支撑度""农村区域创新力"三个核心变量，运行 SD 仿真模型，得到四川金堂、江西樟树、湖北嘉鱼三地区在仿真周期（以年度为仿真周期，共设置 20 年的仿真周期）内的变量输出值（详见表 7.1）。

表 7.1 各地区农村区域创新主要仿真变量输出结果

变量（年份）	地区	四川金堂	江西樟树	湖北嘉鱼
区域创业主体创新力（2010 年）		1	1	1
区域创业主体创新力（2020 年）		260.782	220.66	258.434

续表

变量（年份） \ 地区	四川金堂	江西樟树	湖北嘉鱼
区域创业主体创新力（2030 年）	551.763	515.434	637.36
区域创业支撑度（2010 年）	1	1	1
区域创业支撑度（2020 年）	5.162	3.590	5.261
区域创业支撑度（2030 年）	13.175	7.588	16.206
农村区域创新力（2010 年）	1	1	1
农村区域创新力（2020 年）	1.217	1.134	1.184
农村区域创新力（2030 年）	3.729	2.558	4.186

从仿真结果数据可以看出：

第一，三地区在 20 年的仿真期中，区域创业主体创新力、区域创业支撑度、农村区域创新力均得到了较大的提升。提升效果按明显程度排序为：湖北嘉鱼＞四川金堂＞江西樟树。

第二，湖北嘉鱼在区域创业主体的创新力及区域创业支撑度方面有较大提升。四川金堂在 2020 年主体创新力处于较高水平，但随着时间发展逐渐落后于湖北嘉鱼，表明湖北嘉鱼的增长潜力较大。

7.4　本章小结

本章以系统动力学仿真理论为基础，运用 Vensim 仿真工具，对农村区域创业生态系统仿真模型进行了仿真分析。在模型中，以不同农村区域的区域创业主体创新力、区域创业支撑度、农村区域创新力的相互作用关系作为仿真模型的核心分析因素。通过结果分析和相关性分析总结各区域农村创新创业生态系统的相关特征，并对其影响速率变量"区域创业支撑度变化率""区域创业主体资源要素整合力变化率"及各项资源要素进行相关性分析，得出以下结论：

第一，区域创业主体创新力的有效培育提升是通过对市场资源要素、自然资源要素、组织资源要素、财务资源要素、技术资源要素、人力资源要素六类资源要素进行合理整合的结果。

第二，不同区域创业主体整合力应根据自身情况对各类资源要素的投入情况进行相应的动态调整，而非静态不变的。

第三，区域创业支撑度的提升主要是通过合理调整区域创业成本负担率达到提升的效果，其中区域生产要素、区域物流成本、区域信息服务成本、区域制度性交易成本对促进区域创业成本负担率的降低方面起到了非常重要的作用。

第四，不同地区的区域创新力的提升路径方面各不相同，需要将区域创业支撑度、区域创业主体创新力两个层次的竞争资源整合能力进行充分耦合，发挥其最大效用，从而更有利于实现区域创新力的有效提升。要根据具体情况，找到区域发展短板，有针对性地进行提升。

第 8 章
农村区域创业生态系统提升路径及政策建议

　　本章在农村区域创业生态系统动力学模型的基础上对其提升机制的内涵、路径进行分析,并从农村区域创业生态系统的环境构建、主体培育以及资源整合提出政策建议,探讨提升农村区域创业生态系统的优化实现路径。

8.1 农村区域创业生态系统提升机制内涵

农村区域创业生态系统是一个复杂管理系统，为了实现区域创新力和创业经济产值最大化，需要组织其内部各主体的协作、协调利益资源分配以及应对外部因素变化。本书将机制理论引入农村区域创业生态系统中，从组织系统中的内在资源要素和外在机会支撑方面分析农村区域创业生态系统的提升机制内涵。

机制设计理论的核心问题是在信息不完全和不对称的条件下，如何设计出一套最优机制以实现资源的有效配置。资源的有效配置、信息效率和激励相容是一套好的经济或社会机制必须具备的基本要素。农村区域创业生态系统提升机制可以定义为：运用一系列决策手段，对创业资源要素信息进行有效聚合和耦合，从而凝聚可持续、动态发展的区域创新力。主要包括以下几点：

第一，从农村区域创业生态系统区域创新力影响因素构成来看，提升机制的载体是由资源整合变量以及机会支撑变量构成，从而形成了农村区域创业生态系统成长体系基础。其中资源整合变量包括市场资源要素、自然资源要素、组织资源要素、财务资源要素、技术资源要素、人力资源要素。机会支撑变量主要由信用市场发展水平、社会保障水平以及创业成本负担率构成。农村区域创业生态系统的提升总体表现为竞争资源要素总体利用的提升和创业机会发展效能的改善。

第二，从农村区域创业生态系统所处的环境来看，创业环境对创业资源和创业机会的培育和提升有着非常重要的推动作用，区域经济、市场、金融、社会、政策环境可视为提升机制运行的外部环境，环境的良好发展是赋能创业企业发展的重要载体，达到凝聚创业资源、扩展创业机会的效果。

第三，从农村区域创业生态系统的各构成要素之间的相互关系来看，农村区域创业生态系统聚合不同竞争资源要素并使之产生耦合作用，从而形成核心竞争力。即农村区域创业生态系统区域创新力提成机制的形成过程中，要注重资源要素之间的整合利用，充分发挥资源效益最大化。详见图8.1。

8.2 农村区域创业生态系统提升路径分析

农村区域创新力的提高离不开资源要素整合以及创业机会支撑度的影响，下面将从这两方面出发，利用敏感性分析的方法，通过改变指标值来分析其对结果变量的影响。

8.2.1 资源要素配置

资源要素包括市场资源要素、自然资源要素、组织资源要素、财务资源要素、技术资源要素、人力资源要素六大方面，通过逐一分析其变化对创业主体资源要素整合的影响，以及进一步对区域创新力的影响。

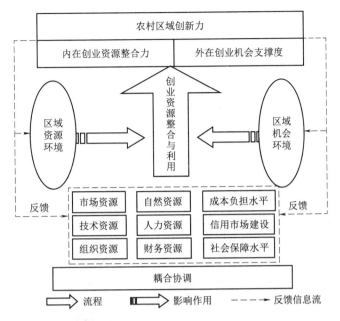

图 8.1 农村创业生态系统提升机制路径

8.2.1.1 市场资源要素配置

本书引入区域人均收入水平作为模型中市场资源要素配置问题的控制变量,并根据区域人均收入水平逐年增长的特点,设定 k 为区域人均收入水平随年份变化的增长率,用于测度仿真模型中市场资源要素对区域创业主体创新力的影响效果。具体情况如下。

(1) 四川金堂

在四川金堂的仿真模型中,设初始值 k 为 1 661.28,此时对应 2010 年四川金堂区域人均收入水平为 6 202.8 元,其收入水平以时间函数表示为 $1\,661.58 \times \text{Time} - 3332970$。分别调整 $k = 1\,661.43$ 和 1 661.58,使区域人均收入水平增长 5% 和 10%,即可得到不同的市场资源要素对创业主体创新力和农村区域创新力的影响的曲线簇,如图 8.2a、图 8.2b、图 8.2c 所示。可以看出,在区域人均收入水平每提高 5% 的情况下,区域的市场资源要素提升在 1%~3%,同时带来创业主体创新力、区域创新力均有一定的提升。说明人均收入水平的提升能够一定程度上拓宽创业主体的市场资源禀赋,进而促进区域创新力的提升。

(2) 江西樟树

在江西樟树的仿真模型中,设初始值 k 为 1 309.42,此时对应 2010 年江西樟树区域人均收入水平为 6 654 元,其收入水平以时间函数表示为 $1\,309.42 \times \text{Time} - 2625279.64$。分别调整 $k = 1\,309.67$ 和 1 309.92,使区域人均收入水平增长 5% 和 10%,即可得到不同的市场资源要素对创业主体创新力和农村区域创新力的影响的曲线簇,如图 8.3a、图 8.3b、图 8.3c 所示。可以看出,江西樟树人均收入水平的提升对市场资源的促进作用较弱,但是区域创业主体创新力和区域创新力都有不同程度的提升。

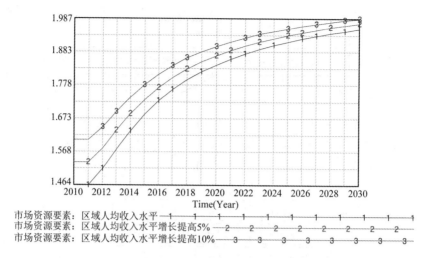

图 8.2a 四川金堂不同区域人均收入水平下的市场资源要素仿真输出分析

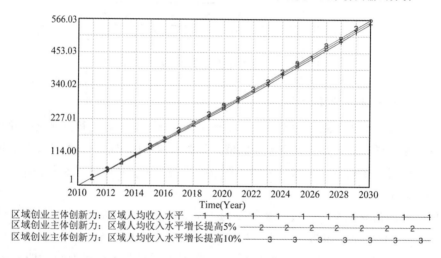

图 8.2b 四川金堂不同区域人均收入水平下的区域创业主体创新力仿真输出分析

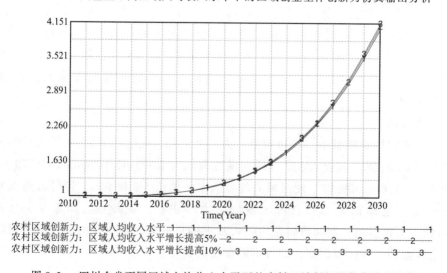

图 8.2c 四川金堂不同区域人均收入水平下的农村区域创新力仿真输出分析

第 8 章 农村区域创业生态系统提升路径及政策建议

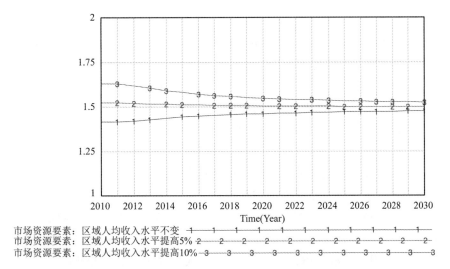

图 8.3a 江西樟树不同区域人均收入水平下的市场资源要素仿真输出分析

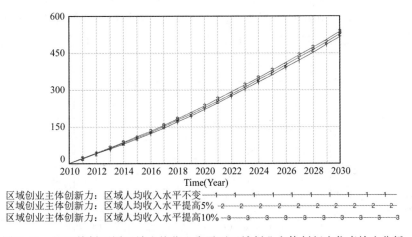

图 8.3b 江西樟树不同区域人均收入水平下区域创业主体创新力仿真输出分析

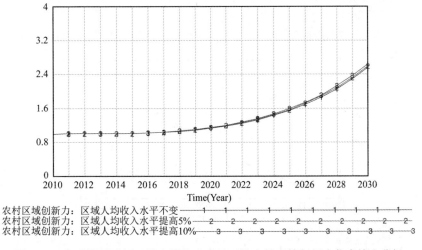

图 8.3c 江西樟树不同区域人均收入水平下的农村区域创新力仿真输出分析

(3) 湖北嘉鱼

在湖北嘉鱼的仿真模型中,设初始值 k 为 1 134.48,此时对应 2010 年湖北嘉鱼区域人均收入水平为 8 004.8 元,其收入水平以时间函数表示为 1 134.48 × Time − 2272300。分别调整 k = 1 134.68 和 1 134.88,使区域人均收入水平增长 5% 和 10%,即可得到不同的市场资源要素对创业主体创新力和农村区域创新力的影响的曲线簇,如图 8.4a、图 8.4b、图 8.4c 所示。可以看出,在区域人均收入水平每提高 5% 的情况下,区域的市场资源要素提升在 1%~3%,同时带来创业主体创新力、区域创新力均有一定的提升。说明人均收入水平的提升能够一定程度上拓宽创业主体的市场资源禀赋,进而促进区域创新力的提升。

综上,从农村区域创业生态系统的仿真结果可知,在仿真时间段内,四川金堂、江西樟树、湖北嘉鱼不同区域收入水平配置变化引起不同的市场资源要素、区域创业主体创新力、农村区域创新力变化情况依次为:"区域人均收入水平增长提高 10% > 区域人均收入水平增长提高 5% > 区域人均收入水平增长不变",即区域人均收入水平与市场资源要素、区域创业主体创新力、农村区域创新力具有正相关关系。表明提高区域人均收入水平,可显著提升农村区域创新力。仿真模型在市场资源要素水平与农村区域创新力的提升机制的定性分析结论相一致,仿真模型在此方面具有良好的拟合性,且区域人均收入水平对系统提升创新力具有较好的灵敏性。

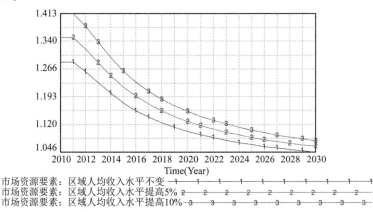

图 8.4a 湖北嘉鱼不同区域人均收入水平下的市场资源要素仿真输出分析

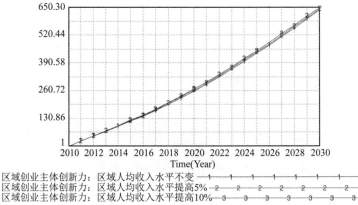

图 8.4b 湖北嘉鱼不同区域人均收入水平下区域创业主体创新力仿真输出分析

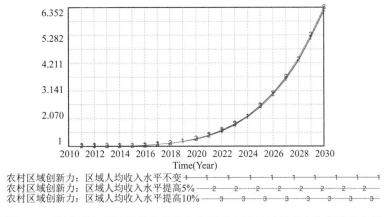

图 8.4c　湖北嘉鱼不同区域人均收入水平下农村区域创新力仿真输出分析

8.2.1.2　自然资源要素配置

本书引入区域人均一产增加值作为模型中自然资源要素配置问题的控制变量,并根据区域人均一产增加值逐年增长的特点,设定 k 为区域人均一产增加值随年份变化的增长率,用于测度仿真模型中自然资源要素对区域创业主体创新力的影响效果。具体情况如下。

(1) 四川金堂

在四川金堂的仿真模型中,设初始值 k 为 336.55,此时对应 2010 年四川金堂区域人均一产增加值为 3 189.5 元,其人均一产增加值以时间函数表示为 Time × 336.55 − 673276。分别调整 k = 336.63 和 336.71,使区域人均一产增加值水平增长 5% 和 10%,即可得到不同的自然资源要素对创业主体创新力和农村区域创新力的影响的曲线簇,如图 8.5a、图 8.5b、图 8.5c 所示。可以看出,区域人均一产值每增加 5%,使自然资源要素增加了 2%~5%,进而带来区域创业主体资源要素整合力的增加和区域创新力的提升。

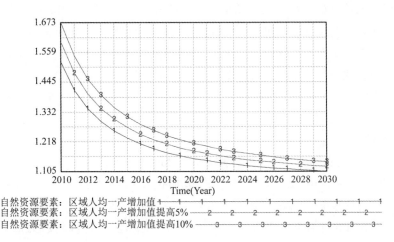

图 8.5a　四川金堂不同人均一产水平下的自然资源要素仿真输出分析

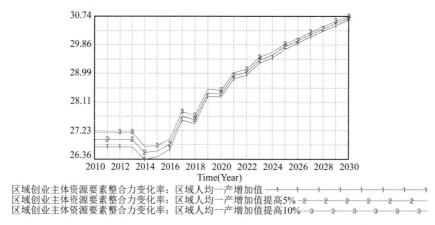

图 8.5b　四川金堂不同人均一产水平下的区域创业主体资源要素整合力仿真输出分析

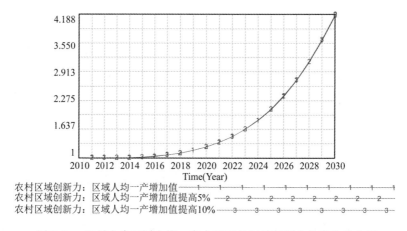

图 8.5c　四川金堂不同人均一产水平下的区域创新力仿真输出分析

（2）江西樟树

在江西樟树的仿真模型中，设初始值 k 为 295.65，此时对应 2010 年江西樟树区域人均一产增加值为 3 751.5 元，其人均一产增加值以时间函数表示为 Time×295.65 − 590505。分别调整 k＝295.75 和 295.85，使区域人均一产增加值水平增长 5% 和 10%，即可得到不同的自然资源要素对创业主体创新力和农村区域创新力的影响的曲线簇，如图 8.6a、图 8.6b、图 8.6c 所示。区域人均一产值的增加，带来自然资源要素的增长，进一步使区域创业主体资源要素整合力和区域创新力的提升。

（3）湖北嘉鱼

在湖北嘉鱼的仿真模型中，设初始值 k 为 1 264.17，此时对应 2010 年湖北嘉鱼区域人均一产增加值为 5 861.16 元，其人均一产增加值以时间函数表示为 Time×1264.17 − 2535120.54。分别调整 k＝1 264.32 和 1 264.47，使区域人均一产增加值水平增长 5% 和 10%，即可得到不同的自然资源要素对创业主体创新力和农村区域创新力的影响的曲线簇，如图 8.7a、图 8.7b、图 8.7c 所示。可以看出，区域人均一产值的增加，使自然资源要素增加，进而带来区域创业主体资源要素整合力的增加和区域创新力的提升。

第 8 章 农村区域创业生态系统提升路径及政策建议

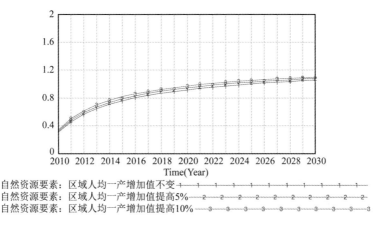

图 8.6a 江西樟树不同人均一产水平下的自然资源要素仿真输出分析

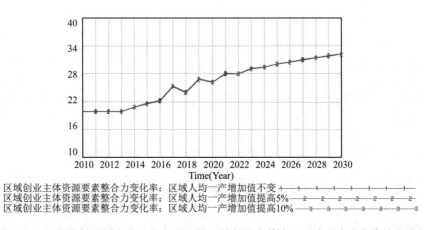

图 8.6b 江西樟树不同人均一产水平下的区域创业主体资源要素整合力仿真输出分析

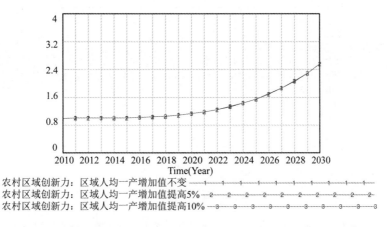

图 8.6c 江西樟树不同人均一产水平下的区域创新力仿真输出分析

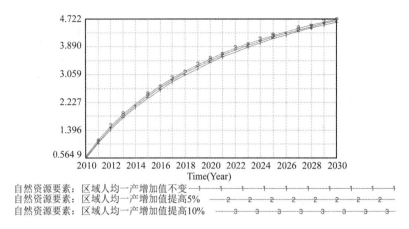

图 8.7a　湖北嘉鱼不同人均一产水平下的自然资源要素仿真输出分析

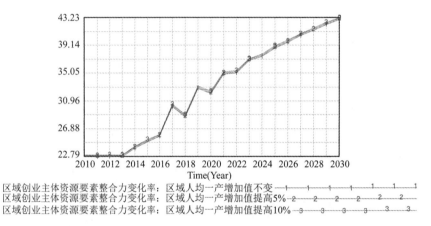

图 8.7b　湖北嘉鱼不同人均一产水平下的区域创业主体资源要素整合力仿真输出分析

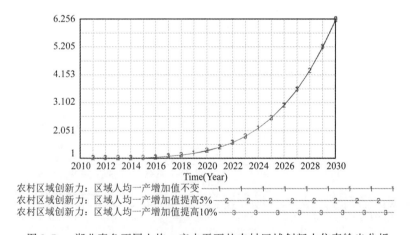

图 8.7c　湖北嘉鱼不同人均一产水平下的农村区域创新力仿真输出分析

由图 8.7c 可知，当区域人均一产增加值提高 5% 和 10% 时，自然资源要素提高效果明显。四川金堂、湖北嘉鱼、江西樟树不同区域人均一产水平配置变化引起不同的自然资源要素、区域创业主体创新力变化情况依次为:"区域人均一产水平增加值提高10% > 区域人均一产水平增加值提高5% > 区域人均一产水平增加值不变",即区域人均收入水平与市场资源要素、区域创业主体创新力具有显著的正相关关系。观察其对农村区域创新力的影响较弱,说明区域人均一产水平因素对于提高系统创新力不灵敏。

8.2.1.3 组织资源要素配置

本书引入区域中介市场发育水平作为模型中组织资源要素配置问题的控制变量,用于测度仿真模型中组织资源要素对区域创业主体创新力及农村区域创新力的影响效果。经仿真分析后发现,将四川金堂、江西樟树、湖北嘉鱼的数据代入仿真模型后得到的曲线簇变化趋势基本一致,因此本节以四川金堂为例做主要展示,具体情况如下。

在四川金堂的仿真模型中,设初始值 k 为 0.540 2,其区域中介市场发育水平以时间函数表示为 $0.540\ 2 \times \mathrm{Time} - 1082$。分别调整 $k = 0.540\ 3$ 和 $0.540\ 4$,使区域中介市场发育水平增长 5% 和 10%,即可得到不同的组织资源要素对创业主体创新力的影响的曲线簇,如图 8.8a、图 8.8b 和图 8.8c 所示。

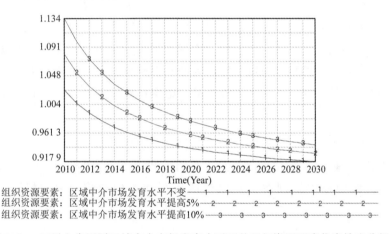

图 8.8a　四川金堂不同区域中介市场发育水平下的组织资源要素仿真输出分析

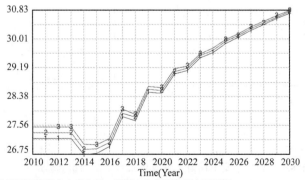

图 8.8b　四川金堂不同区域中介市场发育水平下的主体整合力仿真输出分析

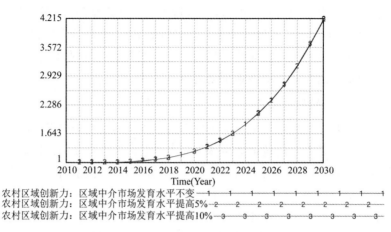

图 8.8c 四川金堂不同区域中介市场发育水平下的主体创新力仿真输出分析

据图 8.8 可知,首先,增加"区域中介市场发育水平"后,组织资源要素得到了有效提升。同时区域创业主体资源要素整合力变化率也得到了有效提升。随着时间推移,这种单一因素的影响效果有一定程度的减弱。其次,可以看出区域中介市场水平的提高是增强区域创业资源要素整合力的重要因素。一方面,市场化程度的提升,融资与销售渠道更加宽广;另一方面,中介市场水平的提高可以更好地为创业企业提供多项服务,如法律咨询等,有助于改善企业的创业环境。相较于自然资源要素,组织资源要素的调整对于区域资源整合力的提升影响更大。

8.2.1.4 财务资源要素配置

通过对财务资源要素投入比例进行调整,将其提高 5%、10%,用于测度仿真模型中财务资源要素对区域创业主体创新力及农村区域创新力的影响效果,如图 8.9、图 8.10、图 8.11 所示。

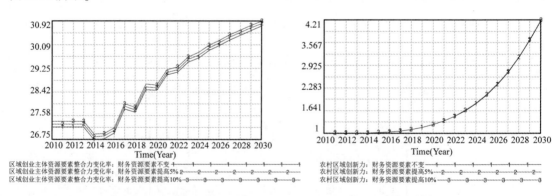

(a) 主体整合力的仿真输出分析　　　　　　(b) 农村区域创新力仿真输出分析

图 8.9　四川金堂不同财务资源要素水平下的仿真输出分析

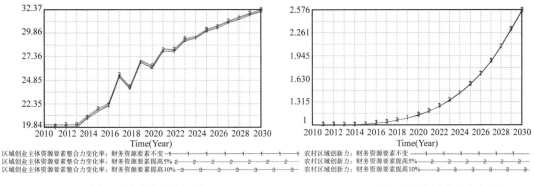

(a) 主体整合力的仿真输出分析　　　　　(b) 农村区域创新力仿真输出分析

图 8.10　江西樟树不同财务资源要素水平下的仿真输出分析

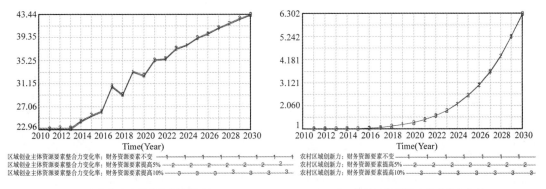

(a) 主体整合力的仿真输出分析　　　　　(b) 农村区域创新力仿真输出分析

图 8.11　湖北嘉鱼不同财务资源要素水平下的仿真输出分析

观察财务资源要素与区域创业主体资源要素整合力变化率的影响关系是明显正相关的，即提高财务资源要素可以显著提高区域创业主体资源要素整合力变化率。但是，其对农村区域创新力的影响是不明显的，这是由于农村区域创新力的提升是各构成要素协调发展、合理适配结果的论述，即单纯增加某一类资源要素的投入，农村区域创新力的提升效果容易受到制约。

8.2.1.5　技术资源要素配置

本书引入区域科技投入水平作为模型中技术资源要素配置问题的控制变量，用于测度仿真模型中技术资源要素对区域创业主体创新力及农村区域创新力的影响效果。

在四川金堂的仿真模型中，设初始值 k 为 0.083 4，其区域科技投入水平以时间函数表示为 $0.083\ 4 \times \text{Time} - 166.83$，其初始值为 0.804。分别调整 $k = 0.083\ 42$ 和 $0.083\ 44$，使区域科技投入水平增长 5% 和 10%，即可得到不同的技术资源要素对创业主体创新力的影响的曲线簇，如图 8.12 所示。

在江西樟树案例中，本书引入区域科技投入水平作为模型中技术资源要素配置问题的控制变量，用于测度仿真模型中技术资源要素对区域创业主体创新力及农村区域创新力的影响效果。在江西樟树的仿真模型中，设初始值 k 为 0.232 06，其区域科技投入水平以时间函数表示为 $0.232\ 06 \times \text{Time} - 465.8$，其 2010 年的初始值为 0.640 63。分别调整 $k = 0.232\ 08$ 和

0.232 10，使区域科技投入水平增长 5% 和 10%，即可得到不同的技术资源要素对创业主体创新力的影响的曲线簇，如图 8.13 所示。

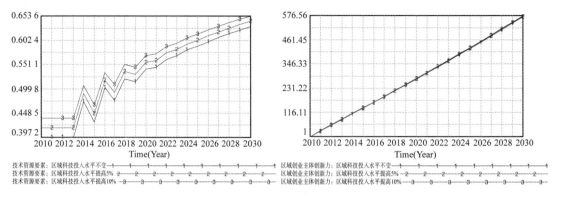

（a）技术资源要素的仿真输出分析　　　　　　（b）农村区域创新力仿真输出分析

图 8.12　四川金堂不同区域科技投入水平下的仿真输出分析

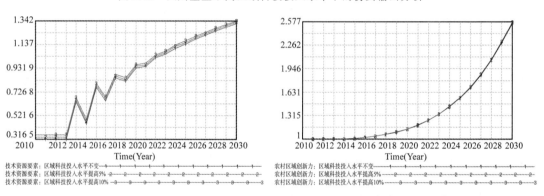

（a）技术资源要素的仿真输出分析　　　　　　（b）农村区域创新力仿真输出分析

图 8.13　江西樟树不同区域科技投入水平下的仿真输出分析

（3）湖北嘉鱼

本书引入区域科技投入水平作为模型中技术资源要素配置问题的控制变量，用于测度仿真模型中技术资源要素对区域创业主体创新力及农村区域创新力的影响效果。在湖北嘉鱼的仿真模型中，设初始值 k 为 0.332 79，其区域科技投入水平以时间函数表示为 0.332 79 × Time − 667.89，其 2010 年的初始值为 1.017 9。分别调整 k = 0.332 84 和 0.332 89，使区域科技投入水平增长 5% 和 10%，即可得到不同的技术资源要素对创业主体创新力的影响的曲线簇，如图 8.14 所示。

从农村区域创业生态系统的仿真结果可知，在仿真时间段内，三地区域科技投入水平配置变化引起不同的技术资源要素、区域创业主体创新力变化情况依次为："区域科技投入水平增长提高 10% > 区域科技投入水平增长提高 5% > 区域科技投入水平增长不变"，即区域科技投入水平与技术资源要素、区域创业主体创新力具有正相关关系。

结果说明：提高区域科技投入水平，可显著提升农村区域创新力。仿真模型在技术资源要素水平与农村区域创新力的提升机制定性分析结论相一致，仿真模型在此方面具有良好的拟合

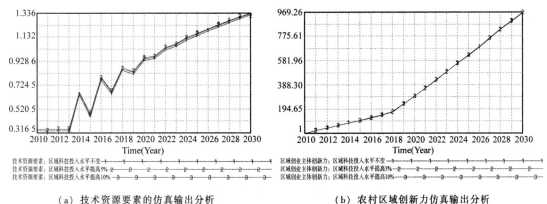

(a) 技术资源要素的仿真输出分析　　　　　　(b) 农村区域创新力仿真输出分析

图 8.14　湖北嘉鱼不同区域科技投入水平下的仿真输出分析

性,区域科技投入水平对于系统提升创新力具有较强的灵敏性。技术投入水平的提高可以更好地促进产业升级,提高资源整合利用效率,从而给农村地区创业带来更好的技术支撑。

8.2.1.6　人力资源要素配置

通过对人力资源要素投入比例进行调整,将其提高5%,10%,用于测度仿真模型中人力资源要素对区域创业主体创新力及农村区域创新力的影响效果,如图8.15～图8.17所示。

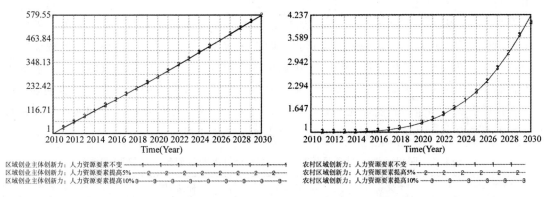

(a) 区域创业主体创新力的仿真输出分析　　　　　　(b) 农村区域创新力仿真输出分析

图 8.15　四川金堂不同人力资源要素下的仿真输出分析

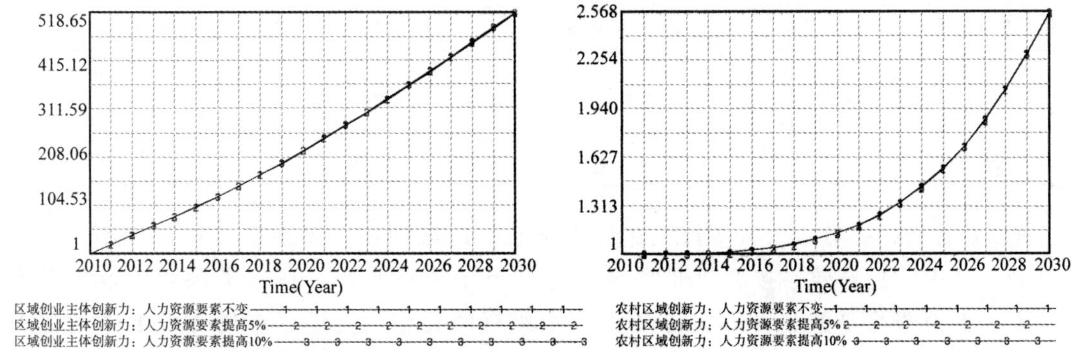

(a) 区域创业主体创新力的仿真输出分析　　　　　　(b) 农村区域创新力仿真输出分析

图 8.16　江西樟树不同人力资源要素下的仿真输出分析

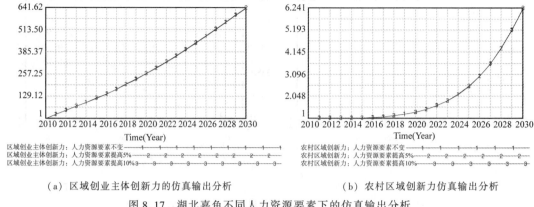

(a) 区域创业主体创新力的仿真输出分析　　　　(b) 农村区域创新力仿真输出分析

图 8.17　湖北嘉鱼不同人力资源要素下的仿真输出分析

从农村区域创业生态系统的仿真结果可知,在仿真时间段内,四川金堂、江西樟树、湖北嘉鱼不同人力资源要素配置变化引起不同的区域创业主体创新力、农村区域创新力变化情况依次为"人力资源要素提高10%>人力资源要素提高5%>人力资源要素不变",即人力资源要素与区域创业主体创新力、农村区域创新力具有正相关关系。从图中观察这种提升效果并不明显,这说明单一人力资源要素的提高对整体区域创新力的提高作用较弱。

将六大资源要素分别提升5%,10%的数据对比列出,如表8.1~表8.3所示。可以看到,在四川金堂,在对六大资源要素进行提升时,区域创业主体创新力均得到不同程度的提升。其中,提升效果按程度排序分别为:市场资源要素>技术资源要素>自然资源要素>组织资源要素>财务资源要素>人力资源要素。其中,市场资源要素的提升效果最为明显。从社会宏观层面看,一定时期的区域消费需求主要取决于一定时期的物价水平和人们的收入水平。而消费需求的提升可以为创业企业提供更多的价值实现手段。

表 8.1　四川金堂不同资源要素变化对区域创业主体创新力的影响数据

资源要素	不变	提高5%	提高10%	提升效果/%
市场资源要素	551.76	558.9	566.03	2.586
自然资源要素	566.03	568.64	571.24	0.920
组织资源要素	571.24	573.12	574.99	0.656
财务资源要素	571.24	573.1	574.95	0.649
技术资源要素	571.24	573.9	576.56	0.931
人力资源要素	576.56	578.06	579.55	0.519

在江西樟树,在对六大资源要素进行提升时,区域创业主体创新力均得到不同程度的提升。其中,提升效果按程度排序分别为:市场资源要素>技术资源要素>财务资源要素>人力资源要素>自然资源要素>组织资源要素。其中,市场资源要素的提升效果最为明显。

表 8.2 江西樟树不同资源要素变化对区域创业主体创新力的影响数据

资源要素	不变	提高 5%	提高 10%	提升效果
市场资源要素	515.43	526.14	536.85	4.156
自然资源要素	515.43	516.93	518.42	0.580
组织资源要素	515.43	515.99	516.55	0.217
财务资源要素	515.43	518.03	520.64	1.011
技术资源要素	515.43	518.09	520.74	1.030
人力资源要素	515.43	517.04	518.65	0.625

在湖北嘉鱼，在对六大资源要素进行提升时，区域创业主体创新力均得到不同程度的提升。其中，提升效果按程度排序分别为：市场资源要素 > 技术资源要素 > 自然资源要素 > 财务资源要素 > 人力资源要素 > 组织资源要素。其中，市场资源要素的提升效果最为明显。

表 8.3 湖北嘉鱼不同资源要素变化对区域创业主体创新力的影响数据

资源要素	不变	提高 5%	提高 10%	提升效果/%
市场资源要素	637.36	643.83	650.30	2.030
自然资源要素	637.36	640.30	643.04	0.891
组织资源要素	637.36	638.85	640.17	0.441
财务资源要素	637.36	639.79	642.22	0.763
技术资源要素	637.36	640.02	644.00	1.042
人力资源要素	637.36	639.49	641.62	0.668

综合上表可以看出，三地的市场资源要素对区域创业主体创新力影响程度最大，而组织资源要素对其影响最小，可以得出，在农村区域创业生态系统发展过程中对外部依赖性较强，而对内部组织依赖较弱，这也与农业产品的必要性、不可替换性、季节性有关系。

8.2.2 区域创业成本负担率配置

8.2.2.1 要素市场发育水平的优化提升

本书引入要素市场发育水平作为模型中区域生产要素成本配置问题的控制变量，并根据要素市场发育水平逐年增长的特点，设定 k 为要素市场发育水平随年份变化的增长率，用于测度生产要素成本对区域创业成本负担率的影响效果。

以四川金堂为例，其要素市场发育水平公式为：$0.035\ 21 \times \text{Time} - 70.359$。设置三种情景即：要素市场发育水平不变，要素市场发育水平提高 5%，要素市场发育水平提高 10%，对应每种情景分别设置 $k = 0.035\ 21$，$k = 0.035\ 22$，$k = 0.035\ 23$，得到区域创业成本负担率及区域创业支撑度曲线簇，如图 8.18a、图 8.18b 和图 8.18c 所示。

以江西樟树为例，其要素市场发育水平公式为：$0.020\ 8 \times \text{Time} - 41.418$。设置三种情景即：要素市场发育水平不变，要素市场发育水平提高 5%，要素市场发育水平提高 10%，

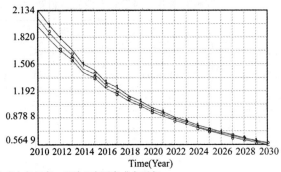

图 8.18a 四川金堂不同区域生产要素下的创业成本负担率仿真输出分析

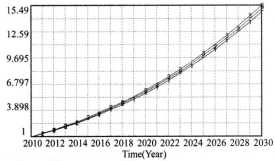

图 8.18b 四川金堂不同区域生产要素下的创业支撑度仿真输出分析

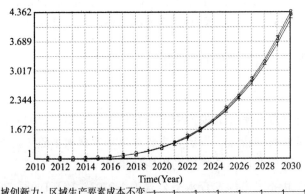

图 8.18c 四川金堂不同区域生产要素下的农村区域创新力仿真输出分析

对应每种情景分别设置 $k=0.0208$,$k=0.02081$,$k=0.02082$,得到区域创业成本负担率及区域创业支撑度曲线簇,如图 8.19a、图 8.19b 和图 8.19c 所示。

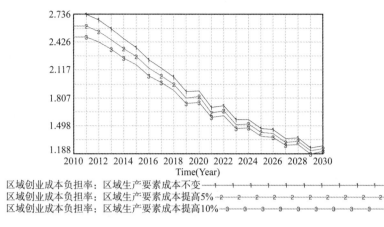

区域创业成本负担率：区域生产要素成本不变
区域创业成本负担率：区域生产要素成本提高5%
区域创业成本负担率：区域生产要素成本提高10%

图 8.19a　江西樟树不同区域生产要素下的创业成本负担率仿真输出分析

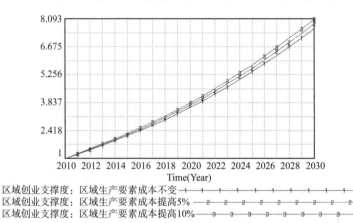

区域创业支撑度：区域生产要素成本不变
区域创业支撑度：区域生产要素成本提高5%
区域创业支撑度：区域生产要素成本提高10%

图 8.19b　江西樟树不同区域生产要素下的创业支撑度仿真输出分析

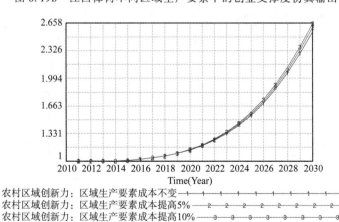

农村区域创新力：区域生产要素成本不变
农村区域创新力：区域生产要素成本提高5%
农村区域创新力：区域生产要素成本提高10%

图 8.19c　江西樟树不同区域生产要素下的农村区域创新力仿真输出分析

以湖北嘉鱼为例，其要素市场发育水平公式为：$0.1118 \times \text{Time} - 224.29$。设置三种情景即：要素市场发育水平不变，要素市场发育水平提高5%，要素市场发育水平提高10%，对应每种情景分别设置 $k=0.1118$，$k=0.1119$，$k=0.112$，得到区域创业成本负担率及区域创业支撑度曲线簇，如图 8.20a、图 8.20b 和图 8.20c 所示。

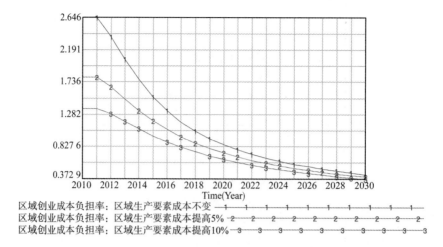

图 8.20a　湖北嘉鱼不同区域生产要素下的创业成本负担率仿真输出分析

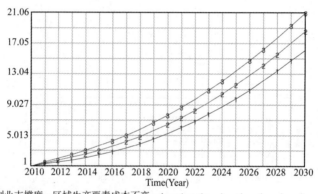

图 8.20b　湖北嘉鱼不同区域生产要素下的创业支撑度仿真输出分析

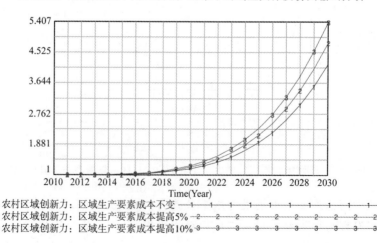

图 8.20c　湖北嘉鱼不同区域生产要素下的农村区域创新力仿真输出分析

从不同区域生产要素配置下的仿真输出图可以得出，在仿真时间段内，四川金堂、江西樟树、湖北嘉鱼不同区域生产要素配置变化引起区域创业成本负担率变化情况依次为："区域生产要素水平增长提高10% < 区域生产要素水平增长提高5% < 区域生产要素水平增长不变"。区域创业支撑度、农村区域创新力变化情况依次为："区域生产要素水平增长提高10% > 区域生产要素水平增长提高5% > 区域生产要素水平增长不变"，即区域生产要素成本与区域创业成本负担率呈负相关关系，与区域创业支撑度、农村区域创新力呈正相关关系。

结果说明通过提高要素市场发育水平，可显著提升农村区域创新力。仿真模型在区域生产要素水平与农村区域创新力的提升机制定性分析结论相一致，仿真模型在此方面具有良好的拟合性，降低区域生产要素成本对于系统提升创新力具有较强的灵敏性。

8.2.2.2 区域交通设施水平的优化提升

本书引入区域交通设施水平作为模型中物流成本配置问题的控制变量，并根据区域交通设施水平逐年增长的特点，设定 k 为区域交通设施水平随年份变化的增长率，三地具体 k 值变化情况如表8.4所示，用于测度仿真模型中区域交通设施水平对区域创业成本负担率的影响效果。

表8.4 各地区域交通设施水平配置情况

地区	初始值 k	初始水平	函数	提高25%的 k 值	提高50%的 k 值
四川金堂	0.0077	0.911	$k \times \text{Time} - 14.566$	0.0078	0.0079
江西樟树	0.0026	0.9315	$-k \times \text{Time} + 6.1575$	0.0025	0.0026
湖北嘉鱼	0.0054	0.967	$k \times \text{Time} - 9.8863$	0.0055	0.0056

在四川金堂、江西樟树、湖北嘉鱼的仿真模型中，设不同区域的初始值 k 为区域交通设施水平的变化率，分别为0.0077, 0.0026, 0.0054，区域交通设施水平以时间函数表示。分别调整 k 的值，使区域交通设施水平增长率提高25%和50%，即可得到不同的区域交通设施水平对区域创业成本负担率的影响的曲线簇，如图8.21、图8.22和图8.23所示。

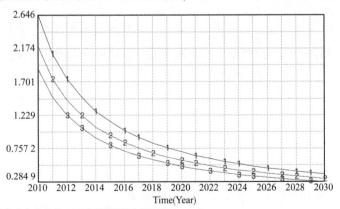

图8.21 四川金堂不同区域交通设施水平对区域创业成本负担率的影响

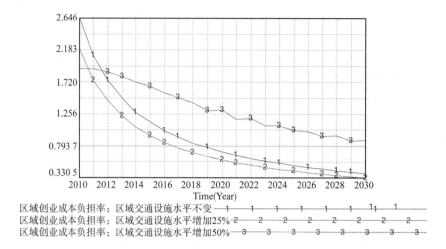

图 8.22 江西樟树不同区域交通设施水平对区域创业成本负担率的影响

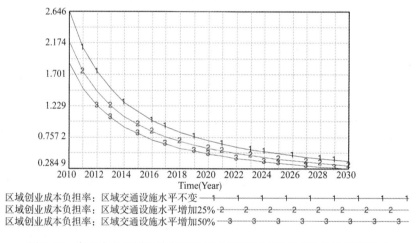

图 8.23 湖北嘉鱼不同区域交通设施水平对区域创业成本负担率的影响

从三地区不同创业成本负担率的仿真结果可知：在仿真时间年份内，区域交通设施水平的增加可以显著降低区域创业成本负担率，从短期来看，区域交通设施水平增加50%，区域创业成本负担率约减少40%；区域交通实施水平增加25%，区域创业成本负担率约减少20%。从长期来看，这种影响的效果有一定程度的减弱，但仍能起到显著降低创业成本负担率的效果。

8.2.2.3 区域信息化发展水平的优化提升

本书引入区域信息化发展水平作为优化变量，并根据区域信息化发展水平逐年增长的特点，设定 k 为区域信息化发展水平随年份变化的增长率，用于测度仿真模型中区域信息化发展水平对区域创业成本负担率及整体创新力的影响效果。

以四川金堂为例，金堂区域信息化发展水平的具体公式为：$0.0022 \times Time - 3.4049$，设置三种情景：区域信息化发展水平不变，区域信息化发展水平提高5%，区域信息化发展水平提高10%，其 k 值分别为 0.0022，0.00223，0.00226。下面是四川金堂的数据仿真图，如图 8.24a、图 8.24b 和图 8.24c 所示。

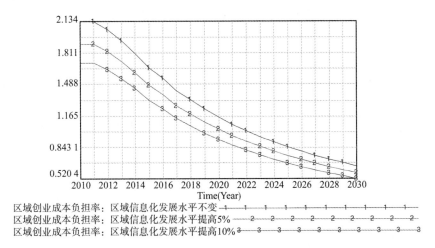

图 8.24a 四川金堂不同区域信息化水平对区域创业成本负担率的影响

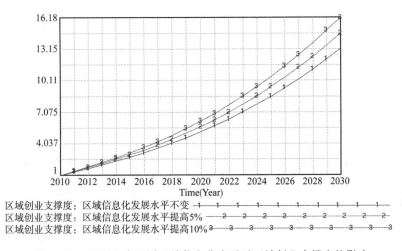

图 8.24b 四川金堂不同区域信息化水平对区域创业支撑度的影响

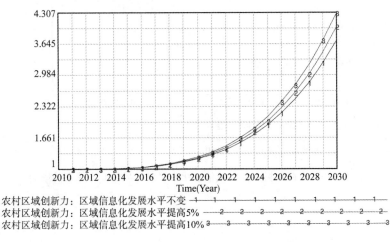

图 8.24c 四川金堂不同区域信息化水平对农村区域创新力的影响

江西樟树区域信息化发展水平设置三种情景：区域信息化发展水平不变、区域信息化发展水平提高5%、区域信息化发展水平提高10%。通过调整江西樟树的数据，输出其对区域创业成本负担率、区域创业支撑度、农村区域创新力的仿真分析结果如图8.25a、图8.25b和图8.25c所示。

通过调整湖北嘉鱼的数据，其信息化发展水平的公式设置为：$-\text{Time} \times 0.0015 + 3.91$。将其区域信息化发展水平分别设置为不变、提高5%、提高10%，输出其对区域创业成本负担率、区域创业支撑度、农村区域创新力的仿真分析结果如图8.26a、图8.26b和图8.26c所示。

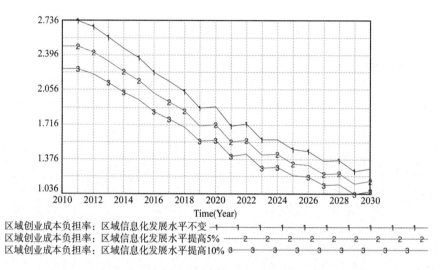

图8.25a 江西樟树不同区域信息化水平对区域创业成本负担率的影响

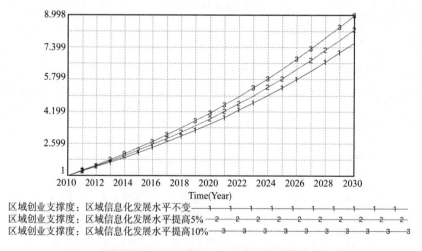

图8.25b 江西樟树不同区域信息化水平对区域创业支撑度的影响

第 8 章 农村区域创业生态系统提升路径及政策建议

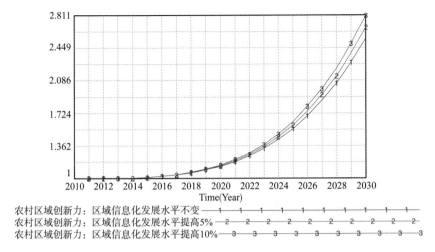

图 8.25c 江西樟树不同区域信息化水平对农村区域创新力的影响

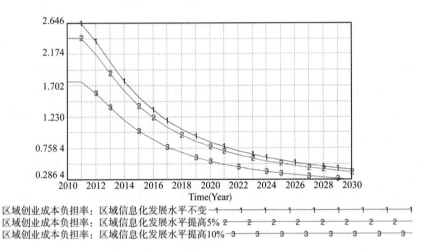

图 8.26a 湖北嘉鱼不同区域信息化水平对区域创业成本负担率的影响

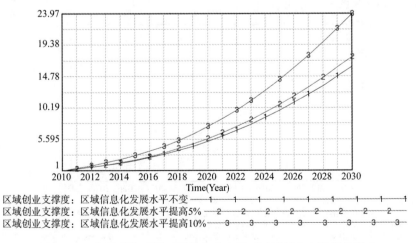

图 8.26b 湖北嘉鱼不同区域信息化水平对区域创业支撑度的影响

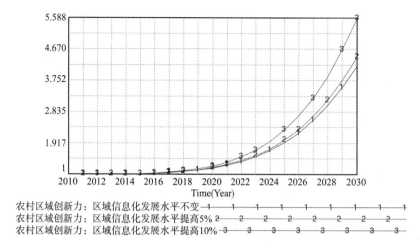

图 8.26c　湖北嘉鱼不同区域信息化水平对农村区域创新力的影响

从农村区域创业生态系统仿真输出图可以看出,区域信息化水平对区域创业成本负担率具有显著影响。具体表现为,区域信息化水平的提高,可以降低区域创业成本负担率,随着时间推移这种影响效果有一定程度减弱。此外,区域信息化水平的提高可以同时影响区域物流成本与区域信息服务成本的降低,因此,其最终对于区域创业支撑度的影响是深远的,随着时间推移,对于区域创业支撑度的影响效果愈发明显,并更加明显地提高了农村区域创新力。

8.2.2.4　区域行政服务效率水平的优化提升

本书引入区域行政服务效率水平作为优化变量,并根据区域行政服务效率水平逐年增长的特点,设定 k 为区域行政服务效率水平随年份变化的增长率。

以四川金堂为例,其以时间函数表示为 $0.0053 \times \text{Time} - 9.4495$,分别使区域行政服务效率水平提高 25%, $k = 0.0054$;区域行政服务效率水平提高 50%, $k = 0.0055$。用于测度仿真模型中区域行政服务效率水平对区域创业成本负担率及整体创新力的影响效果。如图 8.27a、图 8.27b 和图 8.27c 所示。

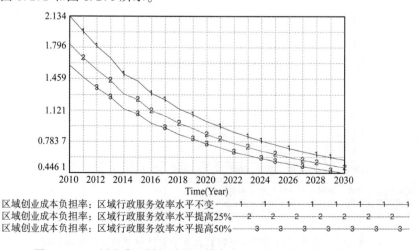

图 8.27a　四川金堂不同行政服务效率水平对创业成本负担率的影响

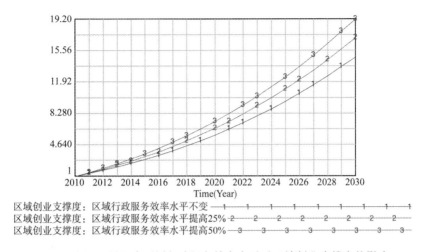

图 8.27b　四川金堂不同行政服务效率水平对区域创业支撑度的影响

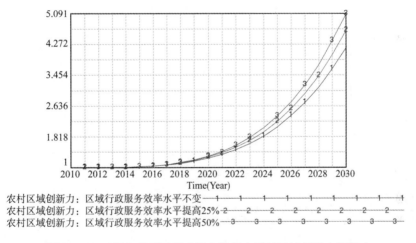

图 8.27c　四川金堂不同行政服务效率水平对区域创新力的影响

以江西樟树为例，其以时间函数表示为 $0.011\ 1 \times \text{Time} - 21.138$，分别使区域行政服务效率水平提高 25%，$k = 0.011\ 3$；区域行政服务效率水平提高 50%，$k = 0.011\ 5$。用于测度仿真模型中区域行政服务效率水平对区域创业成本负担率及整体创新力的影响效果。如图 8.28a、图 8.28b 和图 8.28c 所示。

以湖北嘉鱼为例，其以时间函数表示为 $0.003 \times \text{Time} - 4.891$，分别使区域行政服务效率水平提高 25%，$k = 0.003\ 15$；区域行政服务效率水平提高 50%，$k = 0.003\ 29$。用于测度仿真模型中区域行政服务效率水平对区域创业成本负担率及整体创新力的影响效果。如图 8.29a、图 8.29b 和图 8.29c 所示。

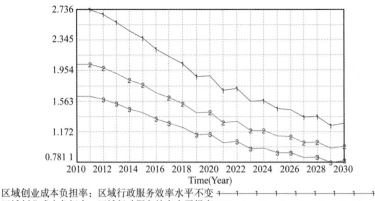

图 8.28a　江西樟树不同行政服务效率水平对创业成本负担率的影响

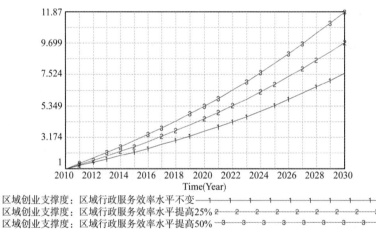

图 8.28b　江西樟树不同行政服务效率水平对区域创业支撑度的影响

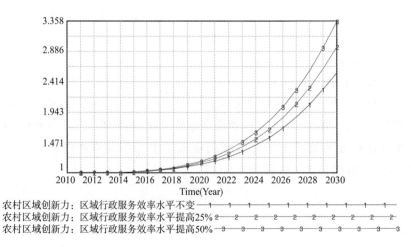

图 8.28c　江西樟树不同行政服务效率水平对区域创新力的影响

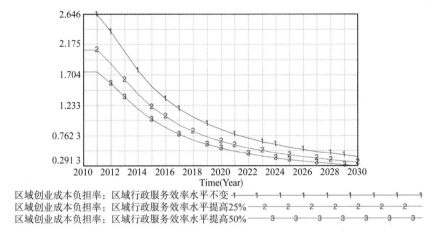

图 8.29a　湖北嘉鱼不同行政服务效率水平对创业成本负担率的影响

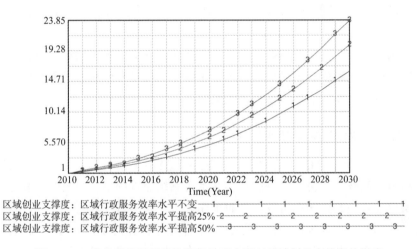

图 8.29b　湖北嘉鱼不同行政服务效率水平对区域创业支撑度的影响

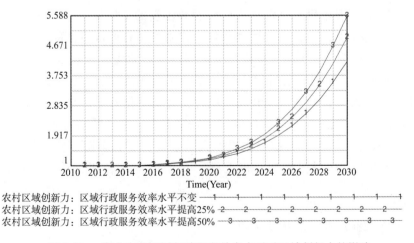

图 8.29c　湖北嘉鱼不同行政服务效率水平对区域创新力的影响

从不同区域行政服务效率水平设置下的仿真输出图可以得出,在仿真时间段内,四川金堂、江西樟树、湖北嘉鱼不同区域行政服务效率水平配置变化引起区域创业成本负担率变化情况依次为"区域行政服务效率水平增长提高 50% < 区域行政服务效率水平增长提高 25% < 区域行政服务效率水平增长不变"。区域创业支撑度、农村区域创新力变化情况依次为:"区域行政服务效率水平增长提高 50% > 区域行政服务效率水平增长提高 25% > 区域行政服务效率水平不变",即区域行政服务效率水平与区域创业成本负担率呈负相关关系,与区域创业支撑度、农村区域创新力具有正相关关系。

结果说明:提高区域行政服务效率水平,可显著降低区域制度性交易成本,使农村区域创新力得以优化提升。仿真模型在区域行政服务效率水平与农村区域创新力的提升机制定性分析结论相一致,仿真模型在此方面具有良好的拟合性,降低区域制度性交易成本对于系统提升创新力具有较强的灵敏性。

8.3 农村区域创业生态系统提升政策建议

本书通过仿真模拟,对三地创业生态系统中区域创新力的提升的底层指标进行灵敏度分析,得出不同指标变化程度下区域创新力的变化情况,并结合农村区域创业生态系统建设现状调研,提出区域的创业生态系统提升政策机制。

8.3.1 坐实"双创"领导小组的工作机制

县域"双创"领导小组的部门和单位应进一步坐实工作机制,如设立专职工作人员。现有的领导小组机制较好解决了农村区域创业生态系统建设问题,应进一步发挥其作用。

本书得出建议:一是领导小组设立专职工作人员,着手解决农村一二三产业融合中出现的政府部门协调问题,加强沟通合作,形成工作合力。各部门不仅要各司其职,各担其责,在各自的职权范围内,独立负责做好工作,同时也要围绕大局齐抓共管,对有关问题及时沟通与协作,认真按照协调意见分工落实。专职工作人员可以定编在"农办",在"三定"方案中明确其职责,从人员配置上坐实"双创"领导小组的工作机制。二是在执行好各单位和部门职责范围事务的基础上,在农村"双创"产业给予适当政策倾斜,开辟更多绿色通道。三是自然资源部门、农业部门及其他相关部门的政策需要根据农业产业的特点以及一二三产融合发展的新情况进行相应的调整,适应双创快速发展的需要。四是达成对"三农"政策与工作任务的统一解读和统一执行,提高工作效率,减少涉农企业与农户的困惑,增强涉农工作人员的自信心。同时落实政策下乡,不仅需要将政策"传送"下乡,更需要让政策"科普"下乡,帮助涉农工作人员想明白、真理解惠农政策。五是细化完善农村创新创业考核工作督促机制,将农村"双创"纳入各相关单位和部门工作考核体系。

8.3.2 加强农业产业发展用地保障

结合当地产业发展需求,在落实严格耕地保护制度和适度规模的基础上,适当扩大农业设施用地的比例或者降低对上限的限制，简化设施用地审批程序，建议由农业农村局主要负责农业设施用地的审批，并向自然资源管理部门备案。同时，出台设施用地使用规范标准，对哪些能做，哪些不能做，通过标准（可通过向国家标准委员会申请为"国标"）予以严格规范。

积极贯彻自然资源部关于农村产业融合发展的用地保障政策，鼓励土地复合利用。鼓励农业生产和村庄建设等用地复合利用，发展休闲农业、乡村旅游、农业教育、农业科普、农事体验等产业，拓展土地使用功能，提高土地集约利用水平。积极探索"点状用地""飞地"等多种农业产业发展所需用地的实现形式。

鼓励县级政府实施土地整治的"全域推进"，加强行政村的宅基地"全域规划"，闲置校舍的"集中利用"和集体经济建设用地的"高效利用"。建议农业农村部选择试点摸底我国农村宅基地的使用和利用情况，最好能纳入国家统计局主导的农业普查中。

在乡村振兴的背景下，进一步完善细化设施农用地管理政策。将部分休闲观光农业用地纳入设施农用地范畴，允许搭建临时性或半永久性建筑物，允许不破坏耕作层的设施农业占用一定比例的基本农田。对于农村创新创业所需建设用地纳入重点保障范围，予以优先安排。在坚持发挥土地资源市场化配置决定性作用的同时，进一步发挥土地供应的政策引导作用。通过增加挂钩等手段，实现农村"沉睡"建设用地的置换利用，为农村创新创业提供更多土地支持。盘活利用空闲农房及宅基地，重点支持返乡下乡人员创新创业，促进多业态融合发展。

8.3.3 设立应对风险的农村创新创业再保险制度

农村创新创业者应对风险能力较弱，存在一场自然灾害彻底摧毁其多年的经营基础的可能。以 2021 年为例，夏季的雨水导致多地农村创业园的多家花卉企业的花卉全部泡在水中，损失惨重。与之同时，由于农业灾害多是区域性的，保险公司的理赔负担较重，故多不愿意接受自然灾害的投保。在现实中，即使受理了农业自然灾害的投保，在理赔中也是设置多种障碍，影响了群众再投保的积极性。我们认为，应该针对农业生产，针对保险公司，设置具有政策性的再保险制度，对保险公司的保险产品进行保障。

8.3.4 "只跑一趟"的"一站式"服务站应广泛推广

我国一些典型县市在开展农村创新创业及减少创业者所需付出的时间和精力方面，均有较好的"一站式"服务设置。我们认为，应在全国推行"只跑一趟"的"一站式"服务站，现场解决创业者面临的问题。对于无法"只跑一趟"的问题，可登记后采用主动服务的模式，积极协商相关部门，解决后反馈给创业者。这是因为创新创业在农村地区还是刚刚起步，而在农村创业者中又不乏外地来的大学生或在外经营多年的创业者，他们对当地政策往往不了解，没有多余的时间和精力应付创业经营以外的事情，而"一站式"服务站可在多个方面方便创业者。

8.3.5 设置农村双创"联络员"机制

应动员农业农村局及相关部门的工作人员，建立农村双创"联络员"机制。我国农村多奉行"熟人社会",办理各种事项多是通过熟人办理。农村双创"联络员"可充当创业者的"熟人",在需要时帮创业者联系相关部门,增强创业者对政府部门的信任感。

8.3.6 加快推进创新专业孵化平台建设

一是搭建电商平台,将电商平台纳入创新创业和乡村振兴建设计划中,以此为契机将发展农村电商作为推进农村创新创业的重要组成部分。二是搭建田园综合体平台,构建农业与工业、服务业交叉融合的现代产业链,打造农村创新创业的平台,为农村创业者带来更多的机会和发展空间。三是搭建培育新兴职业农民平台,要针对新型职业农民培训建立长效机制,整合农民培训资源,加强师资队伍建设,增添设施设备,以发挥有限资源的作用。同时要不断改进和完善培训方式,紧跟市场需求,紧贴农民创业所需,继续采用灵活培训时间,开设多种专业,以增强培训针对性,切实提高农民的创业本领。

8.3.7 优质提升创新创业人员综合素质

为创业者做好创业指导。为项目进行有效的评估及指导,并且根据当地的特色,开发新的创业项目,比如发展农民合作社、家庭农场和新型农业经营主体,开发休闲农业、乡村旅游项目,发展"互联网"和农村电子商务,拓宽返乡创业新领域,提高创业层次,减少创业盲目性,提高创业的成功率,并且针对创业中遇到的问题提出建议及指导,为创业答疑解惑。

切实提高培训质量。农民的根本出路在于提高创新创业能力,以开展农民培训为抓手,以劳动保障部门为主导,把返乡下乡创新创业就业培训纳入人才建设总体规划,实施统一管理。整合农业、扶贫、科技等培训资源,按照"实用、实际、实效"的原则,突出培训的针对性和特色性,提高培训的有效性。

培训涉农工作人员时,可灵活运用多种辅导、培训方法,如通过讲授法、问题法、答疑法等。讲授法需要辅以多媒体课件,吸引听课人注意力,根据听课人群年龄、文化素质水平调整授课内容,深入浅出,通俗易懂,富有趣味性且能够激发思维;问题法教学要求授课人所提问题难易适中,适合回答者知识水平并且能够引起兴趣与重视;答疑法则需要学员素质相对较高,并且人数不宜过多,为能培养其发现问题、分析和思考问题的能力。

在农户、小微涉农企业对接院校、科研院所的力量不够充分的情况下,通过农业协会整合资源,学习德国、澳大利亚等国家行业协会参与职业教育的具体情况,由政府部门主导牵头,具有代表性的院校和龙头企业牵头,农业协会、涉农企业、农户、涉农院校、农业科研院所根据发展需求形成非法人组织的职教集团。深化校企协同育人模式、深入开展现代学徒制试点、建立终身教育学习体系。

8.3.8 做好农村创新创业宣传推介

进一步加强舆论导向,营造农村创新创业良好氛围。加大宣传力度,鼓励和支持农民创业,转变传统的农业生产思维,大力宣传"互联网+"现代发展模式,让农民愿意接受新业态,形成以"互联网+"谋发展的现代创新创业观念;树立农民创新创业的先进典型,从舆论上加以引导,提高全社会对农民创新创业的认识,吸引更多的人才返乡,服务于本地经济建设。

加强文化宣传,积极引导大众创新创业。持续开展创业大赛、评选创业标兵、创新奖励等活动,营造崇尚创新创业,尊重创新创业,鼓励创新创业的氛围,政府要搭建平台,多组织一些经验交流活动进一步促进大家相互交流先进经验,取长补短,实现共同发展。如一些县市印制"创业优惠政策汇编"等展示创新创业新形象的宣传资料,开展"大众创业,万众创新"宣传营销活动,提升区域知名度和美誉度,增加在外人员自豪感,激发其返乡创业的热情。

8.3.9 加大创新创业投入扶持力度

要进一步降低农村创新创业门槛,将农村各类创新创业扶持资金纳入财政预算,加大财政资金扶持力度,及时出台配套政策,在税收、用地、用电等方面出台更优惠的政策,降低创新创业运行成本。扩大农村金融规模,创新金融供给机制,建立健全农村社会保障制度,解决农民后顾之忧,使其自有资金敢于投入生产,坚持"财政撬动、金融支撑、产业共建、共享发展"的思路,针对农村双创人员推出多种金融产品,增强创业人员融资的灵活性。

扩大政策性银行网点,从而多渠道、多方位地发展农村金融,满足农村经济发展的金融需求。努力提高农村金融使用效率,更好发挥金融支持农村发展的作用。引进相关人才和优质产业,使农村居民投入—产出比最大化,真正做到农村金融对农村经济振兴的支持作用。

金融机构应出台相应便民措施,使国家出台的扶持中小微企业发展信贷政策措施惠及返乡创业者,解决返乡农民工创业资金所需。具体而言:建立农业贷款贴息、农业信用贷款、大型农机具抵押贷款等新的融资形式,鼓励商业银行开展存贷、应收账款、仓单等抵押和保单质押,土地附着物、产出物等抵押或质押贷款,加大政策性金融支农助农力度。积极探索建立创业信用评价制度,对符合条件的农业经营主体等灵活确定贷款期限,简化审批流程。

8.3.10 健全激励机制,增强农村农企吸引力度

积极出台相关配套政策,建立健全创新创业激励机制,以更新创新创业观摩为先导,树立创新创业典型,落实农村创新创业服务机构,建立全程跟踪服务体系,为农民创新创业提供有效的创业指导、创业服务,帮助他们解决创业中遇到的各种具体问题,引导激励更多更好的人才加入创新创业工作中。

若要"引入人才"需先从"留住人才"着手。抓环境卫生整治,美化乡村环境,提升村容村貌,改善人居环境,抓好"五清理":清理乱搭乱建,清理挤占挪用,清理环境卫生,清理乱涂乱画,清理牌匾标语。一方面需要注重健全农业生产性基础设施;另一方面也需完善生活服务配套设施设备,让农村的工作、生活环境条件得以改善。提高村民幸福感的同时,使"外出逐梦人"变成"返乡铸梦人"。

8.4 本章小结

本章通过利用仿真模型的分析结果，在农村区域创业生态系统的环境构建、主体培育以及资源整合提出了相关建议。总体而言，农村创新创业是乡村振兴的重要抓手，但以农村一二三产融合发展为特点的创新创业工作还处于起步阶段，需要政策上予以帮扶。对此，政府部门应强化农村双创"领导小组"机制建设，做强做实农村双创的跨部门联动机制。同时，集约利用农村现有土地，联合自然资源部门管理和充分利用诸如宅基地、闲置校舍和集体经济建设用地等支持一二三产业融合。同时，关注农村创新创业的脆弱性，改革保险制度，创新社会保障体系（如创业者互保机制），切实解决创业者的后顾之忧。

第 9 章
结论与展望

本章对整个研究过程及研究结论进行总结,概括出本书的主要研究结论和创新点,并结合研究的不足对未来研究提出展望及建议。

9.1 研究结论

本书采用规范研究与实证分析相结合的方法,从宏观和微观两个角度分析了农村区域创业生态系统的动态演进。结合农村区域创业生态系统的复杂性特点和所处的复杂经济环境、政策环境、社会环境、金融环境、市场环境,以生态系统理论、资源依赖理论、共生理论、生命周期理论、资源以及资源拼凑理论为理论研究基础,对我国农村区域创业生态系统的复杂内涵、关键特性、组织结构、影响因素以及提升路径进行了较为深入的研究,得出如下研究结论:

第一,农村区域创业生态系统建设是一项系统工程,是乡村振兴战略实施和农村现代化建设的必然要求。

本书指出,农村区域创业生态系统是指根植于农业农村,以县域为地理空间,所形成的能够支持和促进创业主体获取创业资源、提供完善创业配套的硬件设施(物流运输、孵化平台等)和软件服务(政策资源、环境文化等)的系统集合。它由多种参与主体(包括创业者、创业企业及相关组织和机构)及其所处的制度、市场、文化和自然环境通过交互作用形成的有机整体,通过商流、物流、信息流等相互作用、相互适应、相互制约、共生共存,致力于提高区域创业活动水平(即创业企业数量和创业成功率等)。其在各个时期所达到的规模和程度称为农村创业生态系统发展水平。

农村区域创业生态系统的关键特性包括复杂性、动态性、共生性、开放性、演化性。这说明了其是一个主体复杂、资源复杂和环境复杂,基于商流、物流、信息流的相互作用、相互依存、相互联系,且系统内多主体间不断认知互动、信息交换、知识流动、资源互补等协作共生,不断与外界物质、能量、信息的交换,在动态调整中实现系统从无序到有序、从弱到强的自组织演化的生态系统。

第二,我国农村区域创业生态系统建设具有较好的实践基础,在区域建设和产业演化方面均有很好的探索。

本书在分析四川金堂和江西樟树农村区域创业生态系统建设实践措施的基础上得出,近年来,我国各地强化创新引领,加强政策创设,搭建平台载体,优化营商环境,为返乡入乡创新创业人才提供了高效优质的服务。农村创新创业园区和孵化实训基地不断强化设施建设、创新管理方式、完善服务功能,为返乡入乡创新创业人才提供政策咨询、项目遴选、技术指导等服务,力争做到"成熟一批项目,成就一批创业者"。各级农业农村部门高度重视农村创新创业,强化政策扶持,搭建平台载体,培育新型经营主体,发挥好创新创业园区和孵化实训基地的作用,汇聚起乡村产业振兴的磅礴力量,为全面建成小康社会和乡村全面振兴提供了有力支撑。

同时,湖北嘉鱼案例也证实,农村区域创业生态系统的构成要素是系统演化发展重要基础。包括生态系统所依存和成长的环境空间,即所在的社会、经济、政策、文化、金融、市场环境;生态系统所控制和运用的人力资源、技术资源、组织资源、财务资源、自然资源和市场资源等竞争资源;以及对这些资源的整合能力即创业资源整合度、获得这些资源所需要的成本即创业机会的支撑度等。其核心目标是培育和提升农村区域组织对内、外部优势资源的吸收和整合、转化和应用的系统性能力,达到提升农民绩效及农民幸福生活水平的效果。

第三,基于"创业环境—资源—绩效"视角,实证验证了农村区域创业生态系统建设的影响因素。

本书通过实证分析方法,运用结构方程模型,运行模型调试方法和统计学检验方法,构建起农村创业绩效的影响因素变量相互作用的 SEM 模型。使用北京京郊地区 758 份抽样样本进行创业调查以及描述性统计分析,并对其中 293 份创业者进行创业发展具体实证分析。基于"环境—资源—可持续发展"研究范式,将创业环境、创业资源、创业绩效等要素整合到同一个研究框架。在验证模型信效度和模型适配度的基础上,得出了内源变量之间以及外源潜变量对内源潜变量之间的总体影响作用路径及关系。结果发现,创业环境通过创业资源进一步影响创业资源整合度及创业机会支撑度,对创业的绩效产生正向显著影响。从微观农民创业者的视角验证了创业环境、创业资源和创业绩效之间的关系。

实证结果证实,经济、政策、金融、市场、社会等五大创业环境对人力、技术、财务、市场、组织这五大资源有显著的正向影响,五大资源中人力资源、技术资源、市场资源的持有有利于促进创业主体的资源整合与运用,市场资源和组织资源有利于创业主体的机会把握与支撑。最后,创业机会支撑与创业资源整合均显著促进创业绩效,实现创业的生活质量和社会价值的良好效益。

第四,农村区域创业生态系统建设是一个复杂过程,可以通过系统动力学进行建模和分析。

以理论分析、案例分析、实证分析结果为建模依据,以系统动力学理论为基础,运用 Vensim 仿真工具,并以四川金堂、湖北嘉鱼、江西樟树三地为例,对农村区域创业生态系统提升机制进行了仿真分析,通过该章研究可得出以下结论:

农村区域创新力的有效培育提升,是通过创业资源要素的整合和区域创业机会的支撑来实现的。通过对市场资源要素、自然资源要素、组织资源要素、人力资源要素、技术资源要素、财务资源要素、市场及客户资源要素等六大类资源要素进行合理适配以降低资源要素的使用成本。此外,这种创业资源的孵化离不开所处的创业环境的培育和提升。农村区域创业企业应根据自身情况对各类竞争资源要素的投入情况进行相应的动态调整,而非静态不变的。农村区域创新力提升机制体系中各要素之间会产生复杂的影响关系和效果。通过对不同指标进行灵敏度分析和相关性分析,找出指标之间的关系和指标变化对系统发育的影响作用。不同区域的农村创业生态系统在实现创新力提升的路径方面各不相同。在政策制定的同时,需要考虑那些影响因素的何种程度的改变能够发挥其最大效用,从而更有利于实现区域创新力的有效提升。

第五,基于仿真模型分析结果,农村区域创业生态系统建设政策路径应得到强化。

在分析内部及外部生态因素对区域创新力提升和演进的具体影响和作用机理上,本书提出了农村区域创业生态系统的提升机制和培育路径。对此,政府部门应强化农村双创"领导小组"机制建设,落实农村双创的跨部门联动机制。各级部门应集约利用农村现有土地,联合自然资源部门管理和充分利用诸如宅基地、闲置校舍和集体经济建设用地等,支持一二三产业融合。同时，关注农村创新创业的脆弱性，改革保险制度，创新社会保障体系（如创业者互保机制），切实解决创业者的后顾之忧。

9.2 创新之处

本书以农村区域创业生态系统为研究对象，就如何提升农村区域创新力为目标，运用定性和定量相结合、主观调查和客观分析相结合、理论研究和实证分析相结合的研究方法，全面、系统地探究我国农村区域创业生态系统的内涵和构成维度，影响农村区域创新力的作用因素及其提升路径，构建农村区域创业生态系统理论模型和提升机制，研究具有重要的理论意义和实践意义。具体创新点如下：

第一，创新性地建立了农村区域创业生态系统提升理论框架。将创业生态系统理论、资源拼凑理论等引入农村区域创业的研究中，系统、全面地分析农村创业组织所处的生态系统中的各市场主体与面临的各种内外部环境。从而构建农村区域创业生态系统的理论内涵、组成要素及构成维度，并创新性地提出农村区域创业生态系统的概念，并以此作为研究农村区域创业生态系统影响因素和提升机制的切入点。

第二，实践性地检验了农村区域创业生态系统提升的影响因素。本书设计"京郊创业农户调查问卷"，并将向北京京郊农民创业者发放，从微观层面调查农民创业者对当前创业环境、资源等的实际认知情况，建立农民创业绩效提升的理论模型，再对调查问卷数据进行信度和效度检验，运用结构方程（SEM）模型分析影响因素变量之间的内在关系，这是在农民创业绩效提升影响因素研究方法和研究内容上的创新。

第三，科学性地构建了农村区域创业生态系统动力学模型。本书以系统动力学理论为基础，运用 Vensim 工具构建农村区域创业生态系统的提升机制仿真模型，并模拟了 2010—2030 年 20 年间的农村区域创业的发展状况。使用农村创业 2010—2020 年 10 年间的年报、年鉴、智库报告等数据作为仿真基础数据，实现对农村区域创新力演进路径的仿真分析，并对 2020—2030 年的创业发展进行预测。

第四，系统性地提出了农村区域创业生态系统培育的路径。本书运用机制理论和系统演化理论构建农村创业生态系统培育提升机制，从农村区域创业的两大主线出发：外部环境—赋能创业资源—创业资源整合—农村区域创新力，外部环境—降低创业成本—创业机会支撑—农村区域创新力。通过系统模拟仿真，观察因素变化对区域创新力的影响度，分析和探究农村区域创业生态系统的结构生成和演进路径，是研究方法的创新。

9.3 研究展望

本书紧密围绕"农村区域创业生态系统"这一主题展开研究，重点分析和研究了农村区域创新力的内涵特性、影响因素以及提升机制，通过定性和定量研究，得出一系列创新性研究结论及成果。由于研究范围、研究数据及研究时间所限，在研究过程中尚存在一些不足和缺陷，具体如下：

第一，在研究范围方面。在进行系统动力学仿真模拟分析的过程中，从东中西部各选取了四川金堂、江西樟树、湖北嘉鱼三地作为典型案例进行分析，并拓展到全国一般性原则，这是为了能够分析东、中、西部不同地区农村区域创业的区别和差异，并未研究每个农村区域农村创业的具体情况。而实际上，同一区域的农村创业也会有其自身特性和个性化的核心竞争力，即使是归属为同一省份，其核心竞争力也会有个性化差异。即在实际操作过程中，尚需根据地方特色进行具体计算分析，这是需要深入考虑的。

第二，在模型指标选择方面。在农村区域创业生态系统动力学仿真指标构建方面，还存在一定的问题。书中指标来源一方面采取统计年鉴自行做指标权重分配以进行水平估计；另一方面采取权威智库报告发布的历年指数报告，在评估其指标体系较为符合研究内容之后予以采纳。在数据收集和处理过程中，发现部分数据缺失或不准确，给数据统计带来了一定的困难。因此，在最终指标的赋值方面，对部分缺失值进行插补计算。另外，在选取环境指标数值方面，由于一些环境指标例如基础设施发展水平、区域信用市场发展水平、信息化发展水平等在科研领域的衡量方法众多，本书采取一般性原则和可操作性原则，采取了适宜模型的数据集进行分析计算，在阅读过程中需要依据自身目的进行酌情参考。

第三，在资源要素配置研究方面。区域创业主体创新力的六项竞争资源要素在向创新力转化的过程中，需要对各类竞争资源要素的投入进行配置和调整，才能有效形成和提升区域创新创业竞争力；但什么是合理的比例、适配程度的标准是什么，何种情况下需要对竞争资源要素的投入进行及时调整，目前在这些方面的研究还存在一定的难度。

针对以上问题，在今后的研究中可以在以下方面展开：

第一，深入分析不同产业类型和组织形式下的农村区域创业生态系统建设问题。同一主导产业类型或者产业组织形式的农村创业区域下，例如以集体经济为主要体制的苏南模式，以市场调节为主要手段，带动经济全面发展。以中外合资企业为起点的珠江三角洲模式，聚合海内外资金和人才，通过市场导向，实行替代策略，生产"国产洋货"，带动整个区域的外向型经济发展。以个体经济家庭经营为起点的温州模式，以股份合作制企业为主体，以市场为核心，以小商品生产为主导。因此，不同农村区域创新力之间的比较研究，尽可能在同一平台下、相同经营和服务特点下、近似竞争环境下，对各个农村创业区域的创新创业发展状况进行更深入的分析，追根溯源。

第二，深入分析不同要素投入下的农村区域创业生态系统建设效率和效益问题。农村区域创新力发展中的竞争资源要素投入比例、投入侧重究竟会产生何种影响。在今后可以参考风险管理中的压力测试或敏感性测试方面进行借鉴性研究，从而寻找创业资源要素投入调整的边界或预警区间，为农村经济社会生态协调发展提供相应的管理及经营参考。

附录

北京市城郊地区创业调查问卷

您好！欢迎参加北京市城郊地区创业情况的调查工作。此次调查是北京林业大学经济管理学院调查小组为了解北京城郊青年创业情况而设计的。郑重承诺：本问卷将严格保密，只用于研究分析，绝不会用在别的地方或提供给他人，答案没有对错，真实即可。

问卷填写大约需要10分钟，请您耐心填写，我们表示衷心的感谢。

一、基本信息（所有人均需填答）

请依据自己的真实情况，在相应的序号上打"√"，在括号内填入相关内容。			
序号	问题	作答说明	问题来源
K1	性别	1女；2男	
K2	年龄	（　　）周岁	
K3	婚姻状况	1已婚； 2未婚； 3离异； 4鳏寡	
K4	教育程度	1小学及以下； 2初中； 3高中（高职、专科）； 4大专； 5本科； 6硕士及以上	
K5	你家中最高学历	1小学及以下； 2初中； 3高中（高职、专科）； 4大专； 5本科； 6硕士及以上	
K6	人口数（以户口本上的人为准）	你家中有（　　）人；其中劳动力（　　）人，现（曾）外地打工（　　）人，乡级及以上级别公务员（　　）人，现任（或曾任）村干部（　　）人，现役（或曾服役）军人（　　）人，教师等事业人员（　　）人，党员（　　）人。	社会网络对农民创业的影响（孙健，周欣，王冬妮，2016）

续表

序号	问题	作答说明	问题来源
K7	家庭年收入（元）（毛收入）	（1）1万以下； （2）1万~2万； （3）2万~5万； （4）5万~10万； （5）10万~15万； （6）15万~20万； （7）20万~25万； （8）25万~30万； （9）30万以上	1. 自然灾害冲击对农民创业行为的影响（李厚建，2016） 2. 社会网络对农民创业的影响（孙健，周欣，王冬妮，2016） 3. 基于Logistic-ISM模型的失地农民创业意向影响机理研究（鲍海君，韩璐，2015）
K8	家庭年支出（元）	（1）1万以下； （2）1万~2万； （3）2万~5万； （4）5万~10万； （5）10万~15万； （6）15万~20万； （7）20万~25万； （8）25万~30万； （9）30万以上	
K9	是否本地人	北京原著居民；迁入型居民；常住北京，但无北京户籍	创业环境维度视角下的农民工回乡创业选择（吴磊，郑风田，2012）
K10	住房类型	自有房－商品房 自有房－自建房 租赁房 借住亲友家 集体宿舍、单位宿舍	农村人口流动中的"人地关系"与迁入地创业行为的影响因素（冯建喜，汤爽爽，杨振山，2016）
K11	创业状况	未创业，无创业意向 未创业，有创业意向 已创业（跳转到下一题） 回答未创业者直接跳转至题C13	1. 社会网络对农民创业的影响（孙健，周欣，王冬妮，2016） 2. 农民创业代际传递的理论与实证分析——来自江西35县（市）1716份样本证据（朱红根，康兰媛，2014）
K12	创业行业	1 种植； 2 养殖； 3 加工； 4 观光旅游； 5 住宿和餐饮业； 6 批发零售业； 7 教育业； 8 交通运输、仓储和邮政业； 9 其他，请注明：_____	

二、创业环境（无论是否已经创业，均需填选项）

请对以下句子中的内容按自己的真实感觉加以判断，并在7个选项所对应的空格内打"√"。其中，1表示"非常不同意"，7表示"非常同意"，1——7表示程度依次递进。

政策环境			
来源：创业环境对农民创业行为的影响研究（鹿金凤，2015）			
符号	题项	得分	
GE1	政府会对创业活动提供优惠的税收政策	1——2——3——4——5——6——7	
GE2	我们这里创业的注册、登记、审批程序简捷	1——2——3——4——5——6——7	
GE3	政府工作人员办公效率较高	1——2——3——4——5——6——7	
GE4	政府为农民创业提供咨询服务	1——2——3——4——5——6——7	
GE5	政府会提供用地优惠政策	1——2——3——4——5——6——7	
GE6	政府会提供创业项目	1——2——3——4——5——6——7	
GE7	政府规范创业的法制环境	1——2——3——4——5——6——7	
经济环境			
EE1	本地经济发展速度很快	1——2——3——4——5——6——7	
EE2	本地经济活动比较多样化	1——2——3——4——5——6——7	
社会环境			
SE1	本地有良好的交通设施	1——2——3——4——5——6——7	
SE2	本地有良好的水电气设施	1——2——3——4——5——6——7	
SE3	本地有良好的通信设施	1——2——3——4——5——6——7	
SE4	本地人对创业失败会比较宽容	1——2——3——4——5——6——7	
SE5	本地会举办创业教育活动	1——2——3——4——5——6——7	
SE6	本地会举办人才培训	1——2——3——4——5——6——7	
SE7	本地会举办创业技能培训	1——2——3——4——5——6——7	
SE8	本地会举办职业技术培训	1——2——3——4——5——6——7	
SE9	本地的文化鼓励创新创业	1——2——3——4——5——6——7	
金融环境			
FE1	本地有多种可供选择的融资渠道	1——2——3——4——5——6——7	
FE2	金融机构对农民创业有较高的投资意愿	1——2——3——4——5——6——7	
FE3	本地金融机构之间竞争激烈，可供选择的金融服务较多	1——2——3——4——5——6——7	
FE4	创业容易获得银行提供的低息贷款	1——2——3——4——5——6——7	
市场环境			
ME1	本地有许多可供创业的原材料	1——2——3——4——5——6——7	
ME2	本地有公平的竞争环境	1——2——3——4——5——6——7	
ME3	本地有许多可供创业的自然资源	1——2——3——4——5——6——7	

三、创业资源（创业者填写）

请对以下句子中的内容按自己的真实感觉加以判断，并在7个选项所对应的空格内打"√"。其中，1表示"非常不同意"，7表示"非常同意"，1——7表示程度依次递进。

符号	题项	得分
	市场资源	
MR1	我善于发现市场机会	1——2——3——4——5——6——7
MR2	我能很好地识别出有价值的市场机会	1——2——3——4——5——6——7
MR3	我很注重同相关政府部门建立良好的关系	1——2——3——4——5——6——7
MR4	我能积极适应环境，创造创业机会	1——2——3——4——5——6——7
MR5	我很注重同我创业所在行业的供应商、销售商、客户建立良好的关系	1——2——3——4——5——6——7
	人力资源	
HR1	在准备创业和创业过程中，我能找到合适的伙伴跟我一起创业	1——2——3——4——5——6——7
HR2	我能划分并安排好创业组织中每一个成员的职责	1——2——3——4——5——6——7
HR3	我可以让大家一条心来创业	1——2——3——4——5——6——7
HR4	我能建立较完整的创业团队制度体系	1——2——3——4——5——6——7
HR5	我有丰富的创业知识、管理经验	1——2——3——4——5——6——7
HR6	我有丰富的工作（外出务工/管理经营）经验	1——2——3——4——5——6——7
	组织资源	
OR1	在我交往的群体中，同行很多	1——2——3——4——5——6——7
OR2	本地有很多可供效仿的创业活动	1——2——3——4——5——6——7
OR3	在我的社会关系网络中，我所交流的商业人士比其他人多	1——2——3——4——5——6——7
OR4	在我的社会关系网络中，我在近两年结交了很多创业者	1——2——3——4——5——6——7
OR5	我很注重同本地的其他商户建立良好关系	1——2——3——4——5——6——7
OR6	我经常与外村、镇上相关组织联系，交换信息	1——2——3——4——5——6——7
	技术资源	
TR1	我很注重同技术服务队、技术专家等建立良好的关系	1——2——3——4——5——6——7
TR2	在创业时，我会采用与已有其他成功的创业企业/商户相同或相似的产品生产技术或流程	1——2——3——4——5——6——7
	财务资源	
FR1	我很注意同银行、信用社等金融机构建立良好的关系	1——2——3——4——5——6——7
FR2	我本人或家人有一定的储蓄	1——2——3——4——5——6——7
FR3	我的创业容易获得政府提供的创业基金或补贴	1——2——3——4——5——6——7
FR4	我的创业有多种信贷担保方式	1——2——3——4——5——6——7

四、创业资源整合度（已创业者回答）

请对以下句子中的内容按自己的真实感觉加以判断，并在7个选项所对应的空格内打"√"。其中，1表示"非常不同意"，7表示"非常同意"，1——7表示程度依次递进。

创业资源整合度		
符号	题项	得分
ERI1	创业时，我可以把身边的资源很好地整合和利用起来	1——2——3——4——5——6——7
ERI2	创业时，我可以创造性地利用身边的资源	1——2——3——4——5——6——7
ERI3	创业时，我可以积极寻找新资源，弥补现有资源的不足	1——2——3——4——5——6——7

五、创业机会支撑度（已创业者回答）

请对以下句子中的内容按自己的真实感觉加以判断，并在7个选项所对应的空格内打"√"。其中，1表示"非常不同意"，7表示"非常同意"，1——7表示程度依次递进。

创业机会支撑度
来源：产业集群创业行为维度结构与测量（闫华飞）

符号	题项	得分
EOS1	我能敏锐地感知到与创业有关的信息	1——2——3——4——5——6——7
EOS2	我善于分析外部环境，发现潜在问题	1——2——3——4——5——6——7
EOS3	我能够识别一个创意的潜在价值	1——2——3——4——5——6——7
EOS4	我能准确感知到消费者未被满足的需要	1——2——3——4——5——6——7
EOS5	我能积极行动，抓住已有创业机会	1——2——3——4——5——6——7

六、创业绩效（已创业者回答）

请对以下句子中的内容按自己的真实感觉加以判断，并在7个选项所对应的空格内打"√"。其中，1表示"非常不同意"，7表示"非常同意"，1——7表示程度依次递进。

创业绩效　　　　　　　　　　　　　　　　　来源：林区农户创业问卷调查

符号	题项	得分
ESC1	跟其他生产同类产品的企业/组织相比，我家的产品更能赚钱	1——2——3——4——5——6——7
ESC2	外面市场不好的时候，我家也能卖得挺好	1——2——3——4——5——6——7
ESC3	我家的这个事业发展得比其他家快	1——2——3——4——5——6——7
ESC4	我家的产品和服务都让顾客感到满意	1——2——3——4——5——6——7
ESC5	我家生意现在已经有了很好的名声	1——2——3——4——5——6——7

感谢填答问卷！

参考文献

[1] 江洁,赵雅卉,廖茂林. 以农村"双创"助推新型城镇化与乡村振兴协同发展[J]. 重庆社会科学, 2020(5): 98-106.

[2] Wang J H, et al. The contribution of self-efficacy to the relationship between personality traits and entrepreneurial intention[J]. Higher Education, 2016, 72(2): 1-16.

[3] Fitz-Koch S, Nordqvist M, Carter S, et al. Entrepreneurship in the agricultural sector: A literature review and future research opportunities[J]. Entrepreneurship Theory and Practice, 2018, 42(1): 129-166.

[4] Lang Richard, Matthias Fink. Rural social entrepreneurship: The role of social capital within and across institutional levels[J]. Journal of Rural Studies, 2019, 70(1): 155-168.

[5] Kader R A, et al. Success factors for small rural entrepreneurs under the One-District-One-Industry programme in Malaysia[J]. Contemporary Management Research, 2009, 5(2): 147-162.

[6] Hassink J, Hulsink W, Grin J. Entrepreneurship in agriculture and healthcare: Different entry strategies of care farmers[J]. Journal of Rural Studies, 2016, 43(1): 27-39.

[7] Warren M. Farmers online: drivers and impediments in adoption of Internet in UK agricultural businesses[J]. Journal of Small Business and Enterprise Development, 2004, 11(3): 371-381.

[8] Morgan S L, et al. Agricultural multifunctionality and farmers' entrepreneurial skills: a study of Tuscan and Welsh farmers[J]. Journal of Rural Studies, 2010, 26(2): 116-129.

[9] Lunnan A, Nybakk E, Vennesland B. Entrepreneurial attitudes and probability for start-ups—an investigation of Norwegian non-industrial private forest owners[J]. Forest Policy & Economics, 2006, 8(7): 683-690.

[10] Baumgartner D, Schulz T, Seidl I. Quantifying entrepreneurship and its impact on local economic performance: A spatial assessment in rural Switzerland[J]. Entrepreneurship & Regional Development, 2013, 25(3-4): 222-250.

[11] Bruton G D, Ketchen Jr D J, Ireland R D. Entrepreneurship as a solution to poverty[J]. Journal of Business Venturing, 2013, 28(6): 683-689.

[12] Fortunato W P. Supporting rural entrepreneurship: a review of conceptual developments from research to practice[J]. Community Development, 2014, 45(4): 387-408.

[13] Jaafar M, Rasoolimanesh S M. Tourism growth and entrepreneurship: Empirical analysis of development of rural highlands[J]. Tourism Management Perspectives, 2015, 14(1): 17-24.

［14］Gao J, Yang F. Analysis of Factors Influencing Farmers' Identification of Entrepreneurial Opportunity［J］. Asian Agricultural Research, 2013, 6（1）: 112-117.

［15］Naminse E Y, Zhuang J. Effect of farmer entrepreneurship on rural poverty alleviation in China［J］. Transylvanian Review, 2018, 1（1）: 1-20.

［16］Dias S L, Ricardo G R, Ferreira J. Agricultural entrepreneurship: Going back to the basics［J］. Journal of Rural Studies, 2019, 70（1）: 125-138.

［17］Li Yu, Georgeanne M. Does rural entrepreneurship pay?［J］. Small Business Economics, 2019, 53（2）: 647-668.

［18］Cortijo M J, Valero S C, arrasco I. Innovation in rural Spain: What drives innovation in the rural-peripheral areas of southern Europe?［J］. Journal of Rural Studies, 2019, 71（1）: 114-124.

［19］Nagler P, Naudé W. Non-farm entrepreneurship in rural Africa: patterns and determinants［J］. LZA Discussion Papers, 2014.

［20］李斌, 黄改. 产业立体网络平台体系: 青年发展与乡村振兴的基础逻辑［J］. 中国青年研究, 2019（9）: 31-37.

［21］王丽娟, 吕际云. 学习借鉴熊彼特创新创业思想的中国路径研究［J］. 江苏社会科学, 2014（6）: 267-271.

［22］Farrell L C. The entrepreneurial age: Awakening the spirit of enterprise in people, companies, and countries［M］. Allworth Communications, Inc., 2001.

［23］Drucker P F. The discipline of innovation［J］. Leader to Leader, 1998（9）: 13-15.

［24］刘现伟. 培育企业家精神 激发创新创业活力［J］. 宏观经济管理, 2017（3）: 41-45.

［25］李新仓, 党淼. 乡村振兴战略背景下大学生农村创业路径［J］. 农业经济, 2019（3）: 117-118.

［26］蔡莉, 单标安. 中国情境下的创业研究: 回顾与展望［J］. 管理世界, 2013（12）: 160-169.

［27］M Niska, H T Vesala, K M Vesala. Peasantry and Entrepreneurship As Frames for Farming: Reflections on Farmers' Values and Agricultural Policy Discourses［J］. Sociologia Ruralis, 2012, 52（4）: 453-469.

［28］Markus Larsson. Environmental Entrepreneurship in Organic Agricul-ture in Järna, Sweden, Journal of Sustainable Agriculture, 2012, 36（2）: 153-179.

［29］Marsden, Terry.. Murdoch, Jonathan. Between the local and the glob-al: confronting complexity in the contemporary agri-food sector［M］. Oxford: Elsevier JAI, 2006.

［30］Tiina Silvasti. The cultural model of "the good farmer" and the envi-ronmental question in Finland［J］. Agriculture and Human Values, 2003, 20（2）: 143-150.

［31］Rob J F Burton, Geoff A Wilson. Injecting social psychology theory in-to conceptualisations of agricultural agency: Towards a post-produc-tivist farmer self-identity? [J]. Journal of Rural Studies, 2006, 22 (1): 95-115.

[32] J D Van der Ploeg. The new peasantries: struggles for autonomy and sus-tainability in an era of empire and globalization [M]. Earthscan in the UK and USA, 2008.

[33] 李志军. 企业创新政策体系特征、问题及建议 [J]. 新经济导刊, 2016 (7): 73-80.

[34] Dunn K. The entrepreneurship ecosystem. MIT Technology Review, 2005 (9): 9-18.

[35] Cohen B. Sustainable valley entrepreneurial ecosystem. Business Strategy and the Environment, 2006, 15 (1): 1-14.

[36] Prahalad C K. The fortune at the bottom of the pyramid: eradicating poverty through profits. Saddle River, NJ: Wharton School Publishing. 2009: 65.

[37] C. Mason, et. al. Entrepreneurial ecosystems and growth oriented entrepreneurship [Z]. Paris: OECD, 2014.

[38] D J Isenberg. The entrepreneurship ecosystem strategy as a new paradigm for economic policy: Principles for cultivating entrepreneurship [R]. Dublin: the Institute of International and European Affairs, 2011.

[39] 陈忠卫, 曹薇. 创业环境与创业活动关系的研究视角及其进展 [J]. 科技进步与对策, 2009, 26 (18): 156-160.

[40] 蔡莉, 崔启国, 史琳. 创业环境研究框架 [J]. 吉林大学社会科学学报, 2007 (1): 50-56.

[41] 林嵩. 创业生态系统: 概念发展与运行机制 [J]. 中央财经大学学报, 2011 (4): 58-62.

[42] Spigel B. The relational organization of entrepreneurial ecosystems [J]. Entrep Theory Pract, 2017 (41): 49-72.

[43] Mack E, Mayer H. The evolutionary dynamics of entrepreneurial ecosystems. Urban Stud. 2016.

[44] Acs Z J, Autio E, Szerb L. National systems of entrepreneurship: measurement issues and policy implications. Res. Policy 2014 (43): 476-494.

[45] Leendertse J M. Schrijvers and E Stam, Measure Twice, Cut Once: Entrepreneurial Ecosystem Metrics. Research Policy, 2021: 104, 336.

[46] 杨秀丽. 返乡大学生创业生态系统构建研究——基于乡村振兴视角 [J]. 技术经济与管理研究, 2018 (11): 49-53.

[47] 杨秀丽. 乡村振兴战略下返乡农民工创新创业生态系统构建 [J]. 经济体制改革, 2019 (4): 70-77.

[48] 谢宝峰. 乡村创业生态系统适宜度评价研究 [D]. 江苏大学, 2020.

[49] 张德彭, 崔铭香. 乡村振兴背景下农民工返乡创业转化学习研究——基于威克姆创业

模型的分析［J］．教育学术月刊，2019（12）：17-23+43．

［50］盛春辉．返乡入乡创业生态系统的构建与实施——基于行动者网络理论［J］．农业经济，2019（10）：113-115．

［51］Kader R A，et al．Success factors for small rural entrepreneurs under the One-District-One-Industry programme in Malaysia［J］．Contemporary Management Research，2009，5（2）：147-162．

［52］Alsos G，Carter S and Ljunggren E．Kinship and Business：How Entrepreneurial Households Facilitate Business Growth［J］．Entrepreneurship and Regional Development，2014，26（1）：97-122．

［53］Papzan A，et al．Determining factors influencing rural enterpreneurs' success：A case study of Mahidasht township in Kermanshah province of Iran［J］．African Journal of Agricultural Research，2008，3（9）：597-600．

［54］Afrin S，et al．A multivariate model of micro credit and rural women entrepreneurship development in Bangladesh［J］．International Journal of Business &Management，2009，3（8）：169-185．

［55］Koyana Siphokazi，Roger B．Mason．Rural entrepreneurship and transformation：the role of learnerships［J］．International Journal of Entrepreneurial Behavior & Research，2017，23（5）：734-751．

［56］Xue Yongji and Liu Xinyu．Growth mechanism for cluster entrepreneurship of peasant households：Three cases in the Chinese forest zone［J］．Chinese Management Studies，2015，9（2）：221-238．

［57］Storm R．Seeing Opportunities in EntrepreneurshipReserach：Recent Data Improvements and Continuing Limitations［J］．EntrepreneurshipReserach Journal，2011，1（2）：1-8．

［58］Tan J，Fischer，E Mitchell，R Phan P．At the Center of the Action：Innovation and Technology Strategy Research in the Small Business Setting［J］．Journal of Small Business Management，2009，47（3），233-262．

［59］田善武，蒲晓敏，许秀瑞．协同创新视角下创业型人才培养机制的系统动力学分析［J］．技术与创新管理，2018，39（4）：365-369．

［60］程铄博．大学生创业能力影响因素及提升路径探究［D］．中国矿业大学，2018．

［61］黄志坚．农村致富带头人成长因素和作用分析［D］．南昌大学，2007．

［62］秦剑．计算仿真方法在创业管理研究中的应用分析［J］．南大商学评论，2013，10（2）：62-80．

［63］李博．基于系统动力学的创业活动机理研究［D］．大连工业大学，2011．

［64］赵红，谢琼．基于系统动力学的创业者心理健康对创业绩效的影响研究［J］．数学的实践与认识，2018，48（20）：24-34．

[65] 郝佳慧. 科技创业的风险补偿机制研究 [D]. 武汉理工大学, 2018.

[66] 裴梦丹, 张宝建, 孙国强, 齐捧虎. 基于系统动力学模型的企业孵化过程研究 [J]. 中国科技论坛, 2016 (8): 64-70.

[67] 崔祥民, 江南. 基于系统动力学的创业企业孵化器可持续发展研究 [J]. 华东经济管理, 2013, 27 (11): 116-120.

[68] 谢学军, 徐宣国, 王书可, 于唱. 基于系统动力学的畜牧食品产业集群企业关系分析 [J]. 农学学报, 2020, 10 (6): 66-74.

[69] 汪立东. 基于系统动力学的农村网商发展研究 [J]. 丽水学院学报, 2020, 42 (3): 64-72.

[70] 张庆民, 孙树垒, 吴士亮, 李大芳. 淘宝村农户网商群体持续成长演化研究 [J]. 农业技术经济, 2019 (1): 121-134.

[71] 谭素雯, 陈文杰, 迟英庆. 创业对区域经济可持续发展的系统动力分析 [J]. 华商, 2008 (14): 7-8.

[72] 杨德勇, 郭慧君, 马凤鸣. 基于系统动力学的农村金融生态环境研究 [J]. 经济问题, 2015 (12): 56-61.

[73] 金浩, 李瑞晶. 农村金融生态减贫的系统动力学仿真——以河北省为例 [J]. 系统科学学报, 2018, 26 (4): 106-111.

[74] Tansley A G. The use and abuse of vegetational concepts and terms [J]. Ecology, 1935, 16 (3): 284-307.

[75] 谢宝峰. 乡村创业生态系统适宜度评价研究 [D]. 江苏大学, 2020.

[76] 宋姗姗. 创业生态系统的共生形成及演化研究 [D]. 吉林大学, 2018.

[77] 尹金承. 农民工创业资源获取的网络渠道及其差异研究 [D]. 江苏大学, 2015.

[78] De Bary A. Die erscheinung der symbiose [M]. Strassburg: Verlag von Karl J. Trübner, 1879.

[79] 袁纯清. 共生理论——兼论小型经济 [M]. 北京: 经济科学出版社, 1998.

[80] 张小燕. 我国区域创新生态系统共生性研究 [D]. 哈尔滨工程大学, 2020.

[81] 韩影. 高校创业生态系统构建研究 [D]. 大连理工大学, 2021.

[82] 张晨琦. 创业生态系统中新创企业成长演进机制研究 [D]. 天津大学, 2018.

[83] 张小燕. 我国区域创新生态系统共生性研究 [D]. 哈尔滨工程大学, 2020.

[84] 黄鲁成. 关于区域创新系统研究内容的探讨 [J]. 科研管理, 2000 (2): 43-48.

[85] Ngoasong M Z, Kimbu A N. Informal microfinance institutions and development-led tourism entrepreneurship [J]. Tourism Management, 2016, 52 (1): 430-439.

[86] Hassink, J Hulsink, W Grin J. Entrepreneurship in agriculture and healthcare: Different entry strategies of care farmers [J]. Journal of Rural Studies, 2016, 43 (1): 27-39.

[87] Sigalla R J, Carney S. Poverty reduction through entrepreneurship: Microcredit, learning and

ambivalence amongst women in urban Tanzania [J]. International Journal of Educational Development, 2012, 32 (4): 546-554.

[88] Gao J, Yang F. Analysis of Factors Influencing Farmers' Identification of Entrepreneurial Opportunity [J]. Asian Agricultural Research, 2013, 6 (1): 112-117.

[89] Pelloni G. Rural entrepreneurs and institutional assistance: an empirical study from mountainous Italy [J]. Entrepreneurship & Regional Development, 2006, 18 (5): 371-392.

[90] Nagler P, Naudé W. Non-farm entrepreneurship in rural Africa: patterns and determinants [J]. LZA Discussion Papers, 2014.

[91] 孔祥智, 穆娜娜. 实现小农户与现代农业发展的有机衔接 [J]. 农村经济, 2018 (2): 1-7.

[92] 谢金华, 杨钢桥, 许玉光, 王歌. 农地整治对农户收入和福祉的影响机理与实证分析 [J]. 农业技术经济, 2020 (12): 38-54.

[93] 郑淋议, 钱文荣, 李烨阳. 农村土地确权对农户创业的影响研究——基于CRHPS的实证分析 [J]. 农业技术经济, 2020 (11): 17-30.

[94] 李长生, 刘西川. 土地流转的创业效应——基于内生转换Probit模型的实证分析 [J]. 中国农村经济, 2020 (5): 96-112.

[95] 朱红根, 江慧珍, 康兰媛. 创业环境对农民创业绩效的影响——基于DEA-Tobit模型的实证分析 [J]. 商业研究, 2015 (3): 112-118.

[96] 刘磊. 创业环境对农民创业绩效的影响研究 [D]. 江西农业大学, 2015.

[97] 陈德仙. 创业环境对家庭农场创业绩效的影响研究 [D]. 浙江师范大学, 2019.

[98] 郑宝华, 陆玉梅. 农业科技园区创业环境对创业者创业行为的影响研究 [J]. 农业技术经济, 2016, 36 (11): 115-122.

[99] 刘新智, 刘雨松, 李璐. 创业环境对农户创业行为选择的影响 [J]. 西南大学学报: 自然科学版, 2015, 37 (4): 1-8.

[100] Zhang C Q, Chen C, Li J Z, et al. Entrepreneurs' failure times and their well-being, moderated by entrepreneurial environment [A]. Proceedings of 2016 Portland international conference on management of engineering and technology (PICMET). Honolulu, HI, USA: IEEE, 2016: 1358-1364.

[101] 于晓宇, 孟晓彤, 蔡莉, 赵红丹. 创业与幸福感: 研究综述与未来展望 [J]. 外国经济与管理, 2018, 40 (8): 30-44.

[102] 张晓芸, 朱红根, 解春艳. 基于农民视角的农村创业环境满意度评价 [J]. 农村经济, 2014 (9): 96-101.

[103] Pricina G. Rural entrepreneurship: Between economic objectives and traditional culture [J]. Journal of Community Positive Practices, 2012, 12 (2): 204-221.

[104] 陈翊. 经济发展、要素禀赋和创业活动地区差异 [J]. 哈尔滨商业大学学报 (社会

科学版），2021（2）：91-100.

[105] 郑宝华，陆玉梅. 农业科技园区创业环境对创业者创业行为的影响研究［J］. 农业技术经济，2016，36（11）：115-122.

[106] 朱红根，康兰媛. 金融环境、政策支持与农民创业意愿［J］. 中国农村观察，2013（5）：24-33+95-96.

[107] Lin S and SiS. Factors affecting peasant entrepreneurs' intention in the Chinese context［J］. International Entrepreneurship and Management Journal，2014，10（4）：803-825.

[108] 朱红根，梁曦. 制度环境、创业氛围与农民创业成长［J］. 农业经济与管理，2018（02）：27-36.

[109] 杜威漩. 农民工返乡创业减贫效应生成机理及政策启示——政策激励视角的分析［J］. 经济体制改革，2019（2）：76-83.

[110] 孙红霞，刘冠男. 制度环境与农村创业行为演变——基于一个村庄的创业案例研究［J］. 学习与探索，2016，38（9）：95-100.

[111] 肖婧仪，姚蕾，薛永基. 人口统计特征、政策支持环境与城郊农民创业意愿［J］. 湖北农业科学，2020，59（3）：165-169.

[112] Berger E S C, Kuckertz A. Complexity in entrepreneurship, innovation and technology research: applications of emergent and neglected methods［M］. Springer，2016.

[113] Newbery Robert, Juliana Siwale, Andrew Henley. Rural entrepreneurship theory in the developing and developed world［J］. The International Journal of Entrepreneurship and Innovation，2017，18（1）：3-4.

[114] 朱红根. 政策资源获取对农民工返乡创业绩效的影响——基于江西调查数据［J］. 财贸研究，2012，23（1）：18-26.

[115] Ngoasong M Z, Kimbu A N. Informal microfinance institutions and development-led tourism entrepreneurship［J］. Tourism Management，2016，52（1）：430-439.

[116] 梁青青. 政府行为、金融环境与区域创业差距——基于中国省际面板数据的实证分析［J］. 重庆大学学报（社会科学版），2020，26（2）：17-30.

[117] 樊纲，王小鲁，朱恒鹏. 中国市场化指数——各地区市场化相对进程2011年报告［M］. 北京：经济科学出版社，2011.

[118] 董静，汪立，吴友. 地理距离与风险投资策略选择——兼论市场环境与机构特质的调节作用［J］. 南开管理评论，2017，20（2）：4-16.

[119] 李姗姗，黄群慧. 社会创业导向、跨界搜索与社会企业绩效：市场环境的调节作用［J/OL］. 科技进步与对策，2021：1-9.

[120] Seuneke P, et al. Moving beyond entrepreneurial skills: Key factors driving entrepreneurial learning in multi-functional agriculture［J］. Journal of Rural Studies，2013，32：208-219.

[121] Lang Richard, Matthias Fink. Rural social entrepreneurship: The role of social capital

within and across institutional levels［J］. Journal of Rural Studies, 2019, 70（1）: 155-168.

［122］孔令池, 张智. 基础设施升级能够促进企业家精神成长吗？——来自高铁开通和智慧城市建设的证据［J］. 外国经济与管理, 2020, 42（10）: 139-152.

［123］王轶, 王香媚, 冯科. "互联网+"对返乡创业企业经营业绩的影响——基于全国返乡创业企业的调查数据［J］. 中国科技论坛, 2021（7）: 137-147.

［124］汤志伟, 罗意. 资源基础视角下省级政府数据开放绩效生成逻辑及模式——基于16省数据的模糊集定性比较分析［J］. 情报杂志, 2021, 40（1）: 157-164.

［125］李硕. 基于战略视角的创业资源与创业绩效关系研究［D］. 吉林大学, 2014.

［126］苏岚岚, 彭艳玲, 孔荣. 创业资本对农户创业绩效的影响实证研究——基于陕、甘、豫、鲁农户调查［J］. 农林经济管理学报, 2016, 15（2）: 169-178.

［127］朱红根, 康兰媛. 家庭资本禀赋与农民创业绩效实证分析［J］. 商业研究, 2016（7）: 33-41+56.

［128］余绍忠. 创业资源对创业绩效的影响机制研究——基于环境动态性的调节作用［J］. 科学与科学技术管理, 2013, 34（6）: 131-139.

［129］芮正云, 史清华. 中国农民工创业绩效提升机制: 理论模型与实证检验——基于"能力—资源—认知"综合范式观［J］. 农业经济问题, 2018（4）: 108-120.

［130］郭铖, 何安华. 培训对农民涉农创业绩效的影响——考虑创业者人力资本禀赋调节效应的实证研究［J］. 农业经济与管理, 2019（1）: 84-91.

［131］易朝辉, 罗志辉, 兰勇. 创业拼凑、创业能力与家庭农场创业绩效关系研究［J］. 农业技术经济, 2018（10）: 86-96.

［132］王轶, 丁莉, 刘娜. 创业者人力资本与返乡创业企业经营绩效——基于2139家返乡创业企业调查数据的研究［J］. 经济经纬, 2020, 37（6）: 28-38.

［133］叶文平, 李新春, 朱沆. 地区差距、社会嵌入与异地创业——"过江龙"企业家现象研究［J］. 管理世界, 2018, 34（1）: 139-156.

［134］Ajumobi D O, Kyobe M. Alignment of Human Competencies with Mobile Phone Technology and Business Strategies by Women-LED SMEs in South Africa［J］. Electronic Journal of Information Systems in Developing Countries. 2017, 80（1）: 1-25.

［135］解学梅, 朱琪玮. 企业绿色创新实践如何破解"和谐共生"难题？［J］. 管理世界, 2021, 37（1）: 128-149+9.

［136］Fortunato W P. Supporting rural entrepreneurship: a review of conceptual developments from research to practice［J］. Community Development, 2014, 45（4）: 387-408.

［137］张应良, 汤莉. 农民创业绩效影响因素的研究——基于对东部地区284个创业农民的调查［J］. 华中农业大学学报（社会科学版）, 2013（4）: 19-24.

［138］何广文, 刘甜. 乡村振兴背景下农户创业的金融支持研究［J］. 改革, 2019（9）: 73-82.

[139] 徐文菲. 返乡农民工电商创业绩效影响因素研究 [D]. 福建农林大学, 2019.

[140] 薛永基, 卢雪麟. 社会资本影响林区农户创业绩效的实证研究——知识溢出的中介效应 [J]. 农业技术经济, 2015 (12): 69-77.

[141] 葛宏翔. 社会资本对创业绩效的作用研究——基于资源整合的中介效应分析 [J]. 技术经济与管理研究, 2019 (12): 41-45.

[142] 彭学兵, 陈璐露, 刘玥伶. 创业资源整合、组织协调与新创企业绩效的关系 [J]. 科研管理, 2016, 37 (1): 110-118.

[143] Besser T L and Miller N J. Community matters: successful entrepreneurship in remote rural US locations [J]. International Journal of Entrepreneurship & Innovation, 2013, 14 (1): 15-27.

[144] Eisenhardt K M & Martin J A. Dynamic capabilities: What are they? [J]. Strategic Management Journal, 2000, 21 (10/11): 1105-1121.

[145] 周菁华, 谢洲. 农民创业能力及其与创业绩效的关系研究——基于重庆市 366 个创业农民的调查数据 [J]. 农业技术经济, 2012 (5): 121-126.

[146] Mcelwee G. The enterprising farmer: a review of entrepreneurship in agriculture [J]. Journal of the Royal Agricultural Society of England, 2006: 1-8.

[147] 马永霞, 窦亚飞. 驱动或抑制: 哪些因素影响了高校的学术创业绩效——基于 29 个省域的模糊集定性比较分析 [J]. 教育发展研究, 2020, 40 (11): 8-17.

[148] 芮正云, 史清华. 基于过程视角的中国农民创业研究——整合框架与未来研究方向 [J]. 学海, 2020 (2): 163-169.

[149] 王朝云. 创业过程与创业网络的共生演进关系研究 [J]. 科学学与科学技术管理, 2014, 35 (8): 104-114.

[150] 张敬伟, 裴雪婷, 李志刚, 沈景全. 基于扎根理论的农民创业者的资源拼凑策略研究 [J]. 农业经济问题, 2017, 38 (9): 49-56+111.

[151] 朱红根, 刘磊, 康兰媛. 创业环境对农民创业绩效的影响研究 [J]. 农业经济与管理, 2015 (01): 15-25.

[152] 芮正云, 史清华. 中国农民工创业绩效提升机制: 理论模型与实证检验——基于"能力—资源—认知"综合范式观 [J]. 农业经济问题, 2018 (4): 108-120.

[153] Ozgen E, Baron R A. Social sources of information in opportunity recognition: Effects of mentors, industry networks, and professional forums [J]. Journal of Business Venturing, 2007, 22 (2): 174-192.

[154] 崔杰. 母体知识资源分布对衍生企业创业机会影响研究: 创业拼凑的调节作用 [J]. 南开管理评论, 2020, 23 (4): 178-189+212.

[155] 赵佳佳, 魏娟, 刘军弟, 刘天军. 信任有助于提升创业绩效吗?——基于 876 个农民创业者的理论探讨与实证检验 [J]. 中国农村观察, 2020 (4): 90-108.

[156] 李秉文. "可持续生计"框架下欠发达地区乡村振兴推进策略研究——以甘肃省为例 [J]. 甘肃行政学院学报, 2020 (5): 103-112+127-128.

[157] 邱皓政. 当 PLS 遇上 SEM: 议题与对话 [J]. αβγ 量化研究学刊, 2011, 3 (1): 20-53.

[158] Podsakfoff, P M MacKenzie, S B Lee J Y & Podsakoff N P. Common Method Biases in Behavioral Research: A Critical Review of the Literature and Recommended Remedies, Journal of Applied Psychology, 2003, 88 (5): 879-903.

[159] Kline R B. Principles and practice of structural equation modeling [M]. Guilford Press, 2005.

[160] 汪建成, 林欣. 社会创业的资源整合过程——多案例研究 [J]. 管理案例研究与评论, 2021, 14 (2): 163-177.

[161] Harrison, J R Lin Z, Carroll G R & Carley K M. Simulation modeling in organizational and management research. Academy of Management Review, 2007, 32 (4): 1229-1245.

[162] Lopez-Paredes A, Edmonds B & Klugl F. Agent based simulation of complex social systems [Special issue]. Simulation, 2012, 88 (1): 4-6.

[163] Edmonds B. Simulation and complexity—how they can relate. In V. Feldmann & K. Muhlfeld (Eds.), Virtual worlds of precision—computer-based simulations in the sciences and social sciences [M]. Munster: Lit., 2005: 5-32.

[164] Miller J H & Page S E. Complex adaptive systems: An introduction to computational models of social life. Princeton, NJ: Princeton University Press, 2007.

[165] Schelling T C. Dynamic models of segregation. Journal of Mathematical Sociology, 1971, 1 (2): 143-186.

[166] Forrester J W. Urban dynamics. Cambridge, MA: M. I. T. Press, 1969.

[167] Forrester J W. World dynamics. Cambridge, MA: Wright-Allen Press. 1971.

[168] Forrester J W. World dynamics (2nd ed.). Cambridge, MA: Wright-Allen Press, 1973.

[169] March J G. Exploration and exploitation in organizational learning. Organization Science, 1991, 2 (1): 71-87.

[170] Axtell R L. What economic agents do: How cognition and interaction lead to emergence and complexity. The Review of Austrian Economics, 2007, 20 (2): 105-122.

[171] Yang S J S & Chandra Y. Growing artifificial entrepreneurs: Advancing entrepreneurship research using agent-based simulation approach. International Journal of Entrepreneurial Behaviour & Research, 2013, 19 (2): 210-237.

[172] Lichtenstein B M. Emergence as a process of self-organizing—New assumptions and insights from the study of non-linear dynamic systems. Journal of Organizational Change Management, 2000, 13 (6): 526-544.

[173] 王其藩. 系统动力学 [M]. 上海：上海财经大学出版社, 2009.

[174] 陈萌萌, 肖红波. 基于区位商法的我国农业产业结构调整分析 [J]. 台湾农业探索, 2021 (1)：13-20.

[175] 郭峰, 王靖一, 王芳, 孔涛, 张勋、程志云 [J]. 测度中国数字普惠金融发展：指数编制与空间特征, 经济学季刊, 2020, 19 (4)：1401-1418.

[176] 王澎波, 于涛, 王旺平. 金融发展、金融结构与经济增长——基于省级面板数据的分析 [J]. 经济问题探索, 2017 (1)：120-127.

[177] 潘兴侠, 徐媛媛, 赵烨. 我国高等教育发展区域差异、空间效应及影响因素 [J]. 教育学术月刊, 2020 (11)：9-18.

[178] 黄群慧, 余泳泽, 张松林. 互联网发展与制造业生产率提升：内在机制与中国经验 [J]. 中国工业经济, 2019 (08)：5-23.

[179] 卢现祥, 朱迪. 中国制度性交易成本测算及其区域差异比较 [J]. 江汉论坛, 2019 (10)：31-40.

[180] 何美玲, 安勇峰, 蒲俊. 江苏省现代农业物流系统动力学建模及优化 [J]. 江苏大学学报（自然科学版）, 2021, 42 (5)：562-568.

[181] 刘俊峰. 大数据下企业物流成本控制研究 [J]. 财经界, 2021 (8)：21-22.